无锡市教师发展学院
WUXI INSTITUTE OF TEACHER PROFESSIONAL DEVELOPMENT

教师教育精品课程资源丛书

U0361278

曾家延◎著

英语深度学习测评研究

Research on the Assessment of Students' English Deep Learning

上海交通大学出版社
SHANGHAI JIAO TONG UNIVERSITY PRESS

内容提要

    本书首先通过英语课程标准的要求、英语课堂教学实践以及大规模调查结果充分阐述了英语深度学习测评与培养的必要性;其次,通过丰富的文献研究梳理了深度学习的概念,发现英语深度学习作为一种学习方式具有多维特征且对学生学习结果产生正向影响;最后,本书通过对初、高中英语深度学习的实证研究,为教育者了解中学生英语深度学习现状,及如何培养学生英语深度学习提供了一种可选择的路径。

图书在版编目(CIP)数据

    英语深度学习测评研究 / 曾家延著. —上海:
上海交通大学出版社,2021
    ISBN 978 - 7 - 313 - 24300 - 3

    Ⅰ.①英…　Ⅱ.①曾…　Ⅲ.①英语-教学研究　Ⅳ.
①H319.3

    中国版本图书馆 CIP 数据核字(2021) 第 281073 号

英语深度学习测评研究

YINGYU SHENDU XUEXI CEPING YANJIU

著　　者:曾家延			
出版发行:上海交通大学出版社		地　　址:上海市番禺路 951 号
邮政编码:200030		电　　话:021 - 64071208
印　　刷:上海万卷印刷股份公司		经　　销:全国新华书店
开　　本:710mm×1000mm　1/16		印　　张:13
字　　数:275 千字		
版　　次:2021 年 1 月第 1 版		印　　次:2021 年 1 月第 1 次印刷
书　　号:ISBN 978 - 7 - 313 - 24300 - 3		
定　　价:88.00 元		

前　言

　　新的危机迫使我们重新思考我们当下的学习方式,尤其是英语的学习方式。虽然基于核心素养的课程标准的颁布让教育界关注培养与学生核心素养相匹配的学习方式,但这种关注往往只停留在学术界或者是政策制定者层面。对于教育实践者,尤其是一线教师,因其需要付出巨大的努力去学习新的理念和方式,再将其化为教学设计和课堂实践,而让深度学习的实践遇到障碍。自从2016年开始关注深度学习以来,我观察过许多上海、浙江等地的课堂教学,尤其是英语课堂教学。到目前为止,大部分英语课堂教学还是以记忆和背诵文本为目标,以刷题备考为主要学习方式。到了初三和高三临近高利害终结性考试的年级,这种浅层学习方式更加普遍。面对未来诸多的不确定性以及人才规格的需求,以高品质思维、高阶认知、多维度实质性学习投入为特征的深度学习是当下最为匹配的学习方式,这一点已经得到学界众多学者的认可,但深度学习在实践领域中发生还有很长的一段路要走。在我关注学生使用教材的研究中发现,被观察的学生不管是成绩优秀者还是成绩稍差者,在他/她们使用英语教科书时,使用得最为频繁的是单词表,其次是需要背诵的课文,教科书中其他部分容易被忽略,被观察的学生呈现出低水平、浅层化使用教材的现状。因此,中学生英语学习基本上还是以背诵和记忆内容作为关键学习方式。这个现实与当下对人才品质需求脱钩,这是教育的危机,也是本研究开始的一个重要原因。

　　让学生从浅表学习转向深度学习是一个系统工程,这是开展本研究过程的一个切身的、深刻的体会。从学术界对深度学习"五花八门"的、异常复杂的概念辨析,到"支离破碎"的实证研究,想要支撑起改变现状,让深度学习落地谈何容易。这句"天离地有多远,深度学习理念与实践落地的距离就有多长"的话常常在我耳边回荡。在梳理深度学习的概念时,我发现对深度学习有多种理解,不同学术流派中关于深度学习的概念完全不同。瑞典哥特堡大学对学生阅读现象分析形成深度学习和浅层学习方式,后澳大利亚著名的心理学家比格斯(Biggs)的SOLO学习结果分类模型,则从学习结果上定义了深度学习和浅层学习之间的差异。与此同来自英国的学者从学习动机、意图、策略上对学习过程进行区分,这是对深度学习作为学习方式的一种描述。而在美国和加拿大,深度学习(deeper learning)更多指的是包括掌握核心学术内容、批判性思维、问题解决能力、协同合作力、有效交流、学会学习和发展学术形态这些核心能力。教育变革家富兰(Fullan)认为,深度学习的概念犹如"核心素养",是一把大伞,涵盖很多项内容,但它并不是一个学习方式,而是培养时代所需要的学生的规格和要求。在我国,对深度学习进行了深刻的概念区分,但明确选择一种去做得非常少,多项研究中杂糅了多种深度学习取向,但未经溯源与论证。本书将深度学习理解为一种学习方式,且认为这种学习方式能产生高阶的学习结果,并开展相关的实证研究。通过综合性且全面的文献梳理,即便是把深度学习理解为一种学习方式,它也受到各种情境因素、教师因素、学生个人以及各种教学方法的影响,且深度学习的学习方式与学生各类学习结果有关联。本书通过对深度学习的文献研究呈现给关注深度学习的同行与读者一个非常复杂的关系网;同时也说明,要培养学生的深度学习能力是一个复杂的系统工程。

从心理学视角下的深度学习到英语学科中的深度学习,再到对中学生英语深度学习测评,这是对深度学习理念的理解的重要一步。倘若我们不做一些实证研究,让广大教师充分了解深度学习是否在课堂层面发生,也不通过对深度学习影响因素及其与学习结果之间关系的探究来了解深度学习的发生条件与机制,那将很可能又一次让指向深度学习的学习方式变革"脸上蒙灰"。本书中所呈现的中学生英语深度学习的实证研究在一定程度上揭示了这一关系,为我们未来进一步探索促进学生英语深度学习的实践提供了一种可能的路径。正是出于为中小学教师提供一种如何培养学生英语深度学习的路径的考虑,本书从大规模调查、多年的课堂观察开始阐述开展英语深度学习测评研究的重要性。通过充分的文献研究,在明晰学界多种探讨深度学习研究的语境下,指出英语深度学习是一种可以培养的学习方式。除此之外,本书通过分别开展初、高中英语深度学习测评,调查初、高中英语深度学习及其影响因素、英语深度学习与学业成绩之间的关系。其结果显示,开展深度学习对提升学生学业成绩是有帮助的,且受到包括家庭经济背景、父母受教育程度、教师的专业发展水平的影响,这为提高教师开展促进学生英语深度学习研究的动机,鼓励学校和家庭发展学生英语深度学习具有指导意义。

虽然历时很多年才完成这一话题的叙事,于我而言,估计后续的研究内容更多。比较庆幸的是,在此话题中,我完成了上海外国语大学外国语言文学博士后流动站的工作,指导了多名一起合作的研究生,包括目前就职于浙江省绍兴市柯桥区管墅小学的王利、在义乌一所中学任职的吴阳,也包括致力于学术研究的本科生吴昊、陈焕鑫、陈炫，以及目前就读于英国伦敦国王大学（University College London）的丁舸航等。正是他/她们的积极努力和勤奋好学才使这一话题的研究在不同学校与课堂中，以不同的存在方式得以延续。非常感谢我在上海外国语大学的博士后合作导师陈坚林教授，正是他的豁达与宽容，让这个本该属于教育学的话题得以在外国语言文学的土地上生长。特别感谢无锡市教师发展学院佟柠老师，她让我对基础教育领域的课堂实践产生无限遐想。本书受到"无锡市教师发展学院精品课程资源系列丛书"项目、上海外国语大学国际教育学院高水平学术研究经费、上海外国语大学青年教师科研创新团队项目（项目编号：2020114052）的资助。在此向相关支持机构表示由衷的感谢。

曾家延

CONTENTS 目　　录

图 目 录

表 目 录

第一章 绪 论

世界处于迅速变化之中,几十年以来教育改革一直致力于让学生能够成功地应对未来快速变化的环境,然而几十年的教育改革并没有让学生变得更具有专注力、参与度(engagement)和多样性。学生的专注力、参与度与多样性问题仍然困扰着大多数的学校,不管是发达国家还是发展中国家都面临同样的困境,也都在寻找出路。在这样的困境下,深度学习研究作为一个重要的学术课题被研究者、政策执行者和教育实践者提上议事日程,成为学界努力的方向,为基础教育阶段学生结束中学时代,步入大学,将来就业以及未来生活铺平道路。在世界各国都在探寻培养学生面向未来生活之技能与素养之路径的当下,深度学习是与发展学生英语学科核心素养相匹配的学习方式。鉴于时代的需要和促进学生获得英语学科核心素养的需求,本章将从英语课程改革方向、英语课堂教学面临的挑战、中学生英语学习投入与学生批判性思维现状及中学生深度学习研究现状出发,提出课堂情境下中学生英语深度学习研究这一重要议题。

第一节 研究背景

一、英语课程改革的方向与英语课堂教学面临的挑战

从英语课程标准给学生所定位的目标以及深度学习所涵盖的要素来看,深度学习是英语课程改革的方向;但从英语课堂教学的现状来看,要在英语课堂中实现深度学习却面临种种挑战。

(一)深度学习是新一轮英语课程改革的方向

深度学习是为了培养学生 21 世纪技能、消除学生在课堂学习中的"非参与(disengagement)"现象,以及消除简单学习和浅层学习的不良后果提出来的,目的是为了促进学生能对所学内容进行深度思维加工,让学生能在认知、情感和行为上对学习更加投入,以及让学生获得高阶认识水平、批判性思维等 21 世纪技能的一种学习方式。[①] 在 2017 版《高中英语课程标准》中进一步明确了普通高中教育的定位,即"使学生具有理想信念和社会责任感,具有科学文化素养和终身学习能力,具

---

① 曾家延,董泽华.学生深度学习的内涵与培养路径研究[J].基础教育,2017,14(04):59-67.

有自主发展能力和沟通合作能力"。《高中英语课程标准》的目标定位已要求学生发展自主学习、沟通合作、终身学习能力,在实践英语学习活动观中,重点培养学生学习理解、应用实践和迁移创新能力。不管是从目标定位、英语学习方式还是英语学习活动观来看,都强调学生需要深度学习。

实践英语学习活动观,着力提高学生学用能力,即普通高中英语课程倡导指向学科核心素养的英语学习活动观和自主学习、合作学习、探究学习等学习方式。教师应设计具有综合性、关联性和实践性特点的英语学习活动,使学生通过学习理解、应用实践、迁移创新等一系列融语言、文化、思维为一体的活动,获取、阐释和评判语篇意义,表达个人观点、意图和情感态度,分析中外文化异同,发展多元思维和批判性思维,提高英语学习能力和运用能力。①

从近年所修订的课程标准来看,英语学科对学习的定义已经和以往有很大的差异。在以往的观念中,学习往往意味着记忆和回忆。因此,在以往中小学英语教育教学过程中,教师会要求学生记住文本和背诵,当学生们按照教师的要求完成记忆和背诵的任务时,教师就认为学生已经学会了该内容。然而,在现今英语课程标准中,学习已经被诠释为学生在不熟悉的情境下应用所学的知识、技能和策略,独立获取信息,产生想法,并有理有据地表达观点。记忆和背诵所产生的学习仅仅是学习的浅层一面,而学生应用这些记忆或背诵的内容进行概念理解、概念之间的关系处理,观点提炼与表达,批判性地思考与解决问题等才是当今时代所需要的学习。这就说明以记忆和背诵为特征的浅层学习并不能满足当下学生的学习需求,以高阶思维、观点提炼与表达、交流与合作所代表的深度学习才是当下英语学科所应关注的学习特征。

(二)中学英语课堂教学面临严峻的挑战

在英语课堂教学中,教师偏重语言知识与语言技能的传授,缺乏对学生思维发展的关注,教学活动也并不指向学生高阶思维能力的发展,新知识与旧知识之间缺乏联系,学生英语知识与技能的迁移应用能力弱,大部分学生缺乏英语学习动机。这些现象并不是中国内地或偏远地区所独有,而是广泛存在于中国东部发达地区。王蔷和胡亚琳通过对北京、广州数万名学生的调查发现,目前高中英语教学主要停留在关注学生低认知水平的层面,忽略了对应用实践和迁移创新能力的培养。十年级学生的学习理解能力表现明显优于应用实践和迁移创新能力。②英语学科中学生高阶能力的发展不容乐观。北京师范大学陈则航博士等人指出,不少教师给学生上的英语课主要以讲词汇、练语法为核心,即使教材中的语篇阅读也是为了让学生学习词汇和语法,目的是为了学生能在测试中获得更高的分数,这使得英语教

---

① 中华人民共和国教育部.普通高中英语课程标准(2017年版)[M].北京:人民教育出版社,2018.
② 王蔷,胡亚琳.英语学科能力及其表现研究[J].教育学报,2017,13(02):61-70.

学对学生的思维培育,学习方式的养成处于较低水平。[①] 他们列举了英语教师在词汇、语法、阅读、口语、写作教学中没有针对目标及忽视发展学生深度学习能力的现象,比如词汇强调机械记忆和操练,忽视实际应用,阅读关注基本信息的提取,没有关注对文本的深层理解和解读,口语和写作注重学生语言使用的准确度、复杂性,没有关注学生表达的逻辑和思维深度等。这些普遍存在的英语教学现象让学生一直处于浅浅层学习的状态,无法实现英语学科核心素养的落地与转化。

(三)中学生英语课堂学习投入情况差,学生缺乏批判性思维

研究者通过对我国某中部省份一项调查研究发现,学生英语学习投入情况可以分为三类(见图1-1)。**第一类,漠不关心型:**既不主动预习和复习,不与同伴合作解决问题,也不讨厌考试和作业,对一切都不太关心,也不太积极去做事情;**第二类,积极主动型:**会主动且积极地复习和预习,能与同伴合作去解决问题,且不讨厌作业也不讨厌考试,但不能很好地控制分心;**第三类,倦怠厌学型:**非常讨厌作业和考试,也不愿意与别人合作解决问题,因此不去主动地预习和复习,但能控制自己不分心。

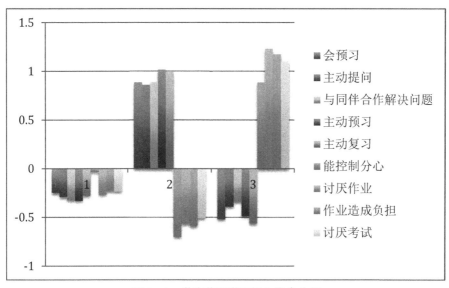

图1-1 学生英语学习投入聚类分析

由图1-2可知,49%的学生属于漠不关心型的,27%的学生是积极主动型的,但在积极主动型的学生中,学生并不能很好地控制做作业时分心的现象,23%的学生属于倦怠厌学型的。从学生英语学习投入情况来看,学生的学习积极和主动性

① 陈则航,王薔,钱小芳.论英语学科核心素养中的思维品质及其发展途径[J].课程·教材·教法,2019,39(01):91-98.

不是很高,指向核心素养的课程改革并没有让学生出现很好的学习投入状态。关于这种现象,我国学者也有过类似的描述。上海市浦东教育发展研究院陈静静等学者通过近十年的课堂田野研究发现,小学三年级左右的学生大量存在虚假学习现象,虚假学习是指学生采用各种伪装的方式来逃避学习。大量存在的虚假学习是滋生学困生的温床,这种现象随着年级的增加,使潜在学困生不断向真实学困生转化,直接导致学生辍学。① 另一种现象是大量存在浅层学习的学生。② 这类学生的出现是由于教师忽视他们的学习过程,而将学习内容高度压缩,通过重复讲练的机械操练方式让学生"学会"这些内容,而学生则主要采用复制的方式,将这些内容装进脑子,等考试结束,学生基本上将这些内容遗忘。这样违背学习规律的学习使学生无法发展创新能力,不利于学生未来发展。

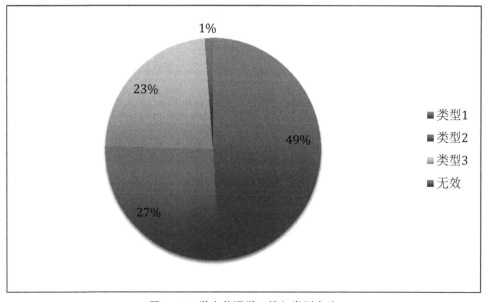

图 1－2　学生英语学习投入类型占比

有研究者指出,我国中学生批判性思维等深度学习所应具备的特征较弱,主要表现在以下几个方面:第一,学生在评价他人观点的时候,只能表示支持和反对,很少说出立场鲜明的观点;第二,学生评价他人论证过程的时候,缺乏有说服力的证据;第三,学生在评论问题的时候,缺乏辩证性,不能运用多种论据来支撑。③ 语言

① 陈静静,谈杨.课堂的困境与变革:从浅表学习到深度学习——基于对中小学生真实学习历程的长期考察[J].教育发展研究.2018(Z2):90－96.
② 崔允漷.寻找课堂中的"在学习、真学习"[J].江苏教育研究,2015(11):30－31.
③ 陈则航,王蔷,钱小芳.论英语学科核心素养中的思维品质及其发展途径[J].课程·教材·教法,2019,39(01):91－98.

和思维是相互促进与发展的,若语言教学无法使学生发展出批判性思维能力,这将是外语教育的一大遗憾。尽管如此,在支持条件上,教师还未为深度学习做好设计者、实施者和评价者的准备,在角色转型上还比较缺乏。[①]

无论是从英语课堂教学的现状、学生英语课堂学习投入大规模调查分析,还是我国学生整体的批判性思维特征来看,与我国2017版所颁布的《英语课程标准》所定位的目标相比较,深度学习目前都是大多数学生可望而未及的目标。这种现状向英语学习者、教育实践者、政策制定者以及相关研究者提出了严峻的挑战。

二、我国英语深度学习研究概貌

英语深度学习是基于英语学科核心素养课程改革的目标与方向,而现阶段的英语课堂教学并不能支持学生深度学习。因此,中小学生英语课堂学习投入低、批判性思维等高阶能力较弱是大部分学生的普遍特征。令人遗憾的是,目前学界对英语深度学习的测评及如何促进学生深度学习的策略缺乏研究。

(一)英语深度学习受关注,但并未基于证据地推进指向英语深度学习的策略研究

国内关注英语深度学习,却没有关注如何促进学生深度学习,换句话说,促进学生英语深度学习的策略并不是建立在对学生英语深度学习的实证研究之上。有学者对基于深度学习理论的初中英语词汇学习研究等,[②]然而,这些研究只是在深度学习的理论视角上演绎推理出初中英语词汇应该如何学习,并没有从实证的视角去观察学生英语词汇学习的现状,用影响关系或影响后果的视角去考察初中英语词汇深度学习和哪些要素相关,这些要素又是如何作用于学生英语词汇学习,从而发展出英语词汇深度学习的策略。因此,开展基于实证研究的英语深度学习促进策略对于我国开展英语课程改革具有重要现实意义。

(二)英语词汇深度学习受关注,但中小学生英语深度学习整体并未得到深入研究

已有研究主要聚焦于学生英语词汇深度学习,鲜有对学生整体英语深度学习方式的刻画。如马忠香对词汇知识与词汇学习策略之间的关系做了调查研究,她的研究发现了大学生之间的词汇使用策略,即词汇学习深度之间存在一定的差异。[③]谭晓晨通过分析英语专业学生的作文,从拼写知识、形态-句法知识和语义知识三个方面考察了产出性词汇深度知识的发展,其研究发现深度知识的增长与英语水平显著相关。[④]王青分析了中学生的词汇深度知识发展与词汇学习策略之间的关系,研究发现,初、高中学生对词汇知识的习得都比较低,初中学生和高中学生

① 耿庆席.转变教师课堂角色 推进学生深度学习——以初中英语教学为例[J].江苏教育,2018(83):43 - 44.
② 沈雅芬.基于深度学习理论的初中英语词汇深度教学研究[J].英语教师,2018,18(20):113 - 117.
③ 马忠香.中国大学生英语词汇深度知识和词汇学习策略的调查[D].芜湖:安徽师范大学,2005.
④ 谭晓晨.英语学习者产出性词汇深度知识发展的研究[J].外语教学,2007(02):52 - 56.

在词汇习得类型上有所差异,初中生侧重词汇语法知识,高中生侧重词汇搭配。[①] 也有学者关注心理词汇量、组织模式与学生词汇深度的关系,从而探索发展学生深度词汇的策略。[②] 词汇是英语学习的关键,但并非英语学习的全部,关注英语词汇的深度学习为研究学生在听、说、读、写等技能上实现深度学习奠定了基础,但并未触及英语学习的整体形貌。

在英语深度学习方式的研究上,其研究对象主要聚焦于大学生,如有学者从一般深度学习理论出发,描述了大学生英语深度学习的实现策略[③],但鲜少有学者对中小学生的英语深度学习进行测评、探讨和研究。在中小学英语深度学习研究中,主要采用理论思辨的方法。也有一些学者采用 CITESPACE 软件对国外深度学习研究进行可视化的文献分析,但缺乏对英语深度学习相关研究进行详细解读。以往研究不足以帮助学生实现英语学科的深度学习。我国目前学生英语深度学习测评、英语深度学习影响因素以及英语深度学习与学生学习结果关系的实证研究较为缺乏。

三、我国英语深度学习研究的转向

通过上述分析,我们可以发现,虽然深度学习是我国英语课程改革的发展目标与方向,然而深度学习在英语教育研究上并未引起广泛关注,促进学生英语深度学习的探讨主要停留在词汇知识的学习上,研究对象以大学生为主体(如陈坚林等人的关于大学外语学习方式的重构[④]),采用理论思辨和经验总结的方法,缺乏科学采样的实证研究。鉴于此,我们需要做好以下三个方面的转向:

(一)英语深度学习的研究对象:从大学生向中小学生转向

对于深度学习,特别是英语深度学习,我们一般会认为这并不是中小学生,特别是低年级阶段学生学习英语应该具有的特征,而是大学生所应该具有的特征。然而,从国际课程改革发展的动态来看,"记忆"和"知道"等对信息的复述和了解,作为工业化社会初级阶段的特征,已经不再是当下社会考察人才的标准。由于信息社会的到来,我们已经从死记硬背的学习模式转变为理解、迁移和应用等高阶学习模式。在国际社会中有三个重要的事件可以视为这个学习转变的表征:第一,《新媒体联盟地平线报告(基础教育版)》明确指出,中小学生深度学习已经成为各国政府和学校的兴趣点,即如何利用信息技术对深度学习进行推广,使教育方式发生革命性变化[⑤];第二,美国近年来发生了基于深度学习的中小学生课程变革运动。通过非营利性机构弗洛拉(Flora)和休伊特(Hewitt)基金来资助深度学习测

① 王青.中学生词汇深度知识与词汇学习策略的相关性研究[D].北京:首都师范大学,2007.
② 于翠红,蔡金亭.中国英语学习者心理词汇量、组织模式和词汇知识深度的关系[J].中国外语,2014,11(05):56-65.
③ 邹晓燕.大学生英语深度学习方式探析[J].黑龙江高教研究,2012,30(12):181-183.
④ 陈坚林,贾振霞.大数据时代的信息化外语学习方式探索研究[J].外语电化教学,2017(4):3-8.
⑤ 刘丽丽.基于SOLO分类理论的小学生深度学习评价研究[D].上海:华东师范大学,2017.

评、深度学习改进①以及深度学习发展，旨在通过深度学习发展学生的学科核心素养和 21 世纪技能①。第三，国际对外英语教学（Teaching English to Speakers of Other Language Learners，TESOL）协会开始积极关注英语深度学习。国际对外英语教学协会近年来开始致力于探索如何促进英语作为外语的深度学习策略。从国内外学者的研究中可以看出这一取向，如埃利斯（Rod Ellis）倡导在中国等东亚情境下开展任务型英语教学，来发展学生英语能力，改进英语学习者的学习动机和策略，实现英语学科的深度学习②。我国学者龚亚夫也提倡任务型英语教学来改变英语费时低效的情况，③王蔷等知名学者更是制订出学生英语实践能力量表对英语学科迁移能力进行测评④，这些都是表明中小学英语教学中的深度学习应受到广泛关注。

（二）英语深度学习的研究内容：从概念辨析到促进策略

对于深度学习是什么？英语深度学习是什么？以往的文献中有诸多探讨，无论是现象学方式的实验研究，对学生阅读过程中表现出的学习动机、学习过程和学习结果的区分，还是通过调查的方式探索学生浅层学习、深度学习和策略性学习的差异，或是对学生学习结果和学习目标的分类，都对我们了解深度学习以及英语深度学习的内涵与外延有诸多启示，更是我们开展未来研究的重要基础。然而，对于什么样的方式能促进学生深度学习，在英语课堂中我们该如何设计环境、如何选择教材、如何开展"以学习为中心"的课堂教学、如何开展评价、如何利用信息技术来促进学生深度学习等关键问题仍有待学界探索。实际上，我国已有学者在什么是深度学习上有诸多探索，然而在关于深度学习促进策略的探讨中，更多是借用经验总结的方式去探讨促进学生深度学习的策略，鲜少基于长时段的实证研究去探索英语深度学习是如何发生的，而我们有何种证据表明哪些方式可以促进学生深度学习等问题。

（三）英语深度学习的研究方法：从理论思辨到科学实证

在我国，英语在相当长的一段时间内都作为第一外语被使用。作为交流工具，英语不仅发挥了让我们认识和了解其他文化的作用，它还承担提升着学生思维品质、发展学生学科能力、促进学生人文性和思想性提高的责任。让学生经历英语深度学习、促进学生英语学科核心素养的发展已经成为当下英语课程改革的"刚需"。课堂是培养学生英语能力、发展学生核心素养的主阵地，探究在课堂情境下学生英语深度学习的发生机制以及促进学生英语深度学习的策略是最为关键的议题。

---

① JENSEN E，NICKELSEN L A. Deeper learning：7 powerful strategies for in-depth and longer-lasting learning [M]. Corwin Press，2008.

② BLOCK D. Review of Rod Ellis' Task-based Language Learning and Teaching [J]. Language Learning Journal，2004，29(1)：18 - 22.

③ 龚亚夫.交际语言教学的第三种途径——我国中小学英语教育的交际语言教学之路[J].中国外语，2011，8(05)：70 - 77.

④ 王蔷，胡亚琳.英语学科能力及其表现研究[J].教育学报，2017，13(02)：61 - 70.

但不管是学生英语深度学习的概念辨析、策略发展以及学生英语深度学习的应用,都无法从思辨或逻辑演绎的研究范式中得到回应。我们大量关于深度学习的研究主要以理论思辨为主,专家学者的观点较多,但对发展学生英语深度学习、促进教师专业发展、提高学生学习能力等较为可行的策略并未获得相关实践和证据支撑。从我们可以统计的数据来看,在 80 篇 CSSCI 期刊关于深度学习的论文中,使用实证研究的较为缺乏。鉴于此,为了促进深度学习研究向纵深方向发展,也为了学科育人目标的实现,我们有必要在基础教育阶段开展学生英语深度学习实证研究,尤其是英语深度学习的测评研究,让基于证据的深度学习研究走进基础教育阶段的英语学科,也让学英语的广大学生受益,让广大英语教师获得专业成长。

第二节 研究目的

一、探索英语深度学习及其发生机制,理解英语深度学习的发生规律

基础教育阶段是为一生发展奠基的阶段,这个阶段发展学生良好的学习习惯和学习方式,能让学生不仅认识真理,更加能探索真理是学生学习的根本目标与任务。那么这种探索真理的学习目标与任务就要求学生能够发展学习积极性,变被动学习为主动学习,发展学生团队合作能力,变个体学习为合作学习,还要发展学生学习指向,变传承性学习为创新性学习[①]。深度学习的核心任务就是把学生培养成能自我导向的、负责任的学习者,并对自己的学习表示关心,但让学生对自己的学习负责是一件相当困难的任务,绝对不是教师一人能够完成的。我们需要学校形成一种文化环境,这种环境非常珍赏和谐的关系、信任、尊重,给学生足够的安全感,以促使学生尽自己最大的努力,采用深度学习方式达到很高的学习目标[②]。深度学习作为当今教育实践者和教育改革者追求的学习方式,它又是如何发生的?在英语作为外语的学科中,它的发生有怎样的机制和规律;这样的机制和规律一旦被研究者发现,被教师掌握,被学生使用,是否就能实现基础教育改革所提倡的立德树人的目标,发挥学科育人的功用? 鉴于此,本书对英语深度学习测评、发生和发展规律的研究若能取得良好的结果,将能对课程、教师和学生的发展发挥重要的作用。

二、研究英语深度学习的影响因素,寻找促进英语深度学习的策略

英语深度学习是英语学科发展的必然,也是发展学生核心素养的关键。因此研究促进学生深度学习的影响因素,探索促进学生英语深度学习的规律与策略,是

---

① 杨小微,等.从被动接受到主动学习——教学改革发展之路[M].上海:华东师范大学出版社,2018:165.
② 杨小微,等.从被动接受到主动学习——教学改革发展之路[M].上海:华东师范大学出版社,2018:33.

学科发展的必然,也是学科育人的关键。以往的研究有很多的观点和思辨,我们无法准确地告诉一线英语教师,他们应该做什么及如何做,因此很多未经实证的、"人云亦云"的策略让一线教师无法积极参与变革当中。

目前国内关于英语学科的研究无法为促进学生深度学习提供较为完整的可行性的策略。我国有学者对测试、评价与学生深度学习的关系做了许多有意义的探索,如浙江师范大学罗晓杰教授领衔的学术团队就浙江省高考英语阅读理解试题中学生思维层次的考查[①],及对高考英语全国卷Ⅰ阅读理解思维层级的探索等[②],对改进终结性评价的试题编制有启示意义。鉴于这些研究偏向分析静态考试题目与学生的思维品质等深度学习某一维度的关系,对学生形成性评价及学生动态学习过程与学习行为缺乏分析。因此,我们难以将整个评价过程与学生深度学习建立联系,那么我们也就无法为"通过评价的改革来促进学生深度学习"提出较为完整的可行性策略。

鉴于深度学习是伴随着近几年新课程改革发展起来的新理念,我国目前对英语学科深度学习本土实践探索较为缺乏。因此,英语教师教育者为在职教师提供促进学生深度学习的培养方案与策略大多依靠国外研究文献,对国内研究经验缺乏提炼。国外关于深度学习的促进策略是否可以移植到中国情境中应用? 其他学科的实践经验是否可以直接挪用到英语学科当中? 这些问题都需要本土化英语学科实证研究来解答。目前偏向理论思辨的研究取向对中小学英语教师的专业发展和学生深度学习水平的提升帮助较小。本书的目的之一就是通过英语深度学习的实证研究,为教师教育者、师范生、在职教师提供切合实际的帮助,为国培、省培等教师培训提供更为贴近英语学科的、更为可行的培养方案,为一线教师发展学生深度学习提供基于证据的实践路径。

三、研究英语深度学习的影响后果,探究深度学习是否发展学生素养

目前在基础教育领域提倡学科育人,但实际上这可能是学科专家的独角戏,大多数英语教师按兵不动。因为深度学习发展若不能让学生学业成绩提高,教师是没有动力去探究深度学习的。大部分教师都是在高利害性考试的压力下去选择用什么样的方式去教学,同时教师的收入、荣誉以及教师的专业发展机会也和学生的学业成绩相挂钩。若深度学习的研究无法改变学生学业成绩,促进学生学业成绩的提高,那么深度学习的研究也不会有太大进展。因此,深度学习研究的关键性要素是要看深度学习与学生英语学业成绩的关系。

当我们去观察深度学习研究如何融入英语学科,以及英语学科的深度学习研究如何实现的时候,我们除了考虑深度学习与学生学业成绩的关系,促进深度学习

① 倪晗,罗晓杰.2004—2016 年浙江省高考英语阅读理解试题思维能力层次探析[J].基础外语教育,2017,19(2):91-99.
② 洪晓翠,罗晓杰.2009—2018 年高考英语全国卷Ⅰ阅读理解试题的思维层次探析[J].教育测量与评价,2018(12):49-56.

的落实之外,还需要考虑深度学习是否能发展学生除学业成绩之外的能力,如学生的非智力因素成就如学生个人满足感、幸福指数、学生实际问题解决能力等。这些都是学生未来生活所需要的素养,即学生"一生可以用得着"的知识。

第三节　研究问题与意义

一、研究问题

基于我国英语学科实现学科育人目标的要求,需要我国在基础教育阶段实现学生学习方式的转变。而学生学习方式的转变需要教学目标、教学方式、教学情境、评价方式都发生根本的转变。根据深度学习的研究进展,本书主要关注以下几个问题:

第一,英语深度学习应该如何测评?

第二,我国基础教育阶段学生英语深度学习有何特征?

第三,英语深度学习与学生学业成绩有何关系?

第四,我国基础教育阶段学生英语深度学习有何特征?

第五,英语深度学习与学生学业成绩有何关系?

第六,发展学生英语深度学习应该有哪些策略?

围绕上述研究问题,本书主要使用三种研究方法:使用 CiteSpace 等软件对已有研究文献进行分析,了解国际深度学习发展状况,具体分析与深度学习相关的实证研究以获得深度学习的影响因素与影响后果;使用问卷调查,获得学生英语深度学习的相关数据;对工具进行验证,并描述学生英语深度学习特征及其与学业成绩的关系。

二、研究意义

(一)理论意义

本书的意义建立在所开展的几项研究工作之上:第一,本书以尽可能全面的文献检索,来查找关于深度学习的研究文献,从中国大陆、中国台湾、中国香港以及国际上 SSCI 期刊论文的发表情况,整合深度学习的相关研究报告和书籍,勾勒出深度学习的整体形貌。在此基础之上,本书通过分析、归纳、比较等方式,建立深度学习研究网络,构建深度学习及其深度学习的影响因素、影响后果的研究框架。对于深度学习理论研究者来说,这是一份比较全面的、值得借鉴的文献参考资料。第二,本书在深度学习概念的基础上,发展适合基础教育阶段英语学科深度学习的测评工具,这不但拓展了深度学习研究的原有理论边界,同时也让深度学习与具体学科和年龄段的学生相结合,是已有关于深度学习理论框架的延伸和发展。第三,本书在深度学习的概念框架之上,探讨了英语深度学习与学生背景变量、情境变量以及学生学习结果的关系。这一概念框架的检验与发展是对已有深度学习理论的补充：一方面为原有深度学习的概念框架提供基于证据的检验；另一方面为原有深度学习的概念框架提供学科发展路径。鉴于此，本书将是推动英语深度学习理论发展的动力，也是基础教育研究者所需要完成的理论创新任务。

（二）实践意义

本书的实践意义在某种程度上超过其理论价值：第一，本书开发的英语深度学习工具能对学生英语深度学习现状进行描述，这将有利于英语教育实践者、学生、家长和社会了解目前我国中学生在英语学科上所达到的深度学习水平，这将为提升的学生英语深度学习研究水平提供帮助。通过向家长、社会、教师呈现英语深度学习发展状况的实际证据，能形成家、校、社会多方互动的合力，为进一步发展学生深度学习能力提供解决方案。第二，本书发展出的英语深度学习促进策略，是一种基于证据的促进策略，这一策略并非思辨和观点的罗列，而是在实证分析学生英语深度学习的影响因素和影响后果之上。让证据说话，使促进策略更有的放矢。

每一次新课程改革的推进都让教师处于焦虑的状态，因而受到教师的抵制。教师们焦虑的原因是因为他们担心深度学习研究可能不利于学生学业成绩的提高。然而，本书对英语深度学习与学生学业成绩因果关系的研究，有利于中学英语教师放心大胆地开展深度学习研究，而不必顾虑研究会让学生成绩变差。同时，也可以促进教师专业成长，最终让学生受益。

第二章 深度学习研究发展状况

本章内容是对深度学习研究整体状况的描述。深度学习是提升学生核心素养、培育学生学科核心素养的重要方式。通过整合国内外学生深度学习的研究成果,勾勒出中国大陆、中国台湾和国际学界对学生深度学习的研究状况,深度描绘出学界对这一领域的研究背景、研究基础、研究前沿和研究热点,为发展我国英语学科深度学习研究奠定基础。本章分三部分:第一部分分析我国大陆区域深度学习研究发展状况,第二部分分析我国台湾地区深度学习研究的发展状况,第三部分应用 CiteSpace 软件分析国际深度学习研究发展状况,总结前人的研究成果,通过对文献的解读,为发展我国深度学习,特别是英语深度学习研究贡献力量。

第一节 我国大陆深度学习研究发展状况

一、深度学习研究在我国大陆地区的年度增长、主题与具体领域分布

深度学习与很多当下教育改革的热点相关。在核心素养和 21 世纪技能培养背景下,在被教育者推进改革的浪潮中,深度学习成为教育者、教师教育者和教育研究者改革和努力的目标。我国对深度学习的研究虽然已有较长时间,但深度学习研究的真正发展起来还是在近 10 年。

(一) 近 10 年来我国大陆地区深度学习发展状况

近年来,深度学习研究在我国大陆地区的发展非常迅速,特别是从 2015 年开始,更是每年成倍地增长。深度学习一直被认为是由教育技术领域学者于 2004 年发起的一项研究。在素养与信息时代,深度学习成为教育领域的一个热词,更是教育技术、课程与教学论和比较教育研究学者非常关注的话题。在 2012 年,我国关于深度学习研究在 CSSCI 杂志上开始有了一定的发文量,并逐年快速增长。

(二) 近十年来我国深度学习研究的主题分布

我国深度学习领域的研究主要围绕以下几个关键的话题:第一,深度学习与浅层学习的关系。学习者处理学习任务时表现出来的特征在学习动机、学习策略和学习结果上具有显著差异。在学习动机上,深度学习者更多表现出内部学习动机,浅层学习者更多表现出外部学习动机;在学习策略上,深度学习者表现出意义取向

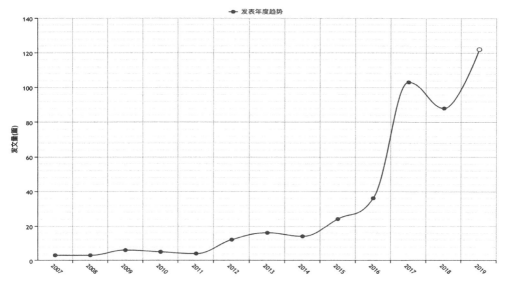

图 2-1 深度学习研究年度增长情况

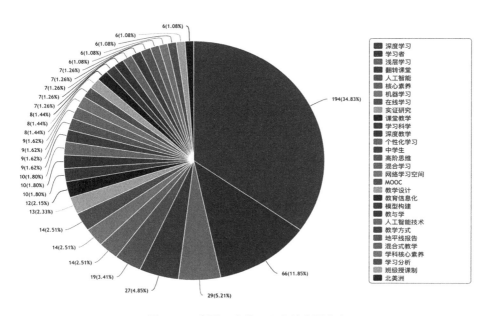

图 2-2 我国深度学习研究的主题分布

的学习策略,而浅层学习者表现出复制取向的学习策略。第二,课堂教学中如何实现学生的深度学习,比如利用课堂教学策略、课堂教学设计等,近年来也有学者提出通过深度教学来培养学生深度学习。第三,论证深度学习与学生核心素养的关系。很多学者指出,深度学习是培养学生核心素养的必由之路;第四,线上线下如何实现学生深度学习。关注这个话题的学者主要是信息技术和教育技术领域,他们都关心在线学习、混合学习、MOOC、网络学习空间、人工智能技术如何帮助学生实现深度学习。最后,分析国外关于深度学习的研究成果,以促进我国学生深度学习研究的发展。

(三)近十年来我国大陆深度学习研究的具体领域分布

在立德树人目标的指引下,深度学习基本上成为我国新课程改革成效的一个关键性指标。从国家层面到地方层面,从地方到学校、教师和学生,深度学习基本上成为一个标志性的号角,引领我国课程改革的方向。从这个角度上看,虽然我国研究者投入了很多精力在基础研究上,但深度学习在基础教育领域的发展还有待加强。

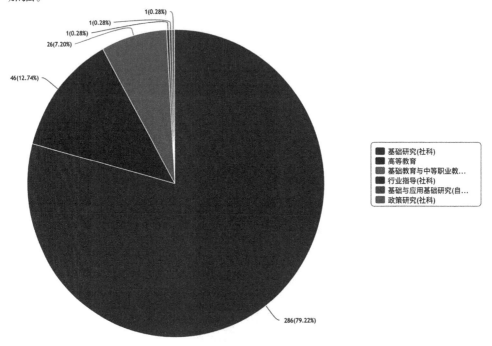

图 2-3　深度学习研究在具体领域中的表现

中国大陆基础研究(社科)大约占总体深度学习研究的 79.22%。高等教育占12.7%,基础教育和中等职业教育等占 7.2%。虽然我国大陆地区的基础教育课程改革是以深度学习为导向的,但我国基础教育在深度学习领域的研究产出还不容乐观,需要更多学者投入到基础教育的深度学习研究之中。若从我国深度学习研究的具体学科内容来看,在英语学科领域深度学习的研究更是远远不够,英语作为我国第一大外语,其重要性可见一斑。因此,基础教育中有关英语学科深度学习的研究有待深入和加强。

二、深度学习研究在我国大陆的研究学者、研究机构与资助基金分布

以上三个方面的分析为了解我国深度学习研究的基本形貌奠定了一定的基础。通过分析哪些人研究深度学习、深度学习研究受到哪些研究机构和国家基金的资助,将在更大程度上反映我国深度学习的总体发展形态,也能从一定程度上为我国开展进一步深度学习研究提供良好的文献来源和咨询机构。从研究学者方面的分析,我们可以获知这些学者都来源于哪些学科,这些学科专家都为英语深度学习提供了哪些帮助,还有哪些不足可以改进的地方。对于研究机构的分析可以让我们发现,外语类院校开展这样的研究应该从何处发起,从而促进话语共生,推动教育领域深度学习的全面发展,为学生整体发展奠定研究基础。另外,分析资助基金能帮助/有助于我们了解国家从政策上如何支持深度学习的研究与发展。

（一）我国大陆深度学习研究学者分布

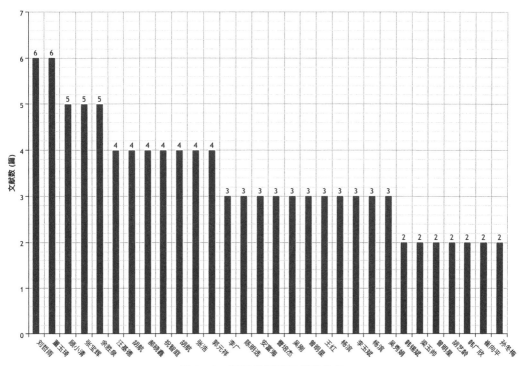

图 2 - 4　深度学习研究学者分布

从分析我国大陆地区深度学习研究的学者发文量,可知高发文量的学者基本上集中在教育技术领域,如刘哲雨、董玉琦、顾小清、张宝辉、祝智庭、胡航等,还有一部分学者如郭元祥、吴刚等来自课程与教学论领域。通过对深度学习研究的题目和摘要分析发现,深度学习研究主要来源于三个学科领域:教育技术、课程与教学论和比较教育学,其中教育技术领域的学者最关注学生深度学习,涉及翻转课

堂、私播客(SPOC)、慕课(MOOC)等网络平台、网络课程中学生的深度学习,以及具体软件和技术如何帮助学生深度学习等。课程与教学论的学者侧重对深度学习的概念、课堂培养策略、教学设计和评价与深度学习的关系研究,而比较教育学领域的学者侧重对深度学习的国外概念、测评方式、实施方案等的介绍和评价。

必须指出的是,在这些知名研究学者当中,尚未发现来自外语教育领域的知名学者。因此,发展学生英语深度学习,促进学生英语学科核心素养的发展是我国当下外语领域学者需要关注的话题。那么如何继承和发展教育技术、课程与教学论和比较教育领域学者的研究成果及发展方向,这是我们面临的重要问题。通过详细分析已有学者的研究成果,在比较教育学领域,我们可以借鉴国外较为先进的研究成果,在课程与教学论领域,我们可以发现如何在当下课堂情境中发展学生深度学习是亟待关注的话题;而在教育技术领域,如何开展线上线下混合式学习则是我们英语教育领域可以继承与发展的研究成果。

(二)我国大陆地区深度学习研究机构分布

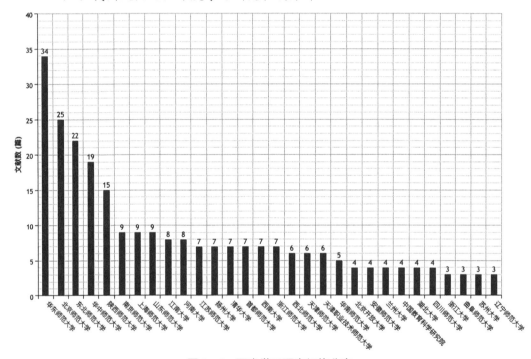

图 2 - 5　深度学习研究机构分布

通过对机构分布的分析,我们发现深度学习领域的研究基本来自师范大学,或者是拥有教师教育学院或教育学院的高等教育机构,来自外语教育研究机构的成果较为鲜见。显然,外语学科中学生深度学习并不是该学科关注的重点。除了上海外国语大学陈坚林教授研究团队近几年发表的关于大学外语学习方式重构之外[①],大多数学者基本上关注的还是词汇的学习深度,对英语等外语学科深度学习的研究较弱。

在所有高等院校中,最为关注深度学习的是华东师范大学、北京师范大学和东北师范大学。在这些师范大学研究团队中,以教育技术和课程与教学论的学者为主要研究专业群体。

深度学习的研究机构分布说明深度学习的研究集中在教育领域。在教育学学科背景下研究深度学习如何为英语深度学习的培养提供帮助?这些研究成果哪些可以纳入英语学科中使用?英语深度学习的概念与深度学习有何种差异?测评工具应该如何发展?这些都是我们需要进一步思考和解决的关键问题。从英语作为人文学科育人功能的角度看,不但需要发挥其工具性功能,更需要发挥其人文学科育人的功能,因此在信息化和大数据时代交杂的时代背景下,英语如何超越其原有工具性功能,如交流、考试等,发挥其发展学生批判性思维、学会学习、学会生活、学会做事等作用,这些问题都需要外语学者和研究团队深入探讨,以促进学生在英语学习中深度学习、完善自我。

（三）我国大陆地区深度学习研究的资助基金来源

除了以上信息,我们还可以通过深度学习研究基金的分布来看深度学习受到哪些基金的资助,以及哪些层面的学者来研究这样一个重要话题。我们从资助基金来看,全国教育科学规划课题、国家社科基金教育学课题、国家自然科学基金、以及教育部等国家层面的课题都资助这一话题的研究。因此深度学习集中了人文社科与自然科学研究基金的支持,这说明深度学习是一个跨学科的研究领域,然而,它当然首先是属于教育学的研究领域和范畴。

从基金层级的分布来看,除了国家和教育部层面的基金,江苏省、山东省、上海市、重庆市、北京市、湖北省等省市的基金也是深度学习研究资助基金的重要来源。我们可以从图2-6看出,深度学习在江苏得到最多的支持,这可以从近年来发表的专著和期刊论文得到佐证。江苏省南京一中团队关注深度学习与学历案的研究,江苏省锡山高级中学等都非常关注深度学习。如何培养学生深度学习已经从高校走向一线,与具体的教学实践密切结合。但我们同样深切地感受到,深度学习并没有得到语言学与应用语言学领域学者的密切关注。因此,从学科战略和学科育人的角度看,这显然是不容乐观的。

---

① 陈坚林,贾振霞. 大数据时代的信息化外语学习方式探索研究[J]. 外语电化教学,2017(4):3-9.

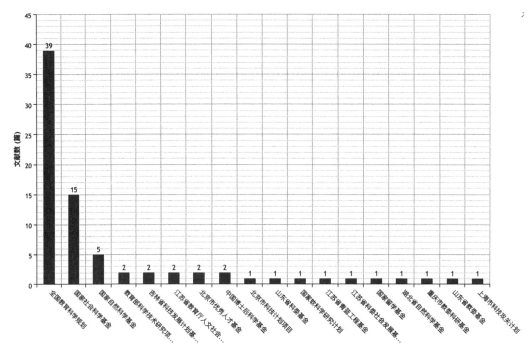

图 2 - 6　深度学习研究资助基金分布

从国家支持的基金来看,大部分深度学习的研究都受到全国教育科学规划和国家社会科学基金的支持,这些形成了推动深度学习研究的重要动力。但从深度学习研究论文发表的质量来看,我国深度学习的研究有待进一步发展。

三、我国大陆地区深度学习研究文献的内容编码分析

以上从大概的形貌勾勒了我国深度学习研究的发展情况。这些粗线条的信息并不能从根本上让我们了解深度学习的研究并为英语深度学习的研究发展提供可以借鉴的研究问题。因此,本部分通过收集中国知网中关于深度学习的文献,筛选重要文献,进行内容编码分析,从而深度描绘我国深度学习的研究状况。

(一)文献筛选过程

1. 文献检索

2019 年 6 月 13 日在中国知网(CNKI)上,以"深度学习"为主题词,检索符合"哲学与人文科学＞外国语言文学＞英语以及社会科学 II 辑＞教育理论与教育管理、学前教育、初等教育、中等教育、高等教育"的 CSSCI 期刊文章。检索结果按照"发表年度"可划分为:2019 年 31 篇;2018 年 81 篇;2016 年 94 篇;2015 年 35 篇;2014 年 13 篇;2013 年 13 篇;2012 年 10 篇;2011 年 4 篇;2010 年 5 篇;2009 年 5 篇;2008 年 2 篇;2007 年 3 篇。

2. 文献筛选

筛选原则一:关注深度学习的概念,排除与深度学习相近的概念,如基于问题的学习、批判性思维、深度教学、机器学习中的深度学习。再仔细浏览以上这 296 篇文章的标题之后,可以清楚地发现与"深度学习"这个完整的概念相关的研究共计 141 篇,其余的论文中所涉及的概念与"深度学习"相近,但属于其他研究领域,故不在本次文献分析的范畴之内。

筛选原则二:关注教育领域的深度学习,排除机器学习中的深度学习。在深度学习的范畴中,有若干篇研究的是机器的深度学习,还有部分文章篇幅太短,无法形成一个完整的研究,故予以剔除。因此这部分共计 25 篇的文章也不属于本次分析的范畴。

筛选原则三:排除找不到核心编码要素的文献。本次文献分析按照"研究背景、研究目的、研究问题、研究方法、研究对象、数据获取方式,研究结论和研究启示、意义"这八个维度来对文献进行编码。依据这些维度,发现有 32 篇论文只能清楚地看到其研究背景部分,其余维度并没有在文章中得到很明确的体现,因此推断这些文章的分析价值不大,予以剔除。

3. 论文筛选结果

本次可供分析的深度学习论文共计 73 篇。经分析,有 30 篇左右文章采用思辨方法来展开的,主要回答"深度学习是什么"的问题;采取实证研究方法的文章有 27 篇,主要回答"深度学习怎么样"的问题,如深度学习的现状、深度学习的影响因素及影响后果等;利用文献分析法和文献综述形式的文章共 16 篇,主要回答"深度学习做了哪些研究"的问题。73 篇论文中均有交代研究背景、研究意义、研究结论及研究启示。鉴于这些研究采用的方法差别较大,论文的研究问题、研究结论、研究意义等呈现上有显著差异。

(二)文献内容编码及其呈现

鉴于要从我国关于深度学习文献中发现研究问题,与国外深度学习研究进行比较,因此在本书中,研究者主要采用国际上发表的规范论文的结构对这 73 篇论文进行编码。具体编码如下:①研究背景;②研究目的;③研究问题;④研究方法;⑤研究对象;⑥数据获取方式;⑦研究结论;⑧研究启示、意义。这样的编码有助于我们对我国大陆在深度学习领域所关注研究的问题、所采用的研究方法、以及研究结论作出较为详细的分析,也便于我们进行比较。

编码过程:首先,与一位硕士研究生交流如何下载和筛选文献,让这位硕士生一起参与文献筛选,从 CSSCI 索引的教育类和外国语言文学类期刊中选出与深度学习相关的文献,排除无关的文献;其次,查阅论文的摘要、全文并对论文的八个部分进行编码;最后,将这些部分导入 Excel 表格中进行再次查阅看其是否合理。

(三)我国深度学习主要研究主题、方法与结论

1. 我国深度学习研究的主题

通过对深度学习文献的题目、摘要以及研究问题的梳理,我国深度学习的研究

大概涉及以下几个关键主题：

第一，深度学习的内涵介绍、辨析和论证。这类研究主要是属于思辨类研究或文献综述类研究，涉及的学者类型主要是来源于师范大学等高校学者。他们对学生深度学习是什么、深度学习在国外如何概念化等方面进行辨析和论证，我国刚开始研究深度学习的时候基本上属于这种类型的研究。因为不管是哪个领域的学者介入到这个领域之中，都需要考虑深度学习的概念、内涵及其建构等问题。出于对"新鲜事物"的好奇，国内学者近几年对深度学习的内涵、特征及其理论解释等方面做了大量探讨，深度学习的内涵相对清晰，并逐渐形成以下三种深度学习观：

①**深度学习是一种学习方式。**这种观点主要源于瑞典哥特堡大学马顿和萨尔约（Marton and Saljo）[1]，经过英国、澳大利亚等多位学者深入研究，逐渐形成三种学习取向，即深层学习、浅层学习和策略性学习。学习方式一般用学习者的意图和行为策略来表征，深度学习策略倾向于使用内部动机获得意义，浅层学习更多是外部动机，倾向于使用记忆和重复策略。这种观点来源于对大学生群体的研究，其理论和测评技术比较成熟，因而也受到国内高等教育领域实证研究者的支持，如付亦宁[2]、陆根书[3]等。由于我国基础教育课程改革提倡学习方式从死记硬背、接受式的机械学习、虚假学习走向自主、合作、探究的学习，因此学习方式这个观点也受到基础教育领域专家的青睐。

②**深度学习由批判性思维、高阶思维、反思能力和整合能力组成。**这种观点主要源于美国学生参与（student engagement）调查研究，该研究将批判性思维、高阶认知、反思和整合技能列入 21 世纪学生必须掌握的技能之中。张浩、吴秀娟（2014）认为反思既是深度学习的主要构成，也是促进深度学习的一个关键要素。由于 21 世纪人才素养对高阶思维、整合能力、元认知能力的要求较高，这些认知能力和思维品质越来越受重视。

③**深度学习是一种包括认知—个人—人际三维度的综合核心素养。**这个观点主要源于美国国家研究院（NRC）关于深度学习的报告，杨玉琴[4]、卜彩丽、张宝辉[5]、祝智庭[6]等，都对这个观点做了充分的介绍。该观点指向关键能力、必备品格和价值观，在内涵上与我国核心素养联系最为紧密，但还未形成一个从理论到实践

---

① MARTON F，SÄLJÖ R. On qualitative differences in learning：I—Outcome and process[J]. British Journal of Educational Psychology，1976，46(1)：4 - 11.

② 付亦宁. 深度学习的教学范式[J]. 全球教育展望，2017(7)：47 - 56.

③ 陆根书. 大学生的课程学习经历、学习方式与教学质量满意度的关系分析[J]. 西安交通大学学报：社会科学版，2013(2)：96 - 103.

④ 杨玉琴，倪娟. 美国"深度学习联盟"：指向 21 世纪技能的学校变革[J]. 当代教育科学，2016(24)：37 - 41.

⑤ 卜彩丽，冯晓晓，张宝辉. 深度学习的概念、策略、效果及其启示——美国深度学习项目（SDL）的解读与分析[J]. 远程教育杂志，2016，34(5)：75 - 82.

⑥ 孙妍妍，祝智庭. 以深度学习培养 21 世纪技能——美国《为了生活和工作的学习：在 21 世纪发展可迁移的知识与技能》的启示[J]. 现代远程教育研究，2018，3：9 - 18.

的研究体系。

第二，如何评估深度学习？在深度学习测评上，我国尚未有自主研究的权威测评框架与测评工具，以引介为主，形成以下两个特征：

①引进多元多维测评框架，侧重对认知维度的评估。一是认知维度测评框架：布卢姆（Bloom）目标分类学；韦伯（Webb）的知识深度模型；比格斯（Biggs）的学习过程 3P（presage，process，product）模型和学习结果分类的 SOLO 模型。二是动作技能和情感维度：辛普森（Simpson）的动作技能目标分类法和克拉斯沃尔（Krathwohl）的情感目标分类法。三是综合素养测评框架：美国威廉和弗洛拉休伊特基金（William and Flora-Hewitt Foundation）和美国国家研究委员会开发的包括"认知—人际—个人"的评估框架[①]。布卢姆目标分类学、韦伯知识深度模型、比格斯的 SOLO 模型都聚焦于认知维度，其原理都是认知建构主义，国内主要从认知角度对深度学习进行测评，对于综合素养或情感或动作技能测评的较鲜见。

②引介测评工具，并对部分调查工具进行改编。一是实证研究类：问卷调查工具，主要借鉴比格斯学习过程问卷[②]，或加以调适、或直接用于测评学生学习方式，一般以大学生或研究生为调查对象；课堂观察测评聚焦于课堂中学生对具体"概念"的认同与转化或从学生行为上判断学生对具体内容的理解水平。二是理论推演类：基于测评的便利性对深度学习的评价指标进行修订和改造，未对指标的合理性进行实证检验；三是比较与借鉴类：介绍国外深度学习的多种测评框架、测评工具和数据收集方法。在三类研究中，实证研究类的调查问卷和课堂观察工具都会基于实际情形或多或少地加以调适，国内主要采用以问卷调查为主的测评方法，较少开展课堂教学的观察研究或其他形式的质性研究。还采用准实验法对反思促进深度学习进行研究。首先进行问卷调查来测评学生深度学习的实际水平和发展状况，用书面测试中的客观题来测评学生的认知发展水平，用主观题测评学生的思维结构发展水平，然后再用作品产出这样的表现性任务评估学生对知识的迁移和应用。

第三，如何促进深度学习？在如何促进深度学习上，国内文献较为丰富，主要围绕课堂教学和教育技术如何促进深度学习展开讨论。

①指向深度学习的教学方案设计研究。这些教学方案有多种名称，如学案、导学案、学历案、教学设计等。它们的共同特征是：在核心素养视角下以大观念或主题为单元来整体设计教案，关注学生的学习过程，目的是转变无学习、虚假学习，实现课堂的有效学习，最终达到深度学习。然而这些理论论证得当的教学方案是否真的能促进学生深度学习，在多大程度上能促进深度学习还有待实证研究的开展。

---

① BITTER C，LONEY E. Deeper Learning：Improving Student Outcomes for College，Career，and Civic Life. Policy Brief ［R］. Education Policy Center at American Institutes for Research，2015.

② VOLET S E，RENSHAW P D，TIETZEL K. A short-term longitudinal investigation of cross-cultural differences in study approaches using Biggs' SPQ questionnaire［J］. British Journal of Educational Psychology，1994，64(2)：301-318.

②论证促进深度学习的课堂教学策略，构建相应的教学模式。这个领域主要从课程论中的目标、内容、实施与评价的视角进行阐述，其立论基础一般是浅层学习的弊流、传统教学观和知识观的障碍、新时代对新学习方式的需求。**教学策略与模式重构**。如，安富海（2014）从学习目标、内容、方式和结果上批判浅层学习[①]。付亦宁（2017）从指向"生成性学习""基于设计的学习"出发，以"SOLO 学习结果分类"的教学过程、活动与评价来建构新教学范式[②]。徐章韬（2017）关注一般学习与学科学习、课程材料的选择与组织，从学情出发将学科话语和思维向学生转化。[③]陈坚林，贾振霞（2017）从生态学的视角，重构教学对象、教学环境以及教学生态平衡促进外语深度学习[④]。**论证情境的重要性**。阎乃胜（2013）认为情境的真实性和批判性特征对培养深度学习有重要作用[⑤]。情境性是知识与学习的核心属性，情境化与跨情境化是学生核心素养培育的关键，我们需要建构认知性、价值性与主体意愿性相整合的指向深度学习的操作性课程框架。**论证评价对深度学习的促进作用**。周文叶（2017）认为设计良好的表现性评价能更好地评价批判性思维、有效沟通和发表学术见解等能力，弥补传统客观纸笔测验主要关注肤浅学习和基本技能的不足[⑥]。林银玲，叶信治（2014）提出要转变现有诱发浅层学习的评价制度，完善促进深度学习的评价制度[⑦]。张治勇，李国庆（2013）强调为了学习的评价对深度学习的促进作用[⑧]。**论证学习资源建设**。杨琳，吴鹏泽（2017）探讨了面向深度学习的电子教材设计与开发策略[⑨]。

③信息技术对深度学习的促进作用。目前利用信息技术促进深度学习主要表现在：利用互联网和信息技术所形成的网络课程或平台，如 MOOC、SPOC、SNS 平台；信息技术所形成的在线学习方式，如 e-learning、泛在学习、混合学习（线上线下）等具体的学习方式与深度学习的关系；信息技术媒介和软件，如手机、博客、好看簿网络日志，借助计算机认知工具中的电子表格软件、互动软件、多媒体软件和思维可视化软件来发展学生的认知策略，促进学生更好地发展高阶思维，以及多媒体本身的特征对深度学习的作用；翻转课堂对深度学习的促进作用。该领域的研究发现，不管是信息技术所搭建的信息技术平台、媒介和软件，还是多媒体所产生的新型虚拟学习环境与学习方式都不能直接促进学生的深度学习，相反，由于信息的泛在性，技术的便利性可能会让学生产生碎片化的浅层学习。真正要发挥促进深度学习

---

① 安富海. 促进深度学习的课堂教学策略研究[J]. 课程·教材·教法，2014(11)：57-62.
② 付亦宁. 深度学习的教学范式[J]. 全球教育展望，2017(07)：49-58.
③ 徐章韬. 指向深度学习：根植学科的数学学习理论[J]. 中国教育学刊，2017(8)：54-58.
④ 陈坚林，贾振霞. 大数据时代的信息化外语学习方式探索研究[J]. 外语电化教学，2017(4)：3-8.
⑤ 阎乃胜. 深度学习视野下的课堂情境[J]. 教育发展研究，2013,12：82-85.
⑥ 周文叶，陈铭洲. 指向核心素养的表现性评价[J]. 课程·教材·教法，2017,9：38-45.
⑦ 林银玲，叶信治. 论浅层学习与深层学习——基于大学生学业评价制度改革的研究[J]. 福建师范大学学报（哲学社会科学版），2014,3：151-156.
⑧ 张治勇，李国庆. 学习性评价：深度学习的有效路径[J]. 现代远距离教育，2013(1)：31-38.
⑨ 杨琳，吴鹏泽. 面向深度学习的电子教材设计与开发策略[J]. 中国电化教育，2017(9)：78-84.

的作用,还需要研究人员对情境、交互和学习过程进行设计。这一领域的研究相对重视技术工具的研究,忽视认知工具如思维导图等对深度学习的促进作用。

第四,开展促进深度学习方式改变的实验研究。 利用课堂中的微技能开展促进深度学习的实验,如通过分析学生学习行为和访谈来探讨课堂提问和学习共同体的建立对促进学生深度学习的作用,通过分析学生的谈话来分析学生高水平思维的培养。通过比较认知功能教学法与传统教学法发现,认知功能教学法能通过提高学生的语言分析能力来促进学生词汇深度学习,在实体课堂中运用刺激回忆法能提高学习者的学习绩效和交互认知能力,同时以探索眼球随动数据作为刺激源,并以此激发在线学习者的认知层次,提高实验组学生后测的认知分层水平。通过建模的方式揭示促进深度学习的方法。付亦宁(2014)探索了学生元认知能力、学生学习观、深度学习动机、深度学习策略、学生教学体验、学习结果体验这些关键要素之间的关系,用理论建构、因子分析、相关分析和路径分析研究各要素之间的中介效应[①]。张诗雅(2017)建构了价值观培养的深度学习模型与促进深度学习的策略[②]。她在深度学习(反思性、整合性和高阶思维)中融入道德教育的研究成果,并借用韩礼德的系统功能理论的层次实现关系与系统选择关系为价值观培养了实现建构的两条路径,并应用媒介符号学原理构建深度学习中价值观培养的自我领域、认知领域与价值领域,并详细阐述了三者之间的相关关系。张诗雅所建构的指向价值观培养的深度学习也是基于理论模型和推演,尚未在实践中得到证实。但张诗雅所提供的观点认为,深度学习是培养价值观的关键与必备过程。测评深度学习的工具主要是借用比格斯的学习过程问卷。

第五,国外深度学习培养经验的整理与介绍。 国内有 3 篇论文介绍了美国威廉和弗洛拉·休利特基金会实施的深度学习机会与结果研究项目的研究成果,分别对该项目发起的背景、规模、深度学习能力概念框架、实施策略与途径、开展效果进行回顾,明确提出了核心素养的发展要指向深度学习过程,重视学校层面开展深度学习实践研究,国家政策给予适当支持的建议。该研究建议,学校深度学习的文化、课堂教学的情境、教师深度学习方式的培训都是促进深度学习的重要因素。这些研究成果的介绍非常关键,但需要与我国研究背景和文化相嫁接。

2. 我国深度学习研究的主要对象与研究方法

在笔者整理的 73 篇 CSSCI 文献中,明确以大学生为研究对象的有 22 篇,以中学生为研究对象的有两篇(初中、高中学生各一篇),以小学生为研究对象的也有两篇,以文献为研究对象的有 7 篇(主要研究 Web of Science 数据库和中国知网数据库中的文献),余下的论文基本上没有明确的研究对象,一般为思辨、理论论证或指向深度学习的教学设计原则等。

在以大学生为研究对象的论文中,主要涉及的研究内容有:

① 付亦宁. 本科生深层学习过程及其教学策略研究[D].苏州:苏州大学,2014.
② 张诗雅.深度学习中的价值观培养:理念、模式与实践[J].课程・教材・教法,2017(2):67-74.

第一,学生在具体课程中是否实现深度学习。如有学者对清华大学参与马克思主义基本原理课程的慕课学习了的学生是否深度学习进行研究①,也有研究者对江苏省某大学研究生学习中的"教育技术研究方法"和"信息化教学设计"课程进行了深度学习研究②,还有学者研究了浙江师范大学的"现代教育技术"作为公共课程中的深度学习③,以及某大学美术学院的选修课程"CSS网页设计"课程中的深度学习④。这些课程种类繁多,但研究的核心都是调查或观察学生在具体课程教学环境下的深度学习。这些研究有个共同点就是关注与信息技术相关的课程环境下学生的深度学习。

第二,以翻转课堂为研究情境,探讨促进大学生深度学习的翻转课堂设计、实施与教学模式。如李志河等关注影响翻转课堂模式下深度学习的主要因素⑤,陈明选等关注如何为帮助研究生深度学习而展开翻转课堂的设计与实施⑥,张国荣对翻转课堂教学模式的实践探索⑦,姚巧红等构建深度学习的翻转课堂一般过程模型等⑧,在这个研究对象中,学者们主要关注指向深度学习的翻转课堂设计、实施、实践及其影响因素。

第三,关注混合式学习。包括线上线下课程学习中如何实现学生深度学习,这些混合式学习包括混合式慕课教学⑨、智慧教室中的教学⑩、整体混合环境⑪、混合学习中的"雨课堂"⑫等,这些研究的共同特征是关注混合学习环境中学生的学习方式,也关注这些混合教学环境是否可以促进学生深度学习,以及在混合学习环境下影响学生深度学习的主要因素有哪些。

---

① 刘震,陈东.指向深度学习的混合式慕课教学模式探究——以"马克思主义基本原理"慕课为例[J].现代教育技术,2019,29(05):85-91.
② 王怀波,李冀红,杨现民.高校混合式教学中深浅层学习者行为差异研究[J].电化教育研究,2017,38(12):44-50.
③ 张家华,邹琴,祝智庭.基于Moodle平台的在线学习深度分析研究[J].电化教育研究,2016,37(12):46-51.
④ 张国荣.基于深度学习的翻转课堂教学模式实践[J].高教探索,2016(03):87-92.
⑤ 李志河,刘丹,李宁,李粉琴,杨玉霞.翻转课堂模式下的深度学习影响因素研究[J].现代教育技术,2018,28(12):55-61.
⑥ 陈明选,张康莉.促进研究生深度学习的翻转课堂设计与实施[J].现代远程教育研究,2016(05):68-78.
⑦ 张国荣.基于深度学习的翻转课堂教学模式实践[J].高教探索,2016(03):87-92.
⑧ 姚巧红,修誉晏,李玉斌,陈小格.整合网络学习空间和学习支架的翻转课堂研究——面向深度学习的设计与实践[J].中国远程教育,2018(11):25-33.
⑨ 刘震,陈东.指向深度学习的混合式慕课教学模式探究——以"马克思主义基本原理"慕课为例[J].现代教育技术,2019,29(05):85-91.
⑩ 陈蓓蕾,张屹,杨兵,熊婕,林利.智慧教室中的教学交互促进大学生深度学习研究[J].电化教育研究,2019,40(03):90-97.
⑪ 李玉斌,苏丹蕊,李秋雨,任永功.面向混合学习环境的大学生深度学习量表编制[J].电化教育研究,2018,39(12):94-101.
⑫ 李妍,朱永海,丁智.混合学习中基于雨课堂的深度学习探究——以"多媒体创作基础及应用"课程为例[J].现代教育技术,2018,28(11):33-39.

　　在以中小学生为研究对象的文献中，主要论述深度学习数字化资源表征方式①以及深度学习资源的开发与应用策略②，技术如何促进学生深度学习的理论建构与实证研究，基于反思的深度学习过程模型、教学活动设计，深度学习如何促进学生学习效果③，翻转课堂中深度学习与策展模式的关系④。在有限的、与中小学学生深度学习的相关研究中，我们发现，深度学习在我国大陆地区基本上都与教育技术有天然的联系，即便是早期的研究，也是和教育技术相关。

　　在我国大陆地区，深度学习也有以文献为研究对象。这类研究主要聚焦于分析中国知网和国外 WOS、ERIC 等数据库中的文献为研究对象，一般研究十年以内深度学习的主题、热点、研究趋势、发展方向、研究方法等，这类研究是建立在国内外具有一定研究文献量的基础之上。纵观这类深度学习的研究，国内研究在体量和深度上不如国际发表的研究成果，开始研究的时间也没有国际上那么早。因此这类研究主要是借助国外文献数据库进行总结归纳和分析。如沈霞娟、张宝辉等人研究了国外十年深度学习的实证研究⑤，张思琦等学者借助文献分析软件研究了国外十年深度学习的现状和发展趋势⑥，温雪通过对 WOS 数据库和中国知网数据库进行分析整理了深度学习的整体研究现状⑦，还有学者对国内深度学习研究进行了综述⑧。这些研究的主要特征是以文献计量为特点，通过软件计量对文献进行统计和聚类，得出深度学习研究的相关议题，其中有些应用了文献计量，有些进行内容分析，但较少的研究能将两者相结合从而发现这一领域的基础、热点、前沿和研究趋势。但此类研究基本上停留在十年的文献范围之内，很难对深度学习的发展历程做一个很好的梳理。此外还有一类研究整合了国内外的重要文献，对深度学习的整体研究情况进行介绍和综述，但这类研究集中在对深度学习的概念、测评或发展策略上。如有学者对学生深度学习内容和课堂培养策略进行综述性研究⑨，也有学者对学生深度学习的测评方法和视角进行研究⑩，还有学者对深度学习的概念进行研究⑪。但这类研究与思辨类文献的差别是，它不仅有理论陈述，还有大量的文献阅读和整理，它与前面的文献计量研究的差别是更多聚焦于深

①　胡航，董玉琦.深度学习内容及其资源表征的实证研究[J].中国远程教育，2017(08)：57－63＋80.
②　胡航，董玉琦.深度学习数字化资源表征方法与开发模式[J].中国远程教育，2017(12)：5－11＋20＋79.
③　吴秀娟，张浩.基于反思的深度学习实验研究[J].远程教育杂志，2015，33(04)：67－74.
④　彭燕，王琦，余胜泉.翻转课堂中促进深度学习的教育内容策展模式[J].现代教育技术，2019，29(03)：46－52.
⑤　沈霞娟，张宝辉，曾宁.国外近十年深度学习实证研究综述——主题、情境、方法及结果[J].电化教育研究，2019，40(05)：111－119.
⑥　张思琦，张文兰，李宝.国外近十年深度学习的研究现状与发展趋势——基于引文分析及共词矩阵的知识图谱分析[J].远程教育杂志，2016，35(02)：64－72.
⑦　温雪.深度学习研究述评：内涵、教学与评价[J].全球教育展望，2017，46(11)：39－54.
⑧　樊雅琴，王炳皓，王伟，唐烨伟.深度学习国内研究综述[J].中国远程教育，2015(06)：27－33＋79.
⑨　曾家延，董泽华.学生深度学习的内涵与培养路径研究[J].基础教育，2017，14(04)：59－67.
⑩　戴歆紫，王祖浩.国外深度学习的分析视角及评价方法[J].外国教育研究，2017，44(10)：45－58.
⑪　吴永军.关于深度学习的再认识[J].课程·教材·教法，2019，39(02)：51－58＋36.

度学习的某一个领域,如内涵、测评、策略的文献综述。

总体而言,在中国知网上精选的 73 篇精选的 CSSCI 来源期刊的深度学习论文中,有 31 篇是属于思辨类的论文,这种类型的研究在我国占主导地位。其次是问卷调查和文献综述,分别占 11 篇和 9 篇。思辨类研究的主要特点是它的参考文献很少,也没有固定的研究方法,是基于学者们的经验积累或学术观点的陈述,在陈述过程中有很多观点的论证。这类研究对于整个深度学习研究的贡献在于它普及了关于深度学习的知识,所表达的学术观点受到学界的认可,所陈述的学术主张有利于深度学习的传播。然而这类研究若占的比重过大,对整个学术研究的发展和创新不利。因此,我国深度学习的研究需要转型,更多关注实证研究,也更多关注具体学科的研究。问卷调查也是国外深度学习研究的主流范式,所以这类研究倾向对我国开展相应的深度学习研究奠定了基础。另外为了检测学生深度学习的改进效果和控制某些变量,也有学者开展了深度学习的实验研究。有 7 篇论文介绍和分析了国外深度学习的文本,还有 5 篇论文是通过文献分析软件介绍国内和国外深度学习的研究进展。

表 2-1 深度学习研究方法与学科领域统计

研究方法	数量
思辨法	31
问卷调查	11
文献综述	9
实验研究	8
内容分析法	5
文献计量分析	4
混合研究	3
案例分析	1
视频分析	1
学科领域	数量
教育技术	41
课程与教学论(其中英语占 1 篇)	24
比较教育	8

四、评论

我国研究深度学习的学者来自不同领域,研究关注点各不相同。我国学界非常关注信息技术和教学是如何促进深度学习,探讨深度学习的促进机制。初期的研究内容注重对深度学习内涵、特征以及理论基础的分析。比较国内外相关研究,笔者对我国深度学习领域的研究作出以下评论。

（一）深度学习的研究方法

在对深度学习概念的分析上,国外最早是通过现象描述分析法（Phenomenography）、访谈法和实验法来分析学生在动机、策略和学习结果上的差异,从而重视深度学习的测评研究。国内则是分析国外的已有概念,再通过思辨的方式,推演出深度学习的概念。在研究过程中,国外以量化实证研究为主,以质性研究和逻辑推演为辅。而我国大部分课程与教学领域的研究以逻辑思辨或比较借鉴为主,注重深度学习促进策略的研究。

（二）深度学习的研究背景和研究对象

国外深度学习研究的最初动机是改善高等教育大规模发展年代大学生的学习质量,其研究对象是大学生,在很多实证研究中也是以大学生为调查对象。美国研究深度学习（deeper learning）的背景是 21 世纪技能、共同州核心标准的制定,以及美国学生在 PISA 测试中的表现比较差、课程"寸宽尺深"的特征、公立学校教育质量比较差、学生接触 21 世纪技能的机会不够,造成不公平现象,因而开展深度学习的测评以及改进研究。我国的研究背景是在 21 世纪初的基础教育课程改革中提出要转变学生学习方式,以及近年基于核心素养的立德树人理念之下关注深度学习,在研究动机上融合了学习方式和人才素养的培育,在研究对象上主要侧重于中小学生。在信息化时代背景下,多种技术融入学生学习生活之中,那么这些技术是否对学生学习方式和学习结果产生积极作用,以及如何更好融合,也是需要探讨的关键。

（三）对外语学科深度学习的贡献

国内外语深度学习最早讨论的是关于词汇深度的问题,2017 年以前仅有 4 篇文章,也都以词汇为研究对象。2017 年陈坚林教授开始关注信息化和大数据时代的深度学习,他是以大学生外语学习为探讨对象,对于中学生来说,这个领域还未有学者深入探索。国外外语深度学习的主要研究学者是美国威斯康星大学的涂尚（Tochon）,他也是以大学生为研究对象,探讨宏观层面的深度教育[①]。他通过测评揭示了深度学习的发生机制,并在课堂教学情境中探讨了外语深度学习促进机制对基础教育界、课程与教学研究以及外语教学领域的贡献,这有利于接学科素养的培育和课堂教学的转型。

第二节　我国台湾地区深度学习研究发展状况

中国台湾地区关于学生深度学习的文献主要是通过华艺线上图书馆获得,以

---

① TOCHON F. Help Them Learn a Language Deeply. The Deep Approach to World Languages and Cultures[M]. Blue Mounds，Wisconsin: Deep University Press，2014:448.

"deep learning""deep learning approach""deeper learning"为主题词对相关文献进行检索。对台湾地区文献用英文词进行检索主要是因为两岸使用的简体和繁体字存在差异,而由于中国台湾地区主要受到当地文化和习俗的影响,在某些词汇的表达上有所不同,因此使用英文来检索较为统一。笔者在检索过程中发现,关于学生深度学习的研究在台湾地区并没有形成一个重要的话题。中国台湾地区关于深度学习仅有 12 篇重要文献,这些论文是了解我国台湾地区学生深度学习研究和发展的重要来源。

一、台湾地区研究和发展学生深度学习的动因

通过对台湾地区深度学习相关文献分析笔者发现,学生深度学习研究主要是因为社会环境变迁与发展对学生提出了更高的要求、深度学习与学生高质量的学习结果正向相关、以及已有课程和教学环境无法发展高层次思维分析能力等原因,这些构成我国台湾学者研究和发展学生深度学习的主要因素。

（一）社会环境变迁对学生深度学习与学生学习质量的新需求

社会环境的变迁与社会的急速发展导致社会对学生的发展创新能力、合作能力、交流能力等能力提出了新要求,同时也导致学校等教育机构中学生需求的多样化。有学者指出,社会环境的发展和变迁使高等教育机构面临学生多样化的需求,如何为多元化的学生提供合适的教学环境,帮助学生学会学习,促进学生学习成效的提升是高等教育领域面临的重要问题[1]。学生学习方式影响学生学习质量与学生学习成就,深度学习比浅层学习与学生学习质量、未来成功等要素关联性更高。尽管如此,现有课程学习中关于学生深度学习方式、学习取向等现状的调查研究比较鲜见。学生深度学习还是浅层学习等学习方式和学生学习质量、学习结果有关,郑博真和黄静君（2017）对台湾南部某科技大学 154 名五专护理学生进行调查研究,发现了深度取向、深度策略与学习成效呈显著正相关,而表面取向、表面策略则与学习成效呈显著负相关[2]。苏惠文和周东山（2011）研究了学生学习技能、深度学习方式对台湾地区会计系学生的学习行为及学习结果所产生的影响,同时探讨了两者之间的关联性。其研究结果发现,学习技能的效率在多数的会计课程中显示与学习的结果有正向影响。而学习风格与学习技能此两者间具有显著的相关性,它们之间最明显的共同层面是一种平衡的学习风格伴随着追求成就的深度理解方法[3]。社会环境的不断变迁对学生学习质量提出新要求,而更新的学习质量要求学生使用深度学习方式或学习风格,因此深度学习是满足社会环境变化,提高学生学习质量的关键因素。

---

① 彭耀平,陈荣政,何希慧.大学生学习模式与学习成效间关联之研究:深度取向学习投入为中介变项[J].课程与教学,2018,21(1):133 - 157.
② 郑博真,黄静君.五专护理学生学习取向与学习成效之相关研究[J].虎尾科技大学学报,2017,33(4):125 - 135.
③ SU H W, CHOU T S. Relating Learning Approaches and Learning Styles to Learning Outcome: A Glimpse into Current Taiwanese University Accounting Education[J]. 中华会计学刊,2011,7(2):157 - 185.

（二）学生深度学习与学生学习兴趣、终身学习、问题生成能力相关

在我国台湾学界看来，深度学习不但与学生学业成绩等相关，而且与学生的非学业成绩等相关。学生深度学习是促进学生学习兴趣、终身学习和问题生成能力的重要手段。有学者指出，学生深度学习策略使用与学生学习兴趣相关，采用深度学习策略者会提高他们对学科的喜好度、投注程度以及未来学习动机。而对于策略性学习者，他们虽然会得到高分，但这却不会增加他们对学科的未来学习动机[1]。也有学者研究了深度学习与终身学习的关系，这些研究发现，深度学习是终身学习者的特征，如建立目标和自我导向的学习[2]。此外学生的问题生成过程与学生深度学习有关。于富云和吴纯萍采用实验设计法和行动研究法验证了学生问题提出过程与学生深度学习过程一脉相承。[3]

（三）发展学生高层次思维分析能力的教学环境设计鲜见

如何有效地、高质量地学习是每个课程的需求，但现有课程学习中学生低参与、低效、低阶现象普遍存在。关于在教学上如何提升学生学习质量和成效，学界都非常重视，但如何设计和运用教学环境来促进学生学习方式的改变，使学生处于深度学习状态，却很少有学者开展相关研究。有学者指出，学生在学习中提出问题及问题生成过程与学生学习过程的本质之间的联系对教学环境的设计具有很大帮助，但两者之间的关联性未经检验。那么深度学习作为检验教学环境设计与实施的结果，就成为重要的研究对象和指标。陈美华、陈信宪和龚建吉（2009）探讨了不同教学环境设计对学生深度学习是否有影响，她们采用准实验法前后测设计，使用比格斯于 2001 所发展的 R-SPQ-2F 量表，同时针对习修同一门课程的两班 90 名学生采取不同的教学环境设计（传统学习与合作学习）进行 8 周的实验研究。研究结果发现，教学环境设计对学生的学习方式改变有显著关联。参与合作学习组的学习者同时在深度学习上有正向改变与在浅层学习上有负向改变的人数明显高于传统个别学习组的学生[4]。

二、深度学习在我国台湾地区研究的关键议题与主要研究方法

中国台湾地区对深度学习研究的关键议题与其研究深度学习的动因相关联，主要采用实证研究的方法探索深度学习在教学情境中如何发展深度学习。

---

① 黎士鸣，杨尧翔，陈秋君，等.学习策略与学科兴趣——以通识课心理学为例[J].通识研究集刊，2005（8）：197-207.

② BARROS R，MONTEIRO A，NEJMEDINNE F，et al. The relationship between students' approach to learning and lifelong learning[J]. Psychology，2013：792-797.

③ YU F Y，WU C P. Student Question-Generation：The Learning Processes Involved and Their Relationships with Students[J]. 教育科学研究期刊，2012，57（4）：135-162.

④ 陈美华，陈信宪，龚建吉.大学学生学习取向与教学环境设计关联性评估——以合作学习教学法为例[J].课程与教学，2009，12（4）：141-168.

（一）深度学习在我国台湾地区研究的关键议题

首先,中国台湾地区研究深度学习是为了追求卓越的学习成效,因此台湾学界主要关注深度学习与学生学习结果的关系。这个关系体现在研究学生深度学习与学生学业成绩的关系,及与学生的非学业成绩的关系。彭耀平,陈荣政,何希慧(2018)[①],郑博真与黄静君[②],苏惠文和周东山[③]的研究关注学生深度学习与学生学业成绩的关系,而另一批学者关注学生深度学习与学习情趣[④]、终身学习特征[⑤]、学生价值感知之间的关系[⑥]。

其次,有学者关注学生深度学习的影响因素,即探讨发展学生的深度学习方式与学生的哪些特征相关。有学者研究了学生年龄等背景变量对学生深度学习的影响,如学生年龄、成熟度、性别等。研究发现,年龄和成熟度是影响学生深度学习的关键指标,并且随着年龄和成熟度越高,学生就越倾向于采用深度学习[⑦]。这类研究在台湾地区虽然并不是非常多,但也是一个重要方面。

再次,中国台湾地区学界主要关注通过教学情境的设计来促进学生深度学习。陈美华等人探讨了以合作学习教学法等教学环境设计对发展学生深度学习的作用[⑧]。也有学者探讨了理科类学习情境和文科类学习情境对学生浅层学习的影响,间接回应了学生深度学习应该如何设计课堂教学环境的问题。

（二）我国台湾地区深度学习研究所使用的研究方法

从表2-2可以了解到,台湾地区在学生深度学习研究领域基本上使用的是实证研究方法。最重要的研究方法是问卷调查法,且基本上使用比格斯(Biggs)等学者开发的学习过程问卷,或改编版的学习过程问卷。台湾学界也使用个案研究法、实验研究法等方式去验证某一学习情境或教学环境对学生深度学习的作用。这种方法的使用对于深度学习发生机制、改进机制以及对提高学生学习成效非常有

① 彭耀平,陈荣政,何希慧.大学生学习模式与学习成效间关联之研究:深度取向学习投入为中介变项[J].课程与教学,2018,21(1):133-157.

② 郑博真,黄静君.五专护理学生学习取向与学习成效之相关研究[J].虎尾科技大学学报,2017,33(4):125-135.

③ SU H W, CHOU T S. Relating Learning Approaches and Learning Styles to Learning Outcome: A Glimpse into Current Taiwanese University Accounting Education[J]. 中华会计学刊,2011,7(2):157-185.

④ 黎士鸣,杨尧翔,陈秋君,等.学习策略与学科兴趣——以通识课心理学为例[J].通识研究集刊,2005(8):197-207.

⑤ BARROS R, MONTEIRO A, NEJMEDINNE F, et al. The relationship between students' approach to learning and lifelong learning[J]. Psychology, 2013:792-797.

⑥ YU F Y, WU C P. Student Question-Generation: The Learning Processes Involved and Their Relationships with Students[J]. 教育科学研究期刊,2012,57(4):135-162.

⑦ LAKE W, BOYD W. Age, maturity and gender, and the propensity towards surface and deep learning approaches amongst university students[J]. Creative Education,2015,6(22):2361.

⑧ 陈美华,陈信宪,龚建吉.大学学生学习取向与教学环境设计关联性评估——以合作学习教学法为例[J].课程与教学,2009,12(4):141-168.

益处。

三、评论与启示

对我国台湾地区学界关于深度学习的评论和启示是建立在与我国大陆地区学生深度学习研究的比较以及对英语学科的发展之立场上。

（一）围绕大学生开展深度学习调查研究，缺乏对中小学生的关注

从台湾地区关于深度学习的研究来看，大学生是其重要的研究群体，基本上关于深度学习的采样都是以大学本科生、研究生为获取数据的对象，对中小学生的深度学习缺乏关注。台湾地区也开展了基于核心素养的课程变革运动，而深度学习是与核心素养相联系的学习方式，这种研究的缺乏是比较令人遗憾的。产生这种现象可能是因为国际上比较成熟的研究成果都是以大学生为研究对象，且在数据收集上也比较方便。台湾地区虽关注深度学习，但却很少有关于英语学科的研究成果，这种现象也和国际上关于深度学习的研究类似。为了能更好地开展英语学科的深度学习，特别是中小学生的英语深度学习，开发或调整现有研究工具是一种必然的过程。

（二）学生深度学习研究主要采用实证研究取向，缺乏理论上的创新和建构

从台湾地区关于深度学习的研究设计来看，除了有一篇属于思辨类研究，其他大多研究是以个案研究、问卷调查、行动研究等实证研究为其研究取向。这种研究取向与国际上欧美发达国家和地区关于深度学习的研究类似。然而台湾地区在实证研究的过程中，并没有开发出适合中国台湾地区的本土化测评工具，与国际学界相比，中国台湾地区主要利用已有工具对学生深度学习等方式进行测评。中国台湾地区的学生与欧美区域的学生在文化上、语言上、学生学习习惯上有很大的差异，这些差异决定了研究者需要对工具进行再次验证或改编，直接沿用已有工具不但在适应性方面遭到质疑，而且在理论上也没有突破。此外，中国台湾地区在深度学习研究上也缺乏质性研究，比如应用扎根理论等研究方法发展出能够对当地学生作出解释的理论框架，这与国际上深度学习研究领域有一定差距。

（三）我国台湾地区学生深度学习对我国大陆地区学生深度学习研究的贡献

从台湾地区已有深度学习的相关研究成果来看，课程与教学论领域的学者关于学生深度学习的研究较多，且以实证研究为主，但大陆关于深度学习研究基本上基于信息技术、互联网、MOOC、在线学习、混合学习，而课程与教学论领域的学者以思辨为其主要的研究范式。这虽然在一定程度上引发学界对深度学习的关注，但由于缺乏实证研究作为依据，往往让深度学习的改进策略停留在观念上，而非在行动中。鉴于此，我国大陆地区的深度学习研究应当从台湾地区的实证研究中获得相关研究基础，开展基于证据的深度学习改进研究。

表 2-2　我国台湾地区深度学习相关研究文献

标题	研究背景	研究目的	研究问题	研究对象	研究方法/数据收集工具	研究结论	启示与意义
1.大学生学习模式与学习成效间关系之研究:深度学习投入为中介变项	随着社会环境不断变迁,高等教育机构面对学生需求愈趋多样化。多元的学生特质意味着大学质量想提供适应学习的教学环境,并以学习投入为导向的课程与教学设计来加强其学习策略和学习型态,以提升学生学习成效。	运用深度学习作为取向的大学学习投入,衡量大学生学习投入,以探讨和探索型学习和深度学习模式对深度学习投入的有效取向性,以及学生在认知与获益认知与获益之学习成效。	以学习理论探讨影响学生学习成效因素,检验学习模式—学习成效之间的相互关系,以了解高等教育机构在提升学生学习成效时所需考量的学习型态与投入情形。	16所大学院校学生,采用简单随机抽样形式,共2340名学生参加调查。	问卷调查部分:探索型学习式采用Philip等人所提出的《探索型学习》;应用型学习则使用Li等人所设计之《应用型学习量表》。深度学习取向部分:以Campbell与Cabrera, Laird与Pascarella等人所发展的三个量表进行操作化评量,以已经成熟的NSSE题项为基础,包含高阶学习、整合学习与合作学习。学生学习成效部分:采用Pike等人提出的《认知学习获益量表》。	①应用型学习模式对探索型学习式投入具有正向影响;②两种学习式对学习成效具有正向影响;③深度取向在两种学习成效间具有显著的中介效果。	①鼓励教师在课程中适时提供支持学生使用应用型学习模式的机会,透过活动练习的引导,来加强学生专业知识与生活应用的连接;活化知识的运用。②学校应持续引进教师,带入外部就业讯息与职场竞争观察。除指导学生实作演练外,更可开设职业规划与实践等相关课程,以带领学生进行就业知识与学习技能培养之学习路径规划;③学生学习投入模式的发展必须有教师提供具体的学习支架,如教师透过教材规划与活动安排,引导学生运用适当的学习模式来回应教学。

（续表）

标题	研究背景	研究目的	研究问题	研究对象	研究方法/数据收集工具	研究结论	启示与意义
2.五专护理学生深度学习取向与学习成效之相关研究	护理专业是一门实务导向学科。其须透过经由历程操作并加以统整，以建构护理专业知识、技能与态度，然而台湾地区针对大专护生现况与深度学习取向相关调查仍相当少。	旨在探讨五专护理取向学生之相关情况、分析学生深度学习动机与学习策略，探讨学生与学习成效之间相关情形。	五专护理取向学生现况学习动机与学习策略？学生取向与学习成效之间是否相关？	台湾南部某科技大学154名五专护理学生。	问卷调查（根据修订版二因子问卷（R-LPQ-2F）自行编订的《大专生学习取向问卷》。	五专护理学生偏向使用深度学习取向，兼具深度学习动机，偏好使用深度学习策略。深度取向与学习成效达到显著正相关，而表面学习策略则达到显著负相关。	建议教师在专业科目授课时，可采用深度学习策略强化学生学习动机，以提高深度学习成效。未来研究可进一步探讨学习与各科临床实习构与学习成效等观验相关性。
3.大学生深度学习取向与教学环境设计关联性评估——以合作学习教学法为例	近年来，有关在教学上如何提升学生学习成效的研究，在台湾地区都备受重视。唯独并无相关的研究如何运用教学环境设计来使学生学习之改变情况，进而观察来使深度取向学生采来学习策略强化深度学习成效。	①针对学习取向与理论之探究；②探讨台湾地区大学初行台湾地区大学生学习环境设计中对传统学习取向的改变性；③观察在不同教学环境设计方式而来使学生深度改变学习策略产生之情形。	旨在探讨教学环境设计与学习取向是否有关联。不同学习环境设计与学习取向是否有关联？	习修课同一门课程的两班90名学生。	实验法（采用实验设计，调查前后比较进行设计，使用后测量的R-SPQ-2F量表）。	教学环境设计对学习取向有显著关联性。参与合作学习者的学习取向会随着学习环境本身设计的改变而有所改变。另在合作学习组取向有正向改变，深度取向有明显负变，表面改变向数个别统高于传统教学的深度高于合作学习组者而面减少对表面依赖之关联性。	建议未来研究者可进一步经观察特质及其他学业学习评量方式设计对学生学习取向及影响进行相关之研究。

（续表）

标题	研究背景	研究目的	研究问题	研究对象	研究方法/数据收集工具	研究结论	启示与意义
4. 年龄、成熟度、性别以及大学生表层学习方式和深度学习方式的学习倾向。	已有研究表明学生所采取的学习方式对他们的学业成就和质量有重要影响，且深度比浅层学习方式与学业成功更有关。	探讨年龄、性别、成熟度与学生的学习方式之间的相关性。	①大学学习采取何种方式为主？②年龄、性别、成熟度与学生的学习方式是否有关？	一所大学的500名大学生。	问卷调查/比格斯的修订后过程问卷（R-SPQ-2F）。	①在选择深度学习方式还是浅层学习方式时，年龄是一个重要因素，年龄大的学生更倾向于选择深度学习方式，与浅层学习方式没有显著差异。③在成熟度方面，成熟的男性和女性在深层动机的得分普遍比一般年龄段女性的分数高，然而，对于一般年龄段男性来说情况并非如此，并没有显著的差异。成熟度也适用于深层策略，成熟的女性采用深度学习方式，一般年龄的女性亦是；成熟而更多的男性采用深度学习方法，对是，而一般年龄的男性则不然。	

（续表）

标题	研究背景	研究目的	研究问题	研究对象	研究方法/数据收集工具	研究结论	启示与意义
5.学习策略与学科兴趣——以通识心理学课为例	大学通识教育中的心理学课程为大学生提供一个自我了解状态的机会。而如何有效地增进自我了解能力,是通识教育所需要正视的问题。	了解评估学习策略的工具;了解个体学习策略与学科兴趣间的关系。	学生的工作学习策略与个体学习策略与学科兴趣之间是否相关?	163名修习心理学课程的大学生。	横断面调查法.学习策略以及学习状况评估表。	采用深度学习策略之喜好者,会提高对未来学科的高程度动机,而策略则自然加增会加对未来学科的未来学习动机。	若要增加个体的学习科技对学科的动机以及未来需要来协助同学采用深度学习策略。
6.台湾会计学系学生之学习技能与学习风格对学习结果影响的探讨	台湾地区会计学系学生学习技能与学习风格对学习结果的探讨。	Bedford(1986)的研究报告中指出当时大学会计专业课程在展现会计专业时学生在所展现出的学习能力是否具有代表性需求的专业技能。会计专业人员从业当今会计学术界热门的讨论议题。	①台湾地区会计学系四个课程在所展现出的学习风格究竟如何,所展现的四个课程的学习形态究竟如何,在所展现出的四个课程的态度有无明显的差异?③是否彼此有明显的差异之间某种关联度呢?	1572名大学会计学系学生(592男,977女)。	问卷调查学习风格问卷(LSI),学习方式问卷(ASI)。	以学习技能与学习风格两个理论架构来解释会计地区学习行为,以及对此所产生的两者之间的关联性探讨。	会计系学生在风格上多数属于被动式的学习风格(accommodator style),而在学习效率上则以无成就多数会计课程中显示学习的结果,即风格与多数非成就(non-achiever approach)占最多数。即风格与学习技能此两面向有显著的相关性,他们的共同层面是一种显著的学习成就伴随着平衡追求此风格的探究理解方法。

（续表）

标题	研究背景	研究目的	研究问题	研究对象	研究方法/数据收集工具	研究结论	启示与意义
7.理科类学习对浅层学习倾向与文科类学科的比较——对两种重要环境的重新审视	学者们普遍认为文科类和理科类各有不同的学习环境,并且该观念逐渐发展为不同的学科会对学生的学习环境产生影响。	调查理科类学生是否更倾向于选择浅层学习方式以及不同学科类学生是否对其学习方式的选择产生影响。	不同的学科是否会对学生的学习方式的选择产生影响?	一所大学7个不同专业的超过500名学生。	问卷调查/修订版的学习过程问卷(R-SPQ-2F)	理科类学生更倾向于选择浅层学习方式,然而在深度学习方式层面并没有显著差异。	文理科学生的得分不同是因为他们在学习层面采取了不同的方式,特别是他们学校面授所教的课程学习策略于他们不同的文理学科本质目目前的文理学科本质上保留了Snow的两种学习环境的观点。
8.学生学习方式与终身学习之间的关系	终身学习知识和信息聚集的时代,给探索教育现象提供了一种探索教育现象的时代可能性。	旨在探索高等教育学生的不同的学习方式与他们从事终身学习活动的意愿之间的联系。	高等教育学生的不同学习方式与他们从事终身学习活动的意愿之间是否存在联系。	163名高等教育的学生(37男,126女)。	问卷调查/修订版的学习过程问卷(R-SPQ-2F)、终身学习问卷	深度学习者学习方式与学习目标的确定和以自我导向的学习方式有关,而浅层学习方式与学习策略对学习者的适应性有关。	引导高等教育学生采取深度学习方式可促进他们如今社会所面对的挑战、终身学习十分关键。针对进他们如今社会所面临的挑战,终身学习十分关键。

（续表）

标题	研究背景	研究目的	研究问题	研究对象	研究方法/数据收集工具	研究结论	启示与意义
9.学生成问题学习过程及其感知与价值的关系	关于学生成问题有着学生的已有研究主要强调了它作为教学干预的价值,并调查使用和价值的影响。尽管使用活动研究方法或实验研究方法的影响。尽管这些问题基础已成问题基础的理论是合理的,他们的经验基础是可靠的,关于学生过程的本质及其感知与价值的关系的问题仍未经检验。而这些问题具有重要的意义,以及经验,程度和理论意义。	旨在通过理论和学生成揭示学生问题的本质过程的本质;为多种学习方法建立经验证据,并研究不同学习方法之间是否存在学习策略和任务差异;并研究学习策略,学习方法和任务价值之间的关系。	学习策略,学习方法和任务价值之间是否存在联系?	台湾地区公立大学的50名学生。	调查研究法/QuARKS的学习系统	首先,在学生的问题生成环境中,学习者倾向于在激活学习策略并深度学习时采用学习方法。其次,学生在特定任务中采用多种学习方法。第三,发现具有不同学习方法的学习者在学习策略和感知任务价值的使用方面有显著差异。第四,在提高感知到的学习价值的学习者中更有价值采用深度学习方法。	教师应在教学过程中考虑学生问题生成的因素;今后的研究者可探索学习方式如何改变浅层学习者的看法;在教学实施阶段者对学习环境的看法;解决学习者的一系列学习任务和背景的直接,短期和长期价值,以便最大限度地发挥这种方法的好处。

37

（续表）

标题	研究背景	研究目的	研究问题	研究对象	研究方法/数据收集工具	研究结论	启示与意义
10. 学生研究工作模拟情境合作学习以弥合基础概念与临床实践之间的差距和学习的好处	对于来自相关健康学科的大学生来说，有意义地学习概念是一个难以实现的目标，以弥合科学概念与实践之间的差距。	旨在阐述在弥合不同基础概念和实践技能方面的职业差距的好处经验。	/	三个来自医学、护理学和营养学的自学案例	个案研究	医学、护理和营养基础知识表明所采用的知识在正确用应课堂实现活动中试图正确模拟现实场景相关，此介绍困难和应用基础知识和技能解决问题的好处。这样表达了一个概念：即知识和情境的假设，以专业知识和便为个人实现健康或个人技能相关，以适当的解决方案。	根植于责任伦理学的深刻而有意义和学生实现的未来情知的好习专业是伦理原则的好方生命的好方法。
11. 教师和师范生对创造性学习和教学的观点	社会急速发展，创造力和合作被认为是21世纪学习的重要组成部分。	探究教师和师范生如何理解创造力，并了解教师和师范生为学习和创造力之间存在联系。	①教师和师范生是如何理解创造力的？②学习和创造是师和师范生为认知学习和创造力之间存在联系？	89位芬兰教师和师范生（77女，12男）	混合研究方法，以网上问卷的形式，第一部分是3个开放性问题（改编自Lonka、Joram. & Bryson对学习的理解），第二部分是10道题以测量被试者的思维（其中5道依据Med Nord的问卷），第三部分是23道题（依据Med Nord的问卷）。	教师和师范生将创造力视为一种能力，可以改进的过程，导向且属于每个人都能同学习结果。如果将创造力视为一种将创习性行为的角色，并将其视为者的角色为活动们可能更有可能在课堂上培养出创造力。	通过教师和校长进行协作（例如渐进式教造学习）来增加的创造室中的协作和创造力将是富有成效的。

（续表）

标题	研究背景	研究目的	研究问题	研究对象	研究方法/数据收集工具	研究结论	启示与意义
12. 学生学习风格和教师教学偏好对医学院校基于问题方法的学习的影响	了有效应用基于问题（PBL）的学习机会。PBL紧跟医学教育的价值，它们都试图让学生具备应用其知识、技能和能力，远远超出其在任何特定历史学习经历中遇到的能力。医学充满了满足绝佳的实事上。医学的价值因为教育解决知识和能	探索学生和教师学习风格偏好校院医学院基于问题学习方法的影响。	学生学习和教师医学院校偏好基于问题方法是否有影响？	/	文献研究法	括关注"现实生活"的核心信息；培养有价值的可转移的技能，如领导力、团队合作、沟通和解决问题；而不是浅层的学习方法，并应用深度学习内容，与课程相答案。然而，没有一种教育情况。PBL在医学教育中很大程度上取决于时间应用的点。PBL的成功包括PBL要求教师准备这种能力，缺之具；PBL的适当培训；学生和教师所需与PBL时可能不如通过传统过程知识可获得的知识有组织的时间和资源成本和影响。	承担PBL教学充分和适宜的培训以更好地促进学生的学习。的教师必须接受分

第三节　国际深度学习研究发展状况

世界各国都在探寻培养学生面向未来生活核心素养之路径的当下,深度学习是与学生发展核心素养相匹配的学习方式。从瑞典哥特堡大学开始,国际深度学习研究已有三、四十年的历史,并且仍发展迅速。在核心素养培育和信息化教育的助推下,近年来深度学习研究在我国受到学界广泛关注。我们在研究前沿、研究方法、演进路径上仍需要借鉴国际上在这一领域的先进研究成果。为了从海量的科学文献中抓住最关键的信息,梳理某个领域的发展历程,识别该领域研究前沿及演变的动力机制,本书利用 CiteSpace 和 HistCite 软件所具备的功能,对 Web of Science 数据库中的 SSCI 期刊上发表的 439 条深度学习研究文献记录进行分析,描述该领域的研究现状、挖掘深度学习的研究基础、探索深度学习的研究前沿,旨在提高我国深度学习理论与实践研究的国际化水平,并促进该领域研究向纵深方向发展。

利用 CiteSpace 对深度学习文献进行分析,我国有学者已开展了一定研究。沈霞娟、张宝辉、曾宁(2019)对外文数据库中深度学习近十年的 85 篇文献进行分析,发现了该领域研究的主题、情境与重要研究方法[1],何晓萍和沈雅云(2017)利用 CiteSpaceIII 对国外 2010—2016 年间发表的论文进行可视化分析,聚焦在国外研究的主题上[2],也有学者分析了国外 2005 年至 2015 年的深度学习研究的现状和热点[3]。这些研究对于我国了解国外研究动态具有一定意义,但已有研究主要聚焦于研究具体数据处理过程和原理分析,研究年限跨度大多为十年,研究内容大多聚焦于深度学习的主题或热点,未能将软件分析与文献内容分析相结合,对深度学习的研究现状、研究前沿、研究演进,特别是深度学习研究基础和研究演进的揭示力度也略显不足。本书依托 CiteSpace 和 HistCite 软件的功能,分析 1992 年至 2019 年的文献记录,结合文献内容分析,深度剖析这一领域的研究成果,以促进这一领域更深入的研究。

一、研究设计

(一) 研究问题

本书探究以下几个问题:第一,深度学习的研究现状如何? 第二,深度学习最新的研究前沿话题是什么? 第三,每个研究前沿话题的研究基础是什么,整个深度

---

① 沈霞娟,张宝辉,曾宁.国外近十年深度学习实证研究综述——主题、情境、方法及结果[J].电化教育研究,2019,40(05):111 – 119.
② 何晓萍,沈雅云.深度学习的研究现状与发展[J].现代情报,2017,37(02):163 – 170.
③ 张思琦,张文兰,李宝.国外近十年深度学习的研究现状与发展趋势——基于引文分析及共词矩阵的知识图谱分析[J].远程教育杂志,2016,35(02):64 – 72.

学习的研究基础又是哪些文献？第四，在过去的三十年里，深度学习是如何演进的？探究这些关键问题将为进一步开展深度学习研究提供最重要的文献，抓住国际学界最关心的话题，提升我国在深度学习研究上的国际化水平。

（二）研究工具

本节首先使用的是 HistCite 软件。HistCite 是 SCI 开发的一款用于研究引文统计结果的软件。该软件基于"引文编年图法"，可按照年份顺序生成某一领域文献的引文编年图，从而辅助研究人员探究该领域产生背景、发展概貌、突破性成就、发展方向等。其次，使用 CiteSpace 5.4.R3 软件。CiteSpace 是一款基于 Java 程序语言编写的专门用于引文分析的信息可视化应用软件，由美国德雷克塞尔大学信息科技学院的陈超美博士于 2004 年 9 月开发，并处于持续更新中。该软件可通过分析处理相关的文献数据信息，探测并分析学科研究前沿与时间相关的变化趋势以及研究前沿与其知识基础之间的关系，发现不同研究前沿之间的内部联系，识别学科前沿的关键演化路径及学科领域的关键节点文献。其突出特征是以多元、分时、动态的可视化语言和巧妙的空间布局，将浩如烟海的文献数据集中呈现在一幅引文网络的知识图谱上，并且可以自动标识关键节点文献和表征前沿的共被引聚类，体现图谱本身的可读性[①]。该软件一经问世，便受到科学计量学界的青睐，并迅速传播到世界各地，被广泛应用于各个知识领域的可视化分析。

（三）数据来源

本书数据全部来自 WOS 核心合集（Web of Science Core Collection）数据库，该数据库收录了世界顶尖水平的期刊、著作和文献，覆盖的领域有自然科学学科、社会科学学科和人文艺术学科。以"deep learning"为主题词，文献发表时间选择"1982—2019"，文献类型选择"Article"和"Proceedings Paper"，文献领域选择"Education Educational Research"和"Education Scientific Disciplines"，在经 CiteSpace 软件除重（Remove Duplicates）之后，最终得到 439 条有效记录，文献跨度为 1992—2019，数据采集时间截至 2019 年 4 月。

（四）数据处理方法

1. 研究现状数据处理方法

①文献年发表量分析。WOS 核心合集数据库每年收录的深度学习领域的文献数量可作为衡量该领域影响力大小的一个指标。

②文献累积量分析。在文献增长规律的研究中，一般都是以文献累积数据为依据，尤其是在研究某一学科或知识领域的文献在一定时间范围内的增长规律时，更是如此[②]。累计量，即各个年份文献累加得到的数量，它总是增加的，相较非累积数量更有可能呈现出某种规则的变化趋势，因此更有利于文献的定量分析。通

---

① 李杰，陈超美. CiteSpace：科技文本挖掘及可视化［M］.北京：首都经济贸易大学出版社，2015：1.

② 邱均平，等. 信息计量学［M］.武汉：武汉大学出版社，2007：45-60.

过分析 WOS 核心合集数据库深度学习领域文献的逐年累积量,可以大致判断深度学习处于什么发展阶段。普赖斯在《小科学,大科学》中指出,科技文献的增长和学科的发展息息相关,学科的发展可粗略分为四个阶段:学科刚刚诞生,相应文献量处于不稳定的增长阶段;学科大发展时期,文献数量处于一个相对稳定的指数型增长阶段;随着学科理论的日趋成熟,文献数量增长减缓,逐渐演变为线性增长阶段,仅维持固定的增长量;随着学科理论的完备,该学科的文献日趋减少①。

③国家/地区、机构、期刊的 Recs、LCS 和 GCS 指标分析。通过分析不同国家/地区、机构和期刊有关深度学习文献的三个指标,可以得出深度学习研究实力强劲的国家/地区、机构以及权威的期刊。其中 Recs(Records)指文献数量;LCS(Local Citation Score)指某一文献在本地数据集中被引用的次数,本文是指被筛选得出的 439 篇文献所引用的次数。因本地数据集是通过关键词"deep learning"创建的,因此,某篇文献的 LCS 数值越高,说明该篇文献在"深度学习"领域被引频次越高,其在"深度学习"领域的影响里也就越大;GCS(Global Citation Score)指某一文献在整个 WOS 数据库中的总被引频次,该篇文献也可能被其他领域的文章所引用。

2. 研究前沿数据处理方法

①共被引分析(Co-citation Analysis)。共被引分析是反映两篇文献之间关系的一种文献计量学方法。文献共被引概念于 1971 年和 1973 年分别由前苏联情报学家依林娜·马沙科娃(Irina V. Marshakova)和美国情报学家亨利·斯莫(Henry Small)提出②。两篇文章的共被引频次越高,联系越紧密,学科背景就越相似③。

②聚类分析(Cluster Analysis)。聚类分析是对具有多项指标的数据进行分类的一种多元统计方法。用相似性尺度来衡量事物之间的亲疏程度,并以此来实现分类。根据层级聚类的原则,即相似性从大到小,依次将所有的研究对象进行聚类,使文献期刊间的亲疏关系得以明晰化。克莱因伯格(Kleinberg)的突变检测算法可以用于检测一个学科内研究兴趣的突然增长。不管文献被引用多少次,突变检测算法都能从中识别出突然涌现的专业术语,因此一个新的研究前沿就算还没有吸引大量的引文,也能通过该算法被检测出来④。CiteSpace 充分利用了这一算法来识别前沿问题。在 CiteSpace 中,研究前沿是依据从题目、摘要、系索词(Descriptors,标引文献主题的单元词或词组)和文献记录的标识符中提取出的突变专业术语(Burst Terms)而确定的,这些术语随后被用作专业术语和异质文章网

① 邱均平,等. 信息计量学[M]. 武汉:武汉大学出版社,2007:45-60.
② SMALL H. Co-citation in the scientific literature:A new measure of the relationship between two documents[J]. Journal of the American Society of Information Science,1973,24(4):265-269.
③ 侯剑华.工商管理学科演进与前沿热点的可视化分析[D]. 大连:大连理工大学,2009:14.
④ 陈超美. CiteSpace Ⅱ:科学文献中新趋势与新动态的识别与可视化[J]. 情报科学,2009,28(3):407.

络中的聚类标注①。为了识别最新前沿,本节将着重分析 2016—2019 年的聚类,且在聚类的基础上识别聚类内施引文献的关键词,同时分析文献内容,从而得到更为准确,更有实际价值和借鉴意义的前沿信息。

《CiteSpace:科技文本挖掘及可视化》指出知识基础是由共被引文献集合组成的,而研究前沿是由引用这些知识基础的施引文献集合组成的。在 CiteSpace 中知识基础的聚类名称是通过从施引文献中提取的名词性术语确定的,这个命名可以被认为是研究前沿的领域②。在 CiteSpace 中,通过从施引文献的标题(T,Title)、关键词(K,Keyword)或摘要(A,Abstract)提取的名词性术语对聚类进行命名。采用的算法主要有 LIS、LLR 以及 MI 三种算法,一般情况下学界推荐使用LLR 算法。但 CiteSpace 的聚类命名方式并不完美,因此在具体进行聚类解释(即识别前沿)的时候,要结合三种命名方法得到的结果以及提取施引文献中的"Summary Sentences"进行解释③。为了更准确地识别研究前沿,本节将在分析"Summary Sentences"的基础上深入分析文献内容。

查询聚类的详细信息可通过可视化界面的 Clusters→Cluster Explorer 这一路径进行。其中 Citing Articles 窗口显示的是施引文献,代表了研究前沿;Cited References 窗口显示的是被引文献,代表研究前沿的知识基础,这些文献也是直接在图谱中显示的节点信息④。

可视化图谱中两个节点之间连线的颜色对应两篇文献首次被共同引用的年份。因此,我们判断聚类中连线的主体颜色在一定程度上可以反映该聚类所代表前沿的年份,如,某聚类内的连线颜色主要呈红色,那么通过分析该聚类可以识别2018 年左右的研究前沿,而橙色可代表 2016 年左右的研究前沿。因此,为了识别最新的前沿问题,本节先初步对聚类进行了筛选——在可视化图谱上着重标注出2018—2019 和 2016—2017 共引路径连线(颜色鲜艳部分),随后人工识别包含这些连线的主要聚类。在此基础上进一步查询这些聚类的详细信息。

3. 研究基础数据处理方法

共被引分析(Co-citation Analysis)。共被引分析是反映两篇文献之间的关系的一种文献计量学方法。知识基础是由共被引文献集合组成的。

引文分析(Citation Analysis)。研究前沿的知识基础是它在科学文献中(即由引用研究前沿术语的科学文献所形成的演化网络)的引文和共被引轨迹。邱均平将引文分析定义为利用各种数学及统计学的方法和比较、归纳、抽象、概括等逻辑方法,对科学期刊、论文、著者等各种分析对象的引用和被引用现象进行分析,以便揭示其数量特征和内在规律的一种文献计量分析方法⑤。文献的被引情况在一定

① 陈超美. CiteSpace Ⅱ:科学文献中新趋势与新动态的识别与可视化[J].情报科学,2009,28(3):406.
② 李杰、陈超美. CiteSpace:科技文本挖掘及可视化[M].北京:首都经济贸易大学出版社,2015:77.
③ 李杰、陈超美. CiteSpace:科技文本挖掘及可视化[M].北京:首都经济贸易大学出版社,2015:152.
④ 李杰、陈超美. CiteSpace:科技文本挖掘及可视化[M].北京:首都经济贸易大学出版社,2015:162-163.
⑤ 邱均平.文献信息印证规律和引文分析法[J].情报理论与实践,2001,4(3):236-240.

程度上反映了文献的影响程度和质量的高低,通过引文分析,结合信息可视化技术,找出高被引文献,可揭示学科发展的背景,挖掘学科演进的动力[①]。

4. 研究路径数据处理方法

①时间线轴视图(Time-line Views)分析。时间线轴视图可以勾画某个聚类中文献的历史跨度以及不同聚类之间的关系。通过时间线视图,我们可以分析聚类的形成时间、快速发展阶段(聚类内文献快速增多)、成熟或趋冷阶段(聚类内文献大量减少,聚类主题可能趋于成熟或是不再热门)。

②中介中心性(Betweeness Centrality)分析。中介中心性主要是由美国社会学家弗里曼(Freeman)于 1979 年提出来的一个概念,它测量的是一个点在多大程度上位于图中其他“点对”的“中间”。能够中介两个领域之间的互动与信息,其中介性就很高,在社会网络分析中衡量这一程度的指针就是中介中心性。中介中心性测度可以使表示潜在范式变化的关键点突显出来。通过研究高中介中心性的文献以判断聚类的走向[②]。

二、研究发现

(一)研究现状

1. 年代分布

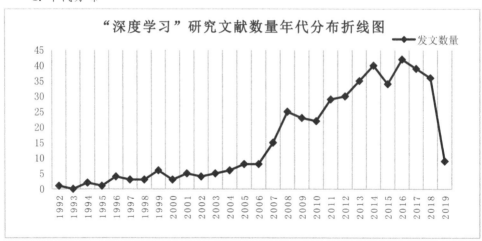

图 2 - 7 “深度学习”研究文献数量年代分布折线图

图 2-7 是 WOS 核心合集数据库内深度学习领域文献数量的年代分布折现图。WOS 核心合集数据库于 1992 年收录第一篇深度学习科学文献,此后每年的

① 侯剑华.工商管理学科演进与前沿热点的可视化分析[D]. 大连:大连理工大学,2009:14.
② FREEMAN L C. Centrality in social networks:Conceptual clarification [M]. Social Networks,1979,1:215 - 239.

文献数量总体上呈增长态势,由此可知深度学习的影响力越来越大。需要指出,本书采集文献的时间为2019年4月,因此,2019年的实际文献数量会高于图中所示数量。

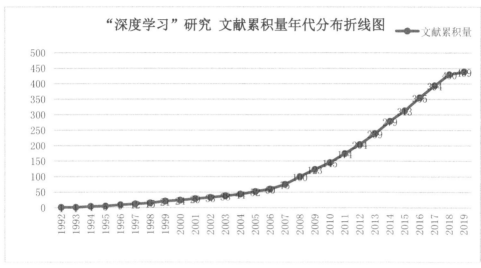

图 2-8　"深度学习"研究文献累积量年代分布折线图

　　图 2-8 是 WOS 核心合集数据库内深度学习领域文献累计数量的年代分布折线图。从图中可以看出"深度学习"文献数量大致呈指数型增长,因此可以推测近二十年来,国际上"深度学习"研究正处于大发展阶段。这需要引起我国学界的重视,掌握"深度学习"领域的研究前沿有利于促进"深度学习"进入成熟阶段,有效地推动我国深度学习研究的发展。

　　2. 国家分布

表 2-3　国家、地区"深度学习"研究文献 Res、LCS、GCS 数据表

Recs 排序	国家/地区	Recs	LCS	GCS
1	美国	94	47	2720
2	英国	87	34	2011
3	澳大利亚	77	61	1310
4	中国	31	14	307
5	加拿大	24	7	347
6	荷兰	23	13	592
7	新加坡	14	26	584
8	西班牙	13	4	379

(续表)

Recs 排序	国家/地区	Recs	LCS	GCS
9	土耳其	13	2	54
10	中国台湾	11	1	190

表 2-3 显示,在文献数量这一指标上,排在第一位的是美国(94),第二位是英国(87),第三位是澳大利亚(77),中国(31)处于第四位,排名前三的国家在发文量上占有巨大优势。深度学习的研究虽然最早是在瑞典发展起来的,但深度学习研究的主要阵地还是在英国,形成了兰开斯特(Lancaster)深度学习研究流派。英国学者恩特维斯尔(Entwistle)和兰姆斯登(Ramsden)都是非常著名的深度学习研究专家,后来理查森(Richardson)将信息技术引入深度学习领域,探索技术如何促进学生深度学习。澳大利亚深度学习的研究以比格斯为代表,其研究成果的被引次数最多,影响力最大。虽然美国是深度学习研究的数量大国,但它早期并没有出现代表性的作者和影响力较大的研究成果。

在"深度学习"领域被引次数(LCS)居前三的分别是澳大利亚(61)、美国(47)和英国(34),中国(14)处于第五位。而总被引次数前三位分别是美国(2720)、英国(2011)和澳大利亚(1310),中国(307)处于第八位。倡导 21 世纪技能,发展学生面向未来所需要的核心素养,促进学生学习方式的改变是世界主要发达国家共同追求的目标。我国近年来也加入这一行列中,并在深度学习的国际发表上积累了一定的成果,对国际深度学习研究起到一定的影响。

澳大利亚、美国和英国的 Recs、LCS、GCS 等三项指标均位列前三,相较其他国家和地区,在数值上也占有巨大优势。由此可知,美国、澳大利亚、英国在"深度学习"领域的研究实力强劲,文献质量很高,学术影响力很大。中国各项指标靠前,说明我国的"深度学习"研究已具有一定的规模和影响力。但相较澳大利亚、美国和英国,我国的文献数量、文献的本地被引次数和跨领域被引次数仍然不足。因此,我们可以推断,虽然我国在国际发表上取得了一定的成果,但深度学习研究还是以澳大利亚、美国、英国等发达国家为主,我国深度学习研究的影响力方面有待进一步提高。作为大国,我国需要在培养学生面向未来生活的当下,扩大"深度学习"的研究规模和质量,促进学生学习方式的转变,让学生深度学习和学会学习,同时扩大我国在深度学习研究领域的国际分享,真正落实"中国经验、国际分享"的理念。

3. 机构分布

表 2-4　机构"深度学习"研究文献 Res、LCS 数据表

排名	学校	Recs	学校	LCS
1	南洋理工大学(新加坡)	11	南洋理工大学(新加坡)	26
2	昆士兰大学(澳)	11	昆士兰大学(澳)	22

（续表）

排名	学校	Recs	学校	LCS
3	格里菲斯大学（澳）	9	伊利诺伊大学（美）	12
4	香港大学（中国）	9	格里菲斯大学（澳）	11
5	悉尼大学（澳）	9	印第安纳大学（美）	9
6	台湾科技大学（中国）	7	香港大学（中国）	8
7	安特卫普大学（比利时）	7	悉尼大学（澳）	8
8	印第安纳大学（美）	6	密西西比州立大学（美）	8
9	新南威尔士大学（澳）	6	伦敦国王学院（英）	7
10	香港城市大学（中国）	5	查尔斯特大学（澳）	6
11	伦敦国王学院（英）	5	新墨西哥大学（美）	5
12	乐卓博大学（澳）	5	伊拉斯姆斯大学（荷）	5
13	德州理工大学（美）	5	新南威尔士大学（澳）	4
14	西英格兰大学（英）	5	马斯特里赫特大学（荷）	4
15	新墨西哥大学（美）	5	谢菲尔德哈勒姆大学（英）	4

表2-4统计了各个机构"深度学习"研究文献的 Recs 和 LCS 数据。综合这些数据，可以看出新加坡南洋理工大学和澳大利亚昆士兰大学在"深度学习"研究领域的影响力最为深远，美国的伊利诺伊大学、澳大利亚的格里菲斯大学、悉尼大学、中国的香港大学、美国的印第安纳大学紧随其后。这些实力强劲的高校主要来自澳大利亚、美国、英国和中国，它们的研究动态和研究成果都非常具有借鉴意义。这一分析结果显示，以儒家文化为主导的地区的深度学习研究机构在国际上占有一定的地位，分析这些研究机构的深度学习研究成果对促进我国学生深度学习、转变学生学习方式具有重要的意义。然而，我们需要进一步思考表2-5的研究结论，即我国在深度学习领域具有影响力的研究机构主要集中在香港和台湾地区，大陆高校及研究机构在这一领域的贡献还未凸显出来。通过检索中国知网关于深度学习的研究成果，发现2016年以来，我国在"深度学习"领域的研究有"爆发式"增长。仔细分析中国知网上的文献，我国大多数的深度学习研究主要集中在"国际经验介绍""国内经验总结""概念分析""理论思辨"层面。为了促进"中国经验，国际分享"，我国大陆地区应该加强与国际研究机构合作，明晰深度学习领域研究的关键话题与技术，规范深度学习研究方法，促进我国深度学习研究的发展，扩大大陆高校和研究机构在深度学习研究领域的国际话语权。

4. 期刊分布

表 2 - 5　期刊"深度学习"研究文献 Res、LCS 数据表

排名	期刊名	Recs	期刊名	LCS
1	Computers & Education	26	Contemporary Educational Psychology	19
2	Nurse Education Today	18	Advances in Health Sciences Education	17
3	Journal of Geography in Higher Education	16	Studies in Higher Education	15
4	Assessment & Evaluation in Higher Education	13	Higher Education	14
5	Higher Education Research & Development	12	British Journal of Educational Psychology	13
6	Medical Teacher	12	Journal of Research in Science Teaching	12
7	Educational Technology & Society	9	Computers & Education	9
8	Studies in Higher Education	9	Medical Teacher	9
9	Advances in Health Sciences Education	8	Nurse Education Today	8
10	BMC Medical Education	8	Assessment & Evaluation in Higher Education	8

　　表 2 - 5 统计了各期刊"深度学习"研究文献的 Recs 和 LCS 数据。其中 *Computer & Education* 文献数量最多,有 26 篇。被引次数超过 10 次的期刊有 *Contemporary Educational Psychology*（19）,*Advances in Health Sciences Education*（17）,*Studies in Higher Education*（15）,*Higher Education*（14）,*British Journal of Educational Psychology*（13）和 *Journal of Research in Science Teaching*（12）。这些期刊的文献除了具有很高的研究价值,在一定程度上还反映出"深度学习"的主要研究对象是"高等教育""职业或专业教育"的成年学生,重点研究领域有"计算机和科技""医药护理""心理学""地理"等,重点研究内容是"深度学习的测评"。通过分析发现,深度学习的最早研究成果是马顿（Marton）和萨尔约（Saljo）等瑞典哥特堡大学教育心理学专家通过对大学生的现象描述、访谈和实验研究得出的,并且将其成果发表在 *British Journal of Educational Psychology* 上,很多学者延续这一研究传统,对深度学习开展了进一步研究。这也说明了为何早期国际深度学习领域的研究主要是以高等教育的成年学生为研究对象,以教育心理学为

其研究基础。最初研究深度学习的动机是为了转变高等教育"讲授式"带来的负面效应,促进在校不同专业大学生高效地学习,后来深度学习研究专家以不同专业的大学生为研究对象,特别是医学专业学生为最重要的研究对象,因此,很多成果集中发表在医学教育的期刊上。

从以上分析我们发现,深度学习的研究背景是促进高等教育、职业教育和专业教育在校生学习效率的提高,深度学习以教育心理学为理论根基,且重视对学生深度学习的测评研究。目前"深度学习"的研究正处于快速发展阶段,澳大利亚、美国和英国的研究实力最为强劲,我国在深度学习领域的研究也有一定的发展。在研究机构中,新加坡南洋理工大学和澳大利亚昆士兰大学影响力最大。从期刊分析来看,"深度学习"以"高等教育"为主要研究对象,重点研究领域包括"计算机和科技""医药护理""心理学""地理"等。我国目前深度学习的研究主体力量主要在香港和台湾,总体研究规模、内容和影响力方面有待扩大。国际深度学习研究在高等教育领域开展得如火如荼,但从不少研究中发现,深度学习的研究正以教育心理学为基础,关注低龄学段学生、具体学科的深度学习,如肯博(Kember)和比格斯(Biggs)等人为中学生开发了深度学习测评工具"Learning Process Questionnaire"[①]、美国"21世纪技能"教育改革,并开展了全国范围内的深度学习机会[②]和促进策略的研究等[③]。因此,为了延续这一国际研究成果,我国可以在基础教育阶段深入研究学生深度学习,扩大国际影响力和学术话语权。

(二) 研究前沿

将来自 WOS 核心数据库的 439 条记录导入 CiteSpace 5.4.R3,主题来源选择"Title""Abstract""Author Keywords"和"Keywords Plus",节点类型选择"Reference"和"Term",将 1992—2019 这个时间跨度分为 14 个时间分区(每两年一个分区),阈值(c,cc,ccc)分别被设置为(2,1,15)、(2,1,20)、(2,1,20),裁剪方式选择"Pathfinder"和"Pruning Sliced Networks",聚类标签选择"Term",聚类算法选用"Log-likelihood Ratio",得到的结果如表 2 - 7,可视化结果如图 2 - 9。图 2 - 9 中的每一个节点代表一篇被引文献,节点之间连线的颜色代表两篇文献首次被共同引用的时间,绿色早于黄色,黄色早于红色,诸如此类。图中共得到 11 个大规模的聚类,分别是♯0 learning approaches,♯1 class performance,♯2 group work,♯4 learning strategy use,♯5 knowledge-based exam,♯6 developmental approach,♯7 deep learning,♯8 formative assessment,♯9 achievement goal,♯

---

①　KEMBER D, LEUNG D Y P. The dimensionality of approaches to learning: An investigation with confirmatory factor analysis on the structure of the SPQ and LPQ [J]. British Journal of Educational Psychology, 1998, 68(3): 395 - 407.

②　孙妍妍, 祝智庭. 以深度学习培养 21 世纪技能——美国《为了生活和工作的学习: 在 21 世纪发展可迁移的知识与技能》的启示[J]. 现代远程教育研究, 2018(03): 9 - 18.

③　MARTINEZ R. 6 powerful strategies for deeper learning in your classroom.[EB/OL][2019 - 07 - 04] https://www.teachthought.com/learning/6-powerful-strategies-deeper-learning-classroom/.

10 surface learning 和♯11 repeating knowledge application practice,这些聚类标签在一定程度上可以反映不同年份的研究前沿,通过 Clusters → Cluster Explorer 可以得到 4 个聚类更为详细的命名方式,结果见表 2-8。

表 2-6　共被引文献聚类可视化的 CiteSpace 组配

每 2 年分区	c	cc	ccc	文献/主题词数量	单节点数量	连线数量
1992—1993	2	1	0.15	16	0	0
1994—1995	2	1	0.16	63	0	0
1996—1997	2	1	0.16	282	16	14
1998—1999	2	1	0.17	380	5	2
2000—2001	2	1	0.18	458	5	1
2002—2003	2	1	0.19	628	25	27
2004—2005	2	1	0.19	635	19	26
2006—2007	2	1	0.2	1160	32	64
2008—2009	2	1	0.2	2648	126	252
2010—2011	2	1	0.2	2725	111	222
2012—2013	2	1	0.2	3862	140	280
2014—2015	2	1	0.2	4880	152	304
2016—2017	2	1	0.2	4749	187	374
2018—2019	2	1	0.2	3273	74	148
合计				25759	892(596)	1714(1519)

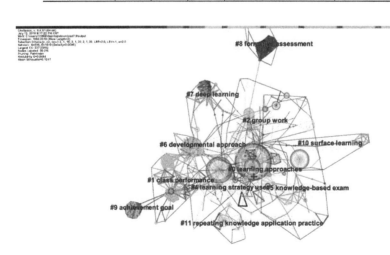

图 2-9　共被引文献聚类分析

表 2-7 LSI/LLR/MI 算法下的聚类标签

Cluster	LSI	LLR	MI
#8	assessment；engagement；students；video-recorded presentations；education environment	**formative assessment**；disciplinary assessment pattern；video-recorded presentation；comparative study；science homework scale	active sense-maker；structural model analysis；Hong Kong；developmental trajectories；empowering prospective teacher
#7	deep learning；authentic programming project；complex process；online course；gas behavior	**deep learning**；visualization-based learning environment；expertise development；authentic programming project；complex process	active sense-maker；structural model analysis；Hong Kong；developmental trajectories；empowering prospective teacher
#1	reasons；achievement goal complexes；influence；beneficial outcomes；goals	**class performance**；mastery-oriented student；own learning agenda；self-regulated learning；visitors goal	structural model analysis；Hong Kong；secondary student；trichotomous achievement goal framework；active sense-maker
#5	relationship；learning approach；academic outcomes；case study；education	**knowledge-based exam**；personal profile；missing suitable student；study orchestration；motivational difference	aligning seminar；bologna requirement；solo taxonomy；active sense-maker；structural model analysis

1. 施引文献(2018—2019)聚类分析

聚类 Assessment & Feedback（♯8）（见图 2-10）利用 CiteSpace 着重标出 2018—2019 连线路径，可看出大部分连线位于聚类♯8 formative assessment 中，即图中红圈部分。表 2-8 列举了聚类♯8 formative assessment 内施引文献的 15 个主要关键词，表 2-9 列举了聚类♯8 的施引文献，通过分析这些文献可识别出聚类♯8 所代表的研究前沿。

表 2-8 聚类(2018—2019)施引文献关键词

Cluster	Keywords
#8	formative assessment；disciplinary assessment pattern；video-recorded presentation；comparative study；science homework scale；middle-school student；student learning；psychometric evaluation；assessment experience questionnaire；teaching-intensive universities；student assessment load；teacher education program；learning approaches；categorizing choice；using patchwork text

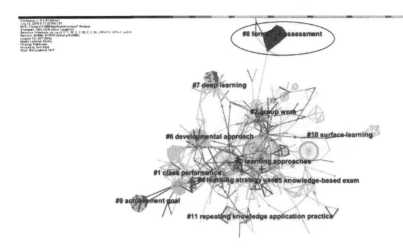

图 2‑10　施引文献聚类分析（2018—2019）

表 2‑9　聚类（2018—2019）施引文献

聚类	标题	关键词
#8 formative assessment	Murphy，Karen（2016）．Feed-forward：students gaining more from assessment via deeper engagement in video-recorded presentations. ASSESSMENT & EVALUATION IN HIGHER EDUCATION，V41，P15 DOI 10.1080/02602938.2014.996206	feed-forward，feedback，oral presentations，video review，self-reflection
	Wu，Qi（2018）．Formative assessment：missing in action in both research-intensive and teaching focused universities. ASSESSMENT & EVALUATION IN HIGHER EDUCATION，V43，P13 DOI 10.1080/02602938.2018.1426097	formative assessment，approaches to learning，feedback，curriculum design
	Jessop，Tansy（2016）．The influence of disciplinary assessment patterns on student learning：a comparative study. STUDIES IN HIGHER EDUCATION，V41，P16 DOI 10.1080/03075079.2014.943170	disciplines，assessment patterns，feedback，deep learning，authentic assessment

（续表）

聚类	标题	关键词
	Tomas，Carmen（2019）. <u>Struggling and juggling：A comparison of student assessment loads across research and teaching-intensive universities</u>. ASSESSMENT & EVALUATION IN HIGHER EDUCATION，V44，P10 DOI 10.1080/02602938.2018.1463355	assessment load，programme assessment，deep learning
	Tas，Yasemin（2016）. <u>Development and validation of science homework scale for middle-school students</u>. INTERNATIONAL JOURNAL OF SCIENCE AND MATHEMATICS EDUCATION，V14，P28 DOI 10.1007/s10763－014－9582－5	feedback on homework，homework quality，homework self-regulation，middle school science
	Batten，John（2019）. <u>Doing what it says on the tin? A psychometric evaluation of the assessment experience questionnaire</u>. ASSESSMENT & EVALUATION IN HIGHER EDUCATION，V44，P12 DOI 10.1080/02602938.2018.1499867	assessment environment，student experience，deep learning，questionnaire validity

　　该聚类所代表的前沿是深度学习的评估（assessment）和反馈（feedback）。墨菲（Murphy）等人证明，通过给学生精心设计反馈环节可以促进学生进行深度学习，如用视频记录学生课堂展示环节的表现并及时给予反馈[1]；武琪（Wu Qi）等人利用 AEQ 4.0 这一问卷调查了英国的三所大学，发现学校已经意识到评估和反馈对学生深度学习的促进作用，但具体的实施情况却不容乐观[2]；耶索璞（Jessop）等人指出评价环节存在的三个主要问题，它们分别是①大多数学生并不认可以大量的卷面测试作为评价手段。②人文社科类的评价难以合理地实施。③大专学生的评价方式与教学目标缺乏一致性。基于此，耶索璞提出①除了卷面测试，要引入其他的评价方式。②要加强科学专业和大专学科评价方式的合理性。③要加强科学

①　MURPHY K，BARRY S. Feed-forward：students gaining more from assessment via deeper engagement in video-recorded presentations[J]. Assessment & Evaluation in Higher Education，2016，41(2)：213－227.

②　WU Q，JESSOP T. Formative assessment：missing in action in both research-intensive and teaching focused universities?［J］. Assessment & Evaluation in Higher Education，2018，43(7)：1019－1031.

和人文学科评价方式与教学目标的一致性①；托马斯(Tomas)等人的研究认为学生在面对数量庞大，过程复杂的总结性评价时，很可能产生应付心理，从而趋于浅层学习。学校应该设置更多富有创造力的、有意义的形成性评价帮助学生更好地参与到学习中去②；塔斯(Tas)等人的研究认为教师布置的作业质量以及教师的反馈质量在一定程度上影响学生自主学习的趋势，进而影响学生的学业成绩③；而巴特思(Batten)等人指出 AEQ 3.3 这份用于评价的问卷存在一些问题，亟须调整和完善④。

2. 施引文献(2016—2017)聚类分析

如图 2-11，利用 CiteSpace 着重标出 2016—2017 连线路径，用红圈进行标注，分别是♯7 deep learning，♯1 class performance 和♯5 knowledge-based exam。表 2-10 列举了这些聚类内施引文献的 15 个主要关键词，表 2-11 列举了聚类♯7，聚类♯1 和聚类♯5 的施引文献，通过分析这些文献可识别出这些聚类所代表的研究前沿。

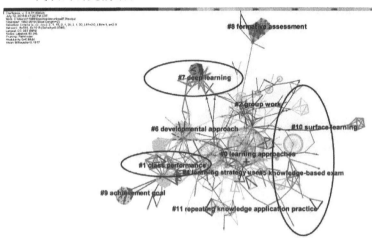

图 2-11　施引文献聚类分析(2016—2017)

① JESSOP T，MALECKAR B. The influence of disciplinary assessment patterns on student learning：A comparative study[J]. Studies in Higher Education，2016，41(4)：696-711.
② TOMAS C，JESSOP T. Struggling and juggling：a comparison of student assessment loads across research and teaching-intensive universities[J]. Assessment & Evaluation in Higher Education，2019，44(1)：1-10.
③ TAS Y，SUNGUR S，OZTEKIN C. Development and validation of science homework scale for middle-school students[J]. International Journal of Science and Mathematics Education，2016，14(3)：417-444.
④ BATTEN J，JESSOP T，BIRCH P. Doing what it says on the tin? A psychometric evaluation of the Assessment Experience Questionnaire[J]. Assessment & Evaluation in Higher Education，2019，44(2)：309-320.

表 2-10　聚类(2016—2017)施引文献关键词

Cluster	Keywords
#7	deep learning；visualization-based learning environment；expertise development；authentic programming project；complex process；problem-solving context；fostering deep learning；guest editorial；school practicum；expansive learning；multiple placement；surface processing；online course；instructors' feedback；learning approaches
#1	class performance；mastery-oriented student；own learning agenda；self-regulated learning；visitors' goal；goal orientation；predicting academic achievement；study approaches；achievement goal；longitudinal examination；theoretical construct；mediating role；self-related pathway；group participation；classroom attentiveness
#5	knowledge-based exam；personal profile；missing suitable student；study orchestration；motivational difference；mathematical context；using bayesian；analyzing relationship；double mediation model；scholastic performance；big five-narrow traits model；student learning collaboration；virtual nursing faculty；theoretical paper；learning approach

表 2-11　聚类(2016—2017)施引文献

聚类	标题	关键词
#7 deep learning	Yuan，Bei（2017）. Deep learning towards expertise development in a visualization-based learning environment. EDUCATIONAL TECHNOLOGY & SOCIETY，V20，P14	problem solving；expertise development；professional development；visualization；computer-based learning environment；model-based learning and instruction
	Peng，Jun（2017）. Visualizing the complex process for deep learning with an authentic programming project. EDUCATIONAL TECHNOLOGY & SOCIETY，V20，P13	visualization；complex process；computer programming；authentic learning；computer-based learning environment；project-based learning
	Wang，Minhong（2017）. Guest editorial：fostering deep learning in problem-solving contexts with the support of technology. EDUCATIONAL TECHNOLOGY & SOCIETY	instructional-design；environment；guidance；work

（续表）

聚类	标题	关键词
	Huang，Kun（2017）. Deep and surface processing of instructor's feedback in an online course. EDUCATIONAL TECHNOLOGY & SOCIETY，V20，P14	approaches to learning; deep learning; epistemic beliefs; feedback; need for closure; problem solving
	Gomoll，Andrea S（2017）. Moving apart and coming together: discourse, engagement, and deep learning. EDUCATIONAL TECHNOLOGY & SOCIETY，V20，P14	human-centered robotics; joint problem solving; collaborative learning; discourse analysis
	Chao，Jie（2016）. Sensor-augmented virtual labs: using physical interactions with science simulations to promote understanding of gas behavior. JOURNAL OF SCIENCE EDUCATION AND TECHNOLOGY，V25，P18 DOI 10.1007/s10956-015-9574-4	science simulation; probeware; mixed-reality; gas laws; kinetic molecular theory; tangible user interface
#1 class performance	Sommet，Nicolas（2017）. Achievement goals, reasons for goal pursuit, and achievement goal complexes as predictors of beneficial outcomes: Is the influence of goals reducible to reasons? JOURNAL OF EDUCATIONAL PSYCHOLOGY，V109，P22 DOI 10.1037/edu0000199	achievement goal, autonomous and controlled reasons; self-determination theory; achievement goal complex
#1 classroom performance	Zhou，Ji（2017）. Self-regulated learning in the museum: understanding the relationship of visitor's goals, learning strategies, and appraisals. SCANDINAVIAN JOURNAL OF EDUCATIONAL RESEARCH，V61，P17 DOI 10.1080/00313831.2016.1147071	self-regulated learning; museum learning; goal; learning strategy; appraisal
	Miskulin，Nikolina（2017）. Predicting academic achievement based on goal orientations and study approaches. CROATIAN JOURNAL OF EDUCATION-HRVATSKI CASOPIS ZA ODGOJ I OBRAZOVANJE，V19，P28 DOI 10.15516/cje.v19i3.2178	learning; motivation; performance

（续表）

聚类	标题	关键词
#5 knowledge- based exam	Chue，Kah Loong（2017）. Study orchestrations and motivational differences in a mathematical context. LEARNING AND INDIVIDUAL DIFFERENCES DOI 10.1016/j.lindif.2017.06.002	study orchestrations；deep learning；surface learning；motivation；academic achievement
	Rothes，Ana（2017）. Motivational profiles of adult learners. ADULT EDUCATION QUARTERLY，V67，P27 DOI 10.1177/0741713616669588	motivational profiles；autonomous/controlled regulation；adult education；learning/engagement variables；self-efficacy
	Zhang，Jing（2016）. How do the big five influence scholastic performance? A big five-narrow traits model or a double mediation model. LEARNING AND INDIVIDUAL DIFFERENCES，V50，P10 DOI 10.1016/j.lindif.2016.07.011	big five-narrow traits model；double mediation model；self-beliefs；learning approaches；scholastic performance
#5 knowledge- based exam	De Bondt，Niki（2017）. Emphasis on emotions in student learning：analyzing relationships between overexcitabilities and the learning approach using bayesian mimic modeling. HIGH ABILITY STUDIES，V28，P24 DOI 10.1080/13598139.2017.1292897	Bayesian structural equation modeling；overexcitabilities；Dabrowski's theory of positive disintegration；learning patterns；confirmatory factor analysis with covariates；Mplus
	Chan，Yiu-Kong（2016）. Investigating the relationship among extracurricular activities，learning approach and academic outcomes：a case study. ACTIVE LEARNING IN HIGHER EDUCATION，V17，P11 DOI 10.1177/1469787416654795	academic outcomes；community college；extracurricular activities；learning approach
	Lueg，Rainer（2016）. Aligning seminars with Bologna requirements：reciprocal peer tutoring，the solo taxonomy and deep learning. STUDIES IN HIGHER EDUCATION，V41，P18 DOI 10.1080/03075079.2014.1002832	reciprocal peer tutoring；deep learning；student activation；Bologna Process；educational expansion

根据表 2-11 的聚类关键词分析，结合表 2-12 引文分析结果，三种类型的聚

类分析结果可以用下列三个方面呈现(需要强调的是表 2 - 11 与表 2 - 12 采用不同的聚类算法,因此得出来的聚类名称有所差异,下面采用表 2 - 11 中的聚类算法):

类型一:可追踪过程(Trackable process)(♯7)该聚类所代表的前沿问题是如何使复杂的深度学习过程具体化和可追踪。袁蓓(Yuan Bei)、彭军(Peng Jun)、王敏红(Wang Minhong)分别在他们的研究中指出深度学习过程可视化的重要性,他们通过搭建基于模型的环境(model-based environment)记录学生深度学习的过程,从而给学生机会反思自己与专家的差距何在[①];黄坤(Huang Kun)等人指出帮助学生理解教师反馈的重要性[②];郭默尔(Gomoll)等人认为应该从帮助学生理解学习过程这点出发帮助学生更好地参与到科学课堂的合作中[③];晃杰(Chao Jie)等通过研究证明具体操作对促进学生理解抽象的学习过程有很大帮助,如虚拟实验室[④]。

类型二:成就目标(Achievement Goals)(♯1)该聚类所代表的前沿问题是学习目标。索美特(Sommet)等人指出学习目标,学习动机都将影响学生能否进行经验学习和自主学习,进而影响他们的学业[⑤];周济(Zhou Ji)等人的研究证明学生的学习目标将决定学生的学习策略,进而影响他们的学习动机[⑥];米斯库林(Miskulin)等人的研究探究了学习目标、学习策略和学习成果之间的关系[⑦]。

类型三:动机与个性(Motivation & Personalities)(♯5)该聚类所代表的前沿问题是学生的学习动机和学生性格。楚(Chue)等人的研究指出内在动机与深度

① YUAN B, WANG M, KUSHNIRUK A W, et al. Deep learning towards expertise development in a visualization-based learning environment[J]. Journal of Educational Technology & Society, 2017, 20(4): 233 - 246.

② HUANG K, GE X, LAW V. Deep and surface processing of instructor's feedback in an online course [J]. Journal of Educational Technology & Society, 2017, 20(4): 247 - 260.

③ GOMOLL A S, HMELO-SILVER C E, TOLAR E, et al. Moving Apart and Coming Together: Discourse, Engagement, and Deep Learning[J]. Journal of Educational Technology & Society, 2017, 20(4): 219 - 232.

④ CHAO J, CHIU J L, DEJAEGHER C J, et al. Sensor-augmented virtual labs: Using physical interactions with science simulations to promote understanding of gas behavior[J]. Journal of Science Education and Technology, 2016, 25(1): 16 - 33.

⑤ SOMMET N, ELLIOT A J. Achievement goals, reasons for goal pursuit, and achievement goal complexes as predictors of beneficial outcomes: Is the influence of goals reducible to reasons? [J]. Journal of Educational Psychology, 2017, 109(8): 1141.

⑥ ZHOU J, URHAHNE D. Self-regulated learning in the museum: understanding the relationship of visitor's goals, learning strategies, and appraisals[J]. Scandinavian Journal of Educational Research, 2017, 61(4): 394 - 410.

⑦ MIŠKULIN N, VRDOLJAK G. Predicting Academic Achievement Based on Goal Orientations and Study Approaches[J]. Croatian Journal of Education: Hrvatski časopis za odgoj i obrazovanje, 2017, 19(3): 919 - 946.

学习的产生有着紧密的联系①;罗索斯(Rothes)等人发现学习动机将会影响自我效能感、参与感等,进而影响到深度学习。研究还指出学习动机与学习者的性别、受教育程度和职业相关②;张静(Zhang Jing)等人在研究中探讨了大五性格(Big Five)是如何影响学习成绩的③;德·邦德(De Bondt et al.)等人强调了学生的情绪在学习中的重要作用④;陈耀光(Chan Yiu-Kong)等人基于课外活动可以增强学生自信从而提升学生学习成绩这一说法,重新探讨了不同的学习策略和课外活动的作用。⑤

（三）研究基础

1. 深度学习 4 个前沿话题的研究基础

表 2-12 为 4 个前沿聚类的高被引文献信息,通过分析这些文献,可探究 4 个前沿聚类的研究基础。

表 2-12　研究前沿被引文献

Cluster	Freq	Centrality	Author	References	Year	Source
#8 formative assessment	7	0.09	Gibbs, G. & C. Simpson.	Conditions under which assessment supports students' learning	2004	Learning and Teaching in Higher Education
	6	0.01	David Nicol	From monologue to dialogue: improving written feedback processes in mass higher education	2006	Assessment & Evaluation in Higher Education
	5	0.01	Royce Sadler	Formative assessment and the design of instructional systems	1989	Instructional Science

---

① CHUE K L, NIE Y. Study orchestrations and motivational differences in a mathematical context[J]. Learning and Individual Differences, 2017, 57: 77-84.

② ROTHES A, LEMOS M S, GONÇALVES T. Motivational profiles of adult learners[J]. Adult Education Quarterly, 2017, 67(1): 3-29.

③ ZHANG J, ZIEGLER M. How do the big five influence scholastic performance? A big five-narrow traits model or a double mediation model[J]. Learning and Individual Differences, 2016, 50: 93-102.

④ DE BONDT N, VAN PETEGEM P. Emphasis on emotions in student learning: Analyzing relationships between overexcitabilities and the learning approach using Bayesian MIMIC modeling[J]. High Ability Studies, 2017, 28(2): 225-248.

⑤ CHAN Y K. Investigating the relationship among extracurricular activities, learning approach and academic outcomes: A case study[J]. Active Learning in Higher Education, 2016, 17(3): 223-233.

（续表）

Cluster	Freq	Centrality	Author	References	Year	Source
	5		Filip Dochy	The use of self-，peer and co-assessment in higher education：A review	1999	Studies in Higher Education
#7 deep learning	12	0.01	Biggs JB	What do inventories of students' learning processes really measure? A theoretical review and clarification	1993	British Journal of Educational Psychology
	8		Paul A. Kirschner	Why Minimal Guidance During Instruction Does Not Work：An Analysis of the Failure of Constructivist，Discovery，Problem-Based，Experiential，and Inquiry-Based Teaching	2006	Educational Psychologist
	7		Filip Dochy	Effects of problem-based learning：a meta-analysis	2003	Learning and Instruction
	6	0.01	Christine Chin	Learning in Science：A Comparison of Deep and Surface Approaches	2000	Journal of Research in Science Teaching
	6	0.05	J. Lave	Situated learning：Legitimate peripheral participation	1991	Cambridge University Press，Cambridge

（续表）

Cluster	Freq	Centrality	Author	References	Year	Source
#1 class performance	11	0.01	Ames，C.	Classrooms：Goals，structures，and student motivation	1992	Journal of Educational Psychology
	8		Marton，F.	Approaches to learning. In F. Marton，D. Hounsell，& N. Entwistle（Eds.），The experience of learning. Implications for teaching and studying in higher education（pp. 39 - 58）	1997	Edinburgh：Scottish Academic Press.
	6	0.01	Andrew J. Elliot	A 2 × 2 achievement goal framework	2001	Journal of Personality and Social Psychology
	6	0.02	Andrew J. Elliot	Approach and avoidance motivation and achievement goals	1999	Educational Psychologist
#5 knowledge-based exam	13	0.04	John Biggs	Teaching for Quality Learning at University	2011	Buckingham，England：Open University Press
	10	0.02	Noel Entwistle	The Conceptual Bases of Study Strategy Inventories	2004	Educational Psychology Review
	8		Jan D. Vermunt	Patterns in Student Learning：Relationships Between Learning Strategies，Conceptions of Learning，and Learning Orientations	2004	Educational Psychology Review
	6	0.05	Tomas Chamorro-Premuzic	Personality，intelligence and approaches to learning as predictors of academic performance	2008	Personality and Individual Differences

2.深度学习整个研究领域的研究基础

节点类型选择"Reference",将1992—2019这个时间跨度分为14个时间分区（每2年一个分区），阈值分被设置为(2,1,15),(2,1,20),(2,1,20),裁剪方式选择"Pathfinder"和"Pruning Sliced Networks",得到的可视化结果如图2-12,其中节点（或字体）越大，代表该文献的被引次数越高。颜色代表被引年份，其中某种颜色的环形宽度越大，则文献在该颜色所对应年份被引次数越高。突现性高的文献节点中心用红色标出。表2-13列出了被引总次数前十位的文献。

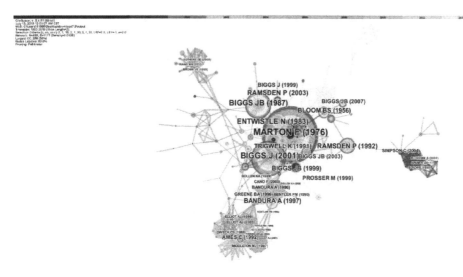

图 2-12　文献被引分析

表 2-13　被引次数文献排序（前十）

Citation	Burst	Centrality	Author	References	Year	Source
83	5.51	0.12	Marton F	On qualitative differences in learning：I—Outcome and process	1976	British Journal of Educational Psychology
55		0.03	Biggs JB	Student approaches to learning and studying	1987	Melbourne：Australian Council for Educational Research
51		0.03	Biggs JB	The Revised Two-factor Study Process Questionnaire：R-SPQ-2F	2001	British Journal of Educational Psychology
34	6.20	0.06	Entwistle N	Understanding student learning	1983	London：Croom Helm

（续表）

Citation	Burst	Centrality	Author	References	Year	Source
25	3.56	0.11	Ramsden P	Learning to teach in higher education	1992	London：Routledge Falmer
25		0.01	Ramsden P	Learning to teach in higher education	2003	London：Routledge Falmer
20			Vygotsky L S	Mind in society：The development of higher psychological processes	1978	Cambridge，MA：Harvard University Press
20	7.91	0.04	Biggs J B	Teaching for quality learning at university	1999	Buckingham，England：Open University Press
19		0.04	Bloom B S	Taxonomy of educational objectives：The classification of educational goals by a committee of college and university examiners，Vol. 1	1956	New York：McKay
19		0.05	Bandura A	Self-efficacy：the exercise of control	1997	New York：W. H. Freeman

从图 2 - 13 和表 2 - 13 中可以看出马顿（Marton）、比格斯（Biggs）、恩特维斯尔（Entwistle）、兰斯登（Ramsden）、维果茨基（Vygotsky）、班杜拉（Bandura）等人

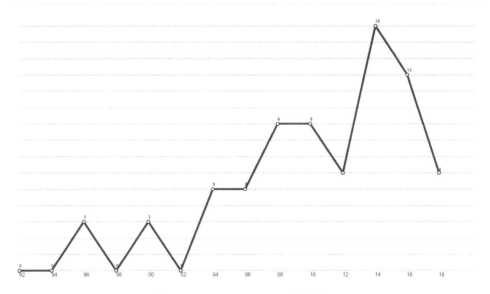

图 2 - 13　Marten F（1976）被引情况

在深度学习领域起到奠基作用。图 2 - 13 是马顿(Marton F，1976)的 *On qualitative differences in learning．Part I：Outcome and process* 的被引情况,可以从图中看到马顿这篇文献从 1996 左右开始被引用,2004 年开始被引次数呈上升趋势,2014 年达到高峰,虽然之后被引次数呈下降趋势,但仍然非常高。

在分析十篇高被引文献之后发现马顿(1976)、比格斯(2001)、比格斯(1987)、维果茨基(1978)、布鲁姆(1956)这些节点文献至 2018 年仍然在被引用;恩特维斯尔(1983)、马顿(1976)、兰斯登(1992)、兰斯登(2003)这些节点文献至 2016 年仍然在被引用;比格斯(1999)这一节点文献至 2014 年仍在被引用。这些经典文献将持续为深度学习领域的发展带来不可忽视的影响力。

(四)研究演进路径

图 2 - 14 是被引文献的时间轴图,每一节点代表一篇被引文献,节点越大,被引次数越多。节点颜色代表被引年份。连线代表两篇文献有共被引关系,连线颜色代表首次共被引年份。图 2 - 14 以中介中心性调节标签字体大小,标签字体越大,则该篇文献的中介中心性越高。表 2 - 14 列出了中介中心性较高的十篇文献。

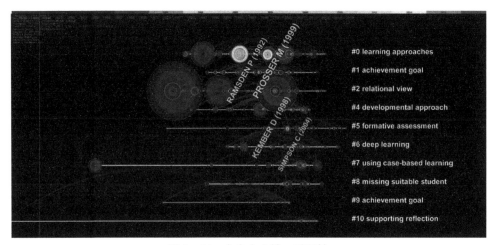

图 2 - 14　中介中心性—时间轴

表 2 - 14　中介中心性文献排序

Citation	Centrality	Author	Title	Year	Source
14	0.13	Prosser M	Understanding learning and teaching：The experience in higher education	1999	Buckingham：Society for Research in Higher Education and Open University Press

（续表）

Citation	Centrality	Author	Title	Year	Source
25	0.12	Ramsden P	Learning to teach in higher education	1992	London: Routledge Falmer
4	0.12	Kember D	The dimensionality of approaches to learning: an investigation with confirmatory factor analysis on the structure of the SPQ and LPQ	1998	British Journal of Educational Psychology
7	0.1	Simpson C	Conditions Under Which Assessment Supports Students' Learning	2004	Learning and Teaching in Higher Education
12	0.10	Biggs J	What do inventories of students' learning processes really measure? A theoretical review and clarification	1993	British Journal of Educational Psychology
73	0.09	Marton F	On qualitative differences in learning: I—Outcome and process	1976	British Journal of Educational Psychology
3	0.09	Jonassen DH	Cognitive processes in well-defined and ill-defined problem solving	1997	Educational Technology Research and Development
34	0.06	Entwistle N	Understanding student learning	1983	London: Croom Helm
17	0.08	Trigwell K	Improving the quality of student learning: the influences of learning context and student approaches to learning on learning outcomes	1991	Higher Education
7	0.08	Greene BA	Influences on achievement: Goals, perceived ability, cognitive engagement	1996	Contemporary Educational Psychology

由图 2 - 14 和表 2 - 14 可看出普罗瑟(1999)、兰斯登(1992)、肯博(1998)和辛普森(2004)四篇节点文献中介中心性最高,在演进过程中起到了关键作用,是连接一个研究方向和另一个研究方向的关键文献。值得注意的是辛普森(2004)这一节点文献对深度学习的评价与反馈的影响最大。如图 2 - 15,前沿聚类♯8 的时间跨度为 1974—2018 年,通过分析聚类内部的文献数量可看出聚类♯8 大约在 2004—2010 年以及 2014—2018 年出现高峰期,即图中白色方框部分,其中在 2004—2010 阶段,辛普森于 2004 年发表的《评价支持学生学习的条件(*Conditions under which Assessment Supports Students'Learning*)》和尼克尔于 2006 年发表的《形成性评价和自我调节学习:一个模型与七个优质反馈原则(*Formative assessment and self-regulated learning: a model and seven principles of good feedback practice*)》具有较高被引量,为代表文献。该阶段主要研究不同类型的研究方法以及它们对学生学习的影响,例如尼克尔研究了形成性评价与反馈对学生自主学习的影响。在 2014—2018 阶段,耶索璞(Jessop)、瓦斯(Wass)以及哈兰德(Harland)的作品具有较大影响力,其评价模式成为热点研究对象,例如哈兰德指出频繁的打分制测试会造成学生压力过大而产生易怒的情绪,不利于学生学习,据此他提出慢奖励概念(slow scholarship)。聚类♯7 的时间跨度为 1988—2016 年,2000—2007 年为其发展的一个高峰期,其中以科斯克奈尔(2006)、多琦(2003)和奇思(2000)为代表。该阶段的研究热点为不同的教学方式或是教学环境,例如引导式教学、PBL、KIE 等。聚类♯1 的时间跨度为 1985—2016 年,其发展高峰期为 1996—2006 年,其中马顿(1997)、安德鲁(2009)和安德鲁(1999)为代表文献。该阶段的一个热点研究对象是成就目标(achievement goals)。聚类 5 的时间跨度为 1983—2016 年,其间出现两个高峰期,分别为 2001—2005 年和 2007—2012 年,其中 2001—2005 的代表文献为恩特维斯尔(2004)、韦尔姆特(2004)、达夫(2004)以及帝森斯(2003)等。该阶段的热点是各式的学习方法和策略。2007—2012 年的代表文献为比格斯(2011)、托马斯(2008)以及理查德森(2012)。该阶段的研究热点是影响学业成绩的各项因素,包括学习方法与策略、学习者性格、学历等等。详细信息可见表2 - 15。

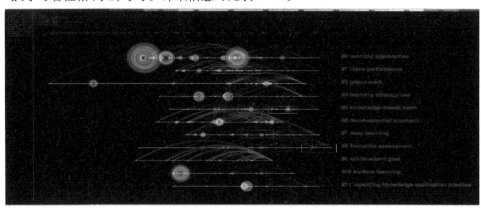

图 2‑15　被引文献时间轴图

表 2 - 15 前沿聚类高峰期高被引文献

聚类	年份	节点名称	作者	文献标题	期刊	被引
#8	2004—2010	SIMPSON C，2004	Gibbs G. and C. Simpson.	Conditions Under Which Assessment Supports Students' Learning	Learning and Teaching in Higher Education	7
	2004—2010	NICOL DJ，2006	David J. Nicol	Formative assessment and self-regulated learning：A model and seven principles of good feedback practice	Studies in Higher Education	6
	2004—2010	BOUD D，2006	Boud，D. and Falchikov，N	Aligning assessment with long-term learning	Assessment & Evaluation in Higher Education	4
	2014—2018	JESSOP T，2017	Tansy Jessop	The implications of programme assessment patterns for student learning	Assessment & Evaluation in Higher Education	3
	2014—2018	JESSOP T，2016	Tansy Jessop	The influence of disciplinary assessment patterns on student learning：A comparative study	Studies in Higher Education	3
	2014—2018	WASS R，2015	Rob Wass	"Will press lever for food"：behavioural conditioning of students through frequent High-stakes assessment	Higher Education Research & Development	3
	2014—2018	HARLAND T，2015	Tony Harland	An assessment arms race and its fallout：High-stakes grading and the case for slow scholarship	Assessment & Evaluation in Higher Education	3

（续表）

聚类	年份	节点名称	作者	文献标题	期刊	被引
♯8	2014—2018	JESSOP T，2014	Tansy Jessop	The whole is greater than the sum of its parts：A large-scale study of students' learning in response to different programme assessment patterns	Assessment & Evaluation in Higher Education	3
♯7	2000—2007	KIRSCHNER PA，2006	Paul A. Kirschner	Why Minimal Guidance During Instruction Does Not Work：An Analysis of the Failure of Constructivist，Discovery，Problem-Based，Experiential，and Inquiry-Based Teaching	Educational Psychologist	8
	2000—2007	DOCHY F，2003	Filip Dochy	Effects of problem-based learning：A meta-analysis	Learning and Instruction	7
	2000—2007	CHIN C，2000	Christine Chin	Learning in Science：A Comparison of Deep and Surface Approaches	The Journal of Research in Science Teaching	6
♯1	1996—2006	MARTON F，1997	Marton F	The Experience of Learning	Edinburgh：Scottish Academic Press	8
	1996—2006	ELLIOT AJ，2001	Andrew J. Elliot	Achievement goals，reasons for goal pursuit，and achievement goal complexes as predictors of beneficial outcomes：Is the influence of goals reducible to reasons	Journal of Educational Psychology	6
	1996—2006	ELLIOT AJ，1999	Andrew J. Elliot	Approach and avoidance motivation and achievement goals	Educational Psychologist	6

（续表）

聚类	年份	节点名称	作者	文献标题	期刊	被引
#5	2001—2005	ENTWISTLE N，2004	Noel Entwistle	The Conceptual Bases of Study Strategy Inventories	Educational Psychology Review	10
	2001—2005	VERMUNT JD，2004	Jan D. Vermunt	Patterns in Student Learning：Relationships Between Learning Strategies，Conceptions of Learning，and Learning Orientations	Educational Psychology Review	8
	2001—2005	DUFF A，2004	Angus Duff	The relationship between personality，approach to learning and academic performance	Personality and Individual Differences	5
#5	2001—2005	DISETH A，2003	Age Diseth	Personality and approaches to learning as predictors of academic achievement	European Journal of Personality	5
	2007—2012	BIGGS J，2011	John Biggs	Teaching for Quality Learning at University	Buckingham，England：Open University Press	13
	2007—2012	CHAMORRO-PREMUZIC T，2008	Tomas Chamorro-Premuzic	Personality，intelligence and approaches to learning as predictors of academic performance	Personality and Individual Differences	6
	2007—2012	RICHARDSON M，2012	Richardson M	Psychological correlates of university students'academic performance：A systematic review and meta-analysis	Psychological Bulletin	5

第一个阶段：深度学习早期研究以概念发展和现状调查为主，2001—2012 年

关注学生深度学习与学生学习结果的关系。聚类 5 的时间跨度为 1983—2016 年，其间出现两个高峰期，分别为 2001—2005 年和 2007—2012 年，其中 2001—2005 年的代表文献为恩特斯维特（2004）、韦尔姆特（Vermunt，2004）、达夫（Duff，2004）以及帝森斯（Diseth，2003）等，该阶段的热点是各种学习方法和策略。2007—2012 年的代表文献为比格斯（2011）、托马斯（2008）以及理查德森（2012）。该阶段的研究热点是影响学业成绩的各项因素，包括学习方式与策略、学习者性格、学历等。

第二阶段：深度学习研究关注学生深度学习过程，2000—2007 年开始关注教学环境和学生成就目标对发展学生深度学习的影响。由图 2 - 15 可以发现，聚类 ♯7 的时间跨度为 1988—2016 年，2000—2007 年为其发展的一个高峰期，其中以科斯克奈尔（Kirschner，2006）、多琦（Dochy，2003）和奇思（Chin，2000）为代表。该阶段的研究热点为不同的教学方式或是教学环境，例如引导式教学，基于问题的学习（PBL）等。聚类 ♯1 的时间跨度为 1985—2016 年，其发展高峰期为 1996—2006 年，其中马顿（1997）、安德鲁（Andrew，1999；2001）为代表文献。该阶段的一个热点研究对象是成就目标（achievement goals）。

第三阶段：深度学习研究关注学生学习情境，2004—2018 年开始转向关注评价与反馈如何促进学生深度学习。从图 2 - 15 可以看出，前沿聚类 ♯8 的时间跨度为 1974—2018 年。通过分析聚类内部的文献数量可看出聚类 ♯8 大约在 2004—2010 年以及 2014—2018 年出现高峰期，即图中白色方框部分，其中在 2004—2010 年阶段，辛普森（Simpson）于 2004 年和尼克尔（Nicol）于 2006 年发表关于"评价与学生深度学习之间关系的研究"具有较高被引量，为代表文献。该阶段主要研究不同类型的评价与反馈以及它们对学生学习的影响。尼克尔研究了形成性评价与反馈对学生自主学习的影响；在 2014—2018 年阶段，耶索璞（Jessop）、瓦斯（Wass）以及哈兰德（Harland）的研究具有较大影响力，其评价模式成为热点研究对象。哈兰德指出频繁的测试会造成学生压力过大而产生易怒的情绪，不利于学生学习。

三、研究结论与讨论

（一）我国在国际上有一定影响力，但大陆地区需要加强实证研究

从以上分析我们发现，深度学习的研究背景是促进高等教育、职业教育和专业教育在校生学校效率的提高，深度学习以教育心理学为研究理论根基，且重视对学生深度学习的测评研究。目前"深度学习"的研究正处于快速发展阶段，澳大利亚、美国和英国的研究实力最为强劲，我国在深度学习领域的研究也有一定的发展。在研究机构中，新加坡南洋理工大学和澳大利亚昆士兰大学影响力最大。从期刊分析来看，"深度学习"以"高等教育"为主要研究对象，重点研究领域包括"计算机和科技""医药护理""心理学""地理"等，重视深度学习测评研究。我国目前深度学习的实证研究主体力量主要在香港和台湾，总体研究规模、内容和影响力方面有待扩大。

（二）以教育心理学为基础，关注大学生研究群体，需要向中小学转型

国际深度学习研究在高等教育领域开展得如火如荼，但从不少的研究中发现，深度学习的研究正以教育心理学为基础，关注低龄学段学生、具体学科的深度学习，如肯特和比格斯等人为中学生开发了深度学习测评工具——学习过程问卷"Learning Process Questionnaire"[①]、美国面向 21 世纪技能，并开展了全国范围内的深度学习机会和促进策略研究等[②]。因此，为了延续这一国际研究成果，我国可以在基础教育阶段深入研究学生深度学习，扩大国际影响力和学术话语权。

（三）如何促进与可视化成为研究前沿，评价、反馈、目标等要素受关注

从以上结论可以看出，学生深度学习的前沿可以分成两类：一类研究是深度学习的可视化和具体化。深度学习是一种内隐的学习方式，如何揭示学生这种内隐的学习过程是研究中的一个重要研究。由此，多种深度学习过程的探索技术被应用，如眼动技术、脑电波等都被用于这个方面的研究。另一类是关注评价，特别是评价方式、反馈类型与学生深度学习之间的关系。深度学习是发展学生高阶思维、高投入和批判性能力的学习，国际学者特别关注选择题等纸笔测试是否阻碍学生深度学习，而多数研究发现，这种基于知识记忆和理解的测试对学生深度学习是具有阻碍作用的，因此改革评价方式应是发展学生深度学习的重要举措。学生深度学习与学生学习参与度低相关，其中一个重要方面就是学生学习缺乏兴趣和动机，而学生成就目标等方面是与学生深度学习相关的，这个要素有助于促进学生深度学习被学界广泛接受。

（四）以概念诠释为研究基础，阶段性与多话题并存是其重要研究演进特征

从深度学习的研究基础来看，最初深度学习的研究以马顿、比格斯、恩特斯威尔、兰斯登等人的研究成果为基础。这也印证了深度学习最早的研究发端于瑞典哥特堡大学的事实。通过分析这些学者的研究，可以发现深度学习研究早期主要是通过现象描述、实验法等方式将深度学习与浅层学习区分开来，通过分析学生学习结果将学习结果从量的差异发展为质的差异，从而发展出类似于 SOLO 学习结果分类等模型，也有一些学者深入探索学生深度学习的过程，从而促进学界对深度学习的深入理解。从深度学习的研究演进来看，深度学习经历概念发展、现状测评、与学生学习结果的关系、如何发展学生深度学习几个重要阶段。在这些发展阶段中，深度学习与学生学习结果的关系、如何为深度学习创设教学环境、如何为促进深度学习设计评价与反馈成为演进过程中的关键议题。这些研究议题分别在不同阶段中成为焦点，但又在某个阶段中并存。但探索如何发展学生深度学习是所

---

① KEMBER D，LEUNG D Y P. The dimensionality of approaches to learning：An investigation with confirmatory factor analysis on the structure of the SPQ and LPQ [J]. British Journal of Educational Psychology，1998，68(3)：395 - 407.

② 孙妍妍，祝智庭.以深度学习培养 21 世纪技能——美国《为了生活和工作的学习：在 21 世纪发展可迁移的知识与技能》的启示[J].现代远程教育研究，2018(03)：9 - 18.

有阶段的共性,因此在深度学习研究中会出现很多话题并存的现象。

我国处于发展学生核心素养的关键时刻,也是立德树人目标实现的攻坚阶段,如何发展学生深度学习,特别是如何在国际深度学习的研究经验基础上,通过研究教学环境、评价制度、评价方式与学生深度学习的相互作用机制来促使学生深度学习的发生是未来我国深度学习研究的发展方向。

第三章　学生深度学习的测评及其与教学、评价的关系

教育领域的深度学习与计算机科学中的深度学习不同,前者是指一种描述学生学习动机、学习策略和学习结果的学习方式,也是描述学生应该获得更高层次学习结果以适应未来社会的关键概念。本章以 Web of Science 中 SSCI 深度学习的实证研究文献为数据,采用文献分析法对 175 篇文献进行编码分析,揭示深度学习研究的主要议题和方法。研究发现:现有深度学习主要关注,①深度学习的概念发展,如深度学习与浅层学习的区别、与批判性思维等概念的关系等、测评工具的本土化开发与信效度验证,以及学生深度学习的现状分析;②深度学习的发生情境;③深度学习与学生学业成绩的关系;④不同文化背景中的深度学习;⑤教学方法、教科书、评价、学习任务对深度学习的影响;⑥信息技术如何促进深度学习;⑦深度学习是否可以培养。在研究方法上,深度学习在概念区分上主要以现象描述法与实验研究法为主,已有实证研究主要采用问卷调查法对深度学习进行测评,在培养方式的研究上所采取的混合研究法逐渐受到重视。对已有实证研究文献的文本分析,本研究建议,我国应当开发大陆基础教育版的深度学习方案,并对不同学科的深度学习进行研究;深度学习与表现性评价、学业成绩等因素呈正相关,为提高学生学业成绩,应该提倡深度学习;深度学习是在以学习为中心的课堂情境下发生的,建议教师创设有利于培养学生深度学习的课堂情境、综合项目化学习、采用基于问题的学习等方法来促进学生深度学习。

第一节　学生深度学习研究 SSCI 文献内容分析设计

一、引言

深度学习是实现学科素养培育的主要途径,其主要是指学习者通过思考、探究、推理、反思等深度学习过程直接和间接地学习体验与感悟,形成个体的知识结构、专业智慧和解决问题的实际能力,以达到稳定的学习品格[①]。深度学习就是学生在教师创设的复杂环境下表现出高度投入、高阶认知参与并获得有意义的学习,是让学生学习发生和增值、让课堂变革成为"有意义的劳作",使课程改革变成"有

---

① 康淑敏.基于学科素养培育的深度学习研究[J].教育研究,2016,37(07):111-118.

终点的旅行"的重要途径①。即使我们进入 21 世纪的互联网时代,我们拥有无限丰富的学习资源和触手可及的互动性信息技术,但充分调动学习者积极性、主动性和创造性等深度学习方式仍是学术界在新时代关注的话题与努力的方向②。追求"深度学习"已成为驱动教育技术应用的近期趋势,目前,深度学习已表现出教与学新常态之势③。探索深度学习的策略被列为世界基础教育领域发展的长期趋势④,是实现和培养 21 世纪技能的必由路径⑤。鉴于深度学习在新时代培育学生学科核心素养、发展学生 21 世纪技能、促进课堂变革、实现课程改革目标中扮演的重要角色,切实加强学生深度学习培育已成为政府教育部门、教师教育者、研究者和一线教师的共识。有质量且高效地培养学生深度学习已成为当今教育的目标。由于我国在深度学习上所开展的实证研究比较晚,在此方面所积累的经验比较有限,本章拟从 SSCI 索引期刊中发表的关于深度学习的实证研究中进行检索和梳理分析,以期归纳出当前关于深度学习研究的重要议题和共识,为开展后续深度学习研究提供基础和启示。

二、研究设计

(一) 文献检索对象

为了尽可能获得相关文献,深入探讨深度学习培育的特点、效果和问题,本章根据以往研究经验,认为深度学习有两种表达方式:一种是"deep learning approach",表示深度学习方式;另一种是"deeper learning",表示深度学习是一种学习结果,因而研究者将用这两个关键词语放在 Web of Science 的核心数据库中进行检索。为了排除计算机领域的重叠文献,本章只选择教育领域、语言学研究、心理学研究等人文社科数据库中的文献。

(二) 文献筛选原则

通过阅读题目和摘要,本研究选择的文献必须符合以下原则:①研究内容关注教育领域的深度学习,而并非计算机领域的深度学习;②研究方法必须是实证研究,有明确的研究方法(量化、质性或混合研究方法均可),有详细的数据来源和数据分析介绍;③研究对象排除教师培训过程中的深度学习,必须是学生身份的深度学习;④由于研究者仅擅长英文阅读,因此文献的语言必须是英文。根据以上原则最终确定 175 篇实证研究文献。文献跨度是从 1992 年至 2019 年 6 月,该领域的文献呈逐年递增趋势。

---

① 崔允漷.指向深度学习的学历案[J].人民教育,2017(20):43-48.
② 何克抗.深度学习:网络时代学习方式的变革[J].教育研究,2018,39(05):111-115.
③ 祝智庭,彭红超.深度学习:智慧教育的核心支柱[J].中国教育学刊,2017(05):36-45.
④ 孙妍妍,祝智庭.以深度学习培养 21 世纪技能——美国《为了生活和工作的学习:在 21 世纪发展可迁移的知识与技能》的启示[J].现代远程教育研究,2018(03):9-18.
⑤ 曾家延,董泽华.学生深度学习的内涵与培养路径研究[J].基础教育,2017,14(04):59-67.

（三）文献编码与分析

研究者采用文献分析法对 175 篇文献进行编码分析。第一步,逐一阅读文献并进行编码分析。每篇研究文献的分析包括以下几个部分:研究背景、研究目的、研究问题、研究对象、研究方法、研究结论以及启示。重点分析研究目的、问题与方法。第二步,对编码进行归类、析出主题。分析以上七个部分的编码涉及的内容,对重复性的内容进行归类,厘清它们之间的相互关系,将同一研究主题的内容归入一个文件夹当中。第三步,比较和分析不同的主题,再次详细阅读整篇文献,并对比分析相近研究内容的主题、相应的研究方法和研究结论。

三、深度学习文献分析的研究结论

通过对 1992 年至 2019 年之间在 SSCI 期刊上发表的深度学习实证研究的分析,研究者发现历年研究主要形成了以下六大研究领域和主题,这些主题相对而言在我国都是亟待强化研究的话题。第一,深度学习的概念发展、测评工具的本土化开发与测评工具的信效度验证;第二,特定的教学法、教学方式、教学策略、学习任务、学习评价与深度学习的关系;第三,文化背景、个人背景、学习情境与深度学习的关系;第四,信息技术与深度学习的关系;第五,深度学习与学生学习结果的关系;第六,深度学习是否可以培养。这些研究领域为我们培养学生深度学习能力奠定了基础。

第二节 深度学习概念的与测评

一、深度学习概念的发展

（一）深度学习概念发展概要

深度学习概念主要通过两种研究方法发展起来。第一种研究方法是用现象描述或实验方法从学习动机和学习策略两个方面分析学生的学习结果,将学生的学习方式分成深度学习和浅层/浅层学习,比较有代表性的作者有马顿（Marton）和萨利约（Säljö）、帕斯克（Pask）等;第二种研究方法是通过问卷调查和数据拟合的方式比较深度学习、批判性思维、自我调节学习和高阶认知等核心概念之间的差异,从而获得深度学习的内涵。

（二）深度学习概念最初发展方式:与浅层学习的区别

对于第一种方式,来自瑞典、英国等学者在 20 世纪 70 年代做了很多研究。马顿和萨尔约通过观察瑞典大学生不同群体阅读大量散文段落来辨别他们处理信息的水平。被试学生们会被问到关于阅读段落的含义以及他们如何阅读这些段落等问题。实验者根据学生对阅读内容的回应结果（结果水平）划分学生的学习深度,被试对阅读文本处理水平的差异是根据学习者是否采用了浅层方法或深层方法来描述的①。这种方法可以检测学生的学习过程和策略，以及理解和记忆的结果。这项研究的出发点是学习必须根据其内容来描述。从这一点来看，其差异在于学会了什么，而不是学了多少。马顿和萨尔约又做了一个实验来研究浅层学习方式和深度学习方式是否受到学习任务的影响。在该实验中，他们选择 40 名大一学生作为被试，并将这 40 名被试分成两个小组，两组各有 20 名。他们被要求去阅读一本书的三个部分。在读完前两个部分之后，两个小组收到不同类型的问题。其中一个小组需要理解文章的意义，而另一组则需要回答具体的事实类问题。在阅读完最后一部分之后，两个小组需要同时回答两个类型的问题。这个研究结果表明，学生学习性质确实存在浅层和深度学习的差异，学生的学习方式受到他们所被要求达到的学习结果的影响，即要求理解意义的学生倾向采用深度学习方式，而要求记住知识点的学生倾向用浅层学习方式②。

芙兰森（Fransson）从动机的角度去区分学习的本质差异。他要求 81 名学生分别在外部和内部动机条件下阅读一篇文章。通过选择不同的阅读样本（阅读样本的不同体现在与学生的关联度上）来控制学生阅读文本的内部动机水平。在实验组中，研究者通过调整测试条件来增加学生自我参与及对学生自尊的挑战程度，同时对照组的实验条件是给学生提供支持和低要求的任务。在不同的实验条件下，芙兰森观察到学生学习过程和学习结果上存在"质"的差异，同时也观察到学生事实性知识回忆在"量"上的差异。该实验通过学生自我报告的方式汇报了考试特征和他们的焦虑程度，比较了学生实际体验的学习动机与学生学习质量之间的差异。对文本缺乏兴趣，努力适应预期的测试需求和高度考试焦虑，增加了学生浅层处理和无效重复记忆的趋势。但与强烈兴趣和低焦虑相关的适应性学习使学生产生了良好的事实回忆与深度学习③。此外，萨尔约也通过对不同教育背景和学习经历的人进行分组访谈，以探讨这些不同学习经历的人对"学习"概念的发展上有何种差异。他通过访谈来收集 90 人关于学习方式的资料。该研究根据两个标准选择样本：年龄（从 15 岁 7 个月到 73 岁 3 个月）和正规教育水平（最少 6 年，最多 16/17 年）。访谈分析结果表明，人们在主观的学习观念和学习质量方面存在显著差异。对于某些人来说，学习已是一种主题化的概念，它已成为反思的对象；而对于其他人来说，学习是一种理所当然的活动，并不涉及反思等深层概念④。基于以往的研究成果，恩特韦斯特尔、汉隶（Hanley）和豪恩瑟尔（Hounsell）回顾了学习的

① MARTON F，SÄLJÖ R. On qualitative differences in learning：I—Outcome and process [J]. British Journal of Educational Psychology，1976，46(1)：4-11.

② MARTON F，SÄLJÖ R. On qualitative differences in learning：II-Outcome as a function of the learner's conception of the task [J]. British Journal of Educational Psychology，1976，46(2)：115-127.

③ FRANSSON A. On qualitative differences in learning：IV—Effects of intrinsic motivation and extrinsic test anxiety on process and outcome [J]. British Journal of Educational Psychology，1977，47(3)：244-257.

④ SÄLJÖ R. Learning about learning [J]. Higher education，1979，8(4)：443-451.

构成,并得出关于三种学习方式的结论。他们认为,三种不同的学习方式都包含学习过程和动机的两个要素。随着学习方式研究的不断深入,这三种学习方式的重要性得到了肯定,但采用不同学习方式的学生在理解水平、学习动机和学习过程上存在很大的差异。当学生进行深度学习时,学生经历更好的学习策略和内部学习动机①。恩特韦斯特尔等还研究了英国大学生学术表现与学习动机、学习习惯之间的关系。该研究表明,"对失败的恐惧"和"对成功的希望"是学生学业成功的两种不同动机,而学生不同的动机会导致学生采用不同的学习策略,进而影响学生学习结果②。恩特韦斯特尔和纽博尔(Newble)一道通过分析学习风格和学习方式的文献,确定了两个独立的学习研究流派:主流认知和心理测量学流派和日常学习环境研究流派。后者的处理更为详细,具有更直接的实际意义。后者通过一个简单的教学过程模型展示了学生如何通过不同的方式学习,学生的学习方式部分受他们学习偏好的影响,部分受学习发生的情境影响。这些学习研究确定了三种基本学习方式:浅层、深度与策略型,每一种都会产生不同的学习成果,而最理想和最成功的是深度学习。此外,教育部门和学校的教学和政策也影响了学生的学习方式。其中,对学校的调查表明,许多特征可能会阻碍而不是促进学生深度学习的发生。有研究指出,学校需要在课程、教学和评价方面进行实质性的改革,还需要给那些不想成为成功学习者的学生提供新的策略,如改进学习动机和学习过程,才能真正促进学生深度学习③。

　　总之,这类关于深度学习概念的研究主要源于学习心理学领域的研究,且可以概括为以下两个特征:一是通过用学生在测试中的正确答案数量来描述学生的学习结果;二是实验控制下的学生个人和学生之间的学习结果的差异通常体现在学生正确答案的数量之上。这类早期研究范式所揭示的学生学习方式不够充分体现学生的学习过程和学习质量。为了更好地实现优质教学,从而促进学生更高质量的学习,我们需要更加关注学生学习什么,而非学生答对问题的数量。因此,在未来的深度学习中,学生学习任务及学生话语的内容应更需要受到关注。

　　(三)深度学习概念发展的另一种方式:与其他概念的区分

　　另一种对深度学习的界定是通过研究深度学习与思维品质、自我调节的学习、基于问题的学习、学习风格等概念的区别与联系来阐述的。这种概念区分法有别于上述实验研究法,它并不是一个概念在同一个维度上的区分,而是强调深度学习与这些概念在维度与应用上有何种差异。本·艾利亚湖(Ben-Eliyahu)和黎嫩布里克(Linnenbrink-Garcia)通过 178 名高中生和 280 名大学生的样本,对学生最喜

---

① ENTWISTLE N J,THOMPSON J,WILSON J D. Motivation and study habits [J]. Higher Education,1974,3(4):379 - 396.

② 同上。

③ NEWBLE D I,ENTWISTLE N J. Learning styles and approaches:implications for medical education [J]. Medical Education,1986,20(3):162 - 175.

欢和最不喜欢的课程中的自我调节学习分析框架进行了实证检验。在认知视角、社会性视角、教育视角和临床视角的基础上,两位学者整合了情感、行为和认知这几种调节形式,以及自我调节学习策略(深层和浅层加工、组织、参与)来预测学生学业成就。该研究发现,自我监控在大学生最喜欢的课程中使用得更多。两位学者使用路径分析统计方法验证了情感、行为和认知调节与学习策略、学业成就之间的关联性。这些分析表明,情感、行为和认知调节与学习策略有关,但与学业成就的联系不太显著。学习策略在行为、认知调节与学业成就间有显著的中介效应①。这说明深度学习所揭示的概念与学生自我调节显著相关,但自我调节更倾向于元认知和自我调控,而深度学习更倾向于学习动机和学习策略。

深层加工策略作为深度学习的构成要素,从认知心理学的角度来看,常常与批判性思维相提并论,然而两者之间虽然有关联,但也有一定的区别。范恩(Phan)利用深层加工策略与批判性策略的潜在增长分析发展轨迹,探讨了两者之间的区别。参与这个研究的有 264 名大学本科生,其中女生 119 名,男生 145 名。深层加工策略使用比格斯学习过程问卷的深度学习子量表,批判性策略使用反思性思维问卷的批判性思维子量表来收集数据。研究结果表明,深度学习方式的变化随着时间的推移而增加,而批判性思维实践则随之减少。多变量增长曲线分析揭示了批判性思维的截距与深度学习方式的斜率之间的交互式动态关联。这一证据支持批判性思维可以作为学生参与深度学习的信息来源②。这种关系说明批判性思维与深度学习存在一定的相关性,即深度学习可以通过批判性思维来实现。在另一项研究中,王(Wang)、帕斯卡勒雅(Pascarella)和涅尔森拉德(Nelson Laird)等分析了万巴斯国家研究(Wanbash National Study,WNS)的全国人文科学教育研究中有关学生的纵向调查数据,这个数据库包含学生体验了四年清晰且有结构的教学方式、学生在两项认知测量指标中的发展情况及学生的深度学习方式等数据。该研究主要观察学生深度学习方式是如何调节清晰且有结构的教学方式与学生认知发展之间的关系。该研究结果表明,对于学生认知需求这一认知发展指标而言,清晰且有结构的教学方式大部分是通过深度学习的三个维度——高阶学习、反思学习和综合学习起到作用。批判性思维的发展是通过深度学习中的反思性学习实现③。这个研究说明深度学习是实现批判性思维和学生认知发展的关键中介变量,很多与认知、思维相关的变量是通过深度学习实现的。

① BEN-ELIYAHU A, LINNENBRINK-GARCIA L. Integrating the regulation of affect, behavior, and cognition into self-regulated learning paradigms among secondary and post-secondary students [J]. Metacognition and Learning, 2015, 10(1): 15-42.

② PHAN H P. Deep processing strategies and critical thinking: Developmental trajectories using latent growth analyses [J]. The Journal of Educational Research, 2011, 104(4): 283-294.

③ WANG J S, PASCARELLA E T, NELSON LAIRD T F, et al. How clear and organized classroom instruction and deep approaches to learning affect growth in critical thinking and need for cognition [J]. Studies in Higher Education, 2015, 40(10): 1786-1807.

深度学习常常与学生提问等相关,因此学界经常将深度学习等同于基于问题的学习,两者虽存在一定的关系,但差别也很大。格洛夫斯(2005)对此专门做了一个研究来区分基于问题的学习与深度学习之间的关系。此项研究的目的是评估学生基于问题的学习(PBL)课程对个人学习方式的影响,并探讨学习方式、学业成就与临床推理技巧之间的关系。受试者是一年级医学专业的学生,他们在入学时完成学习过程问卷(SPQ)调查,并在学年结束时再次完成诊断思维清单,即推理技能的测量。受试者根据其主要的学习方式进行分类。研究结果表明:在研究期间,学生学习方式从深度学习大规模地转向浅层学习方式,深度学习得分显著下降。深度学习评分与推理技能之间存在显著关联,学习方式和考试结果之间没有相关性。尽管这些结果表明深度学习可能潜在地通过知识表征等方式发展学生的推理技能,但大部分学生转向采用浅层学习方式使我们开始怀疑 PBL 课程能培养深度学习的结论。该研究认为,除 PBL 课程类型之外,工作和认知负荷也可能是影响深度学习的关键要素。因此我们可以判断,深度学习对情境有很强的依赖性,评价是驱动学生深度学习的关键要素,对于促进学生深度学习,我们更需要发现 PBL 等类的课程和方法是如何在情境中实施的,而并非是建立两者之间的关系。①

也有学者认为深度学习可能与学习风格有关,但实际上深度学习作为一种学习方式与学习风格存在差异,但二者之间具有相关性。张和斯腾伯格(Zhang & Sternberg)采用比格斯的学习方式问卷和斯腾伯格学习风格问卷对这两个概念之间的关联性进行研究,来自香港(n = 834)和南京(n = 215)的大学生完成了学习过程问卷和学习风格量表。结果表明,浅层学习方式与复杂性较低的学习风格呈显著正相关,深度学习方式与更为复杂的学习风格呈显著正相关②。莱丁(Riding)和琪玛(Cheema)回顾了风格和策略的本质及其差异,并对认知风格的研究进行了综述。不同研究者往往使用不同的标签来描述他们所研究的学习风格,分析他们评估学习风格的方式、学习风格对学习行为、学习表现的影响及研究与其他认知方式的关系。总体而言,学习风格与学习方式在认知方面有共通性,但学习风格与人的个性关联度大,且不容易培养和改变。深度学习作为一种学习方式,它受多种环境因素的影响,但它可以培养和改变。

此外,伊万斯(Evans)、科比(Kirby)和法布里格尔(Fabrigar)对深度学习与浅层学习进行描述,并且探索了深度学习与自我调节学习、认知需求之间的关系③。从理论上讲,深度学习、认知需求和自我调节学习之间有相似之处,因此,该研究对

---

① GROVES M. Problem-based learning and learning approach: Is there a relationship? [J]. Advances in Health Sciences Education, 2005, 10(4): 315 – 325.

② ZHANG L F, STERNBERG R J. Are learning approaches and thinking styles related? A study in two Chinese populations [J]. The Journal of Psychology, 2000, 134(5): 469 – 489.

③ EVANS C J, KIRBY J R, FABRIGAR L R. Approaches to learning, need for cognition, and strategic flexibility among university students [J]. British Journal of Educational Psychology, 2003, 73(4): 507 – 528.

226 名加拿大军校大学生进行研究,并让参与者完成了学习过程问卷(Biggs,1978)、认知需求量表(Cacioppo & Petty,1982)和自我调节学习问卷(Cantwell & Moore,1996)。此项研究表明,自我调节学习实际上可以由深度学习方式、认知需求和适应性控制学习三个维度构成,因此后来的研究应该发展出新的理论来揭示深度学习与自我调节学习之间的关系。

二、深度学习测评工具的信效度验证及本土化修订

(一)深度学习主要测评工具及其信效度验证

深度学习在发展过程中有许多概念化的努力,因此发展出很多测评工具。通过检索相关文献,深度学习的测评工具主要有比格斯开发的学习过程问卷,即 SPQ(study process questionnaire)和 LPQ(learning process questionnaire),还有 ASSI、ASI 等问卷的信效度验证,目前有挪威、菲律宾等版本的深度学习测评工具。其中 Watkins & Hattie(1980)对比格斯学习过程问卷的内部结构进行了验证。他们用比格斯的学习过程问卷(SPQ)对澳大利亚 562 名大学生进行了调查,结果表明,SPQ 量表仅反映了适度的内部一致性和可靠性,但缺乏统一性。各维度的因子分析揭示了其与比格斯(1978)报告的结构相似,并支持了比格斯提出的学习过程复杂模型[1]。

以下是对深度学习工具的具体介绍[2]:

学习技能咨询评估工具(The Study Skills Counseling Evaluation,SSCE)[3]。该问卷有 50 道题项,分为五个部分,使用李克特量表,1962 年由德莫斯(Demos)开发,用于检测九至十六年级学生是否进行深度学习,帮助学生发现他们在时间使用、学习条件、做笔记、对待考试的方式、学习习惯和态度等方面的弱点,并及时调整和改正。德莫斯在《学习技能咨询评估工具使用手册》中报告了用于检测大学生的量表信度为 0.94(相关系数),能有效预测学生的学习成绩,但该手册没有报告用于检测中学生量表的信效度。

Survey of Study Habits and Attitudes(SSHA)可以区分具有明显高学习能力与学习能力较差的学生,它被推荐作为筛查、诊断、教学辅助和研究工具使用。该工具包含 100 个使用李克特格式的自我报告项目。最近,该工具的修订版基于适当规模的样本,不仅限于单一机构或某一地理区域,因此得到了很好的描述。同时,该工具的使用指南完整且描述规范,其可靠性和有效性的检验基于 1967 或更早的数据。通过使用作者提供的资料单上的百分位数可以相对容易地理解该工

① WATKINS D,HATTIE J. An investigation of the internal structure of the Biggs Study Process Questionnaire [J]. Educational and Psychological Measurement,1980,40(4):1125-1130.

② SHERMAN T M. Assessing the study abilities of college students:A review of commercial instruments [J]. The Journal of General Education,1991:239-254.

③ DEMOS G D. The study skills counseling evaluation manual[M]. Los Angeles:Western Psychological Services,1962.

具。此外，该工具可能对性别具有敏感性。

康奈尔学习与研究技能调查表（The Cornell Learning and Study Skills Inventory，CLASSIC）[①]。该工具有 120 道题目，分成 7 个部分，使用李克特量表，1971 年由卡瑟尔（Cassel）和波克（Pauk）开发，从目标导向、活动机构、学术技能、报告熟练度、课本掌握度、考试熟练度、自我管理度等方面考查学生是否处于深度学习，对于浅层学习或学生在以上七个方面存在的问题，给予诊断，并为改进学生学习提供帮助。它有中学生和大学生两个版本，信度在 0.8—0.9 之间，中学版调查表的可靠性较大学版的强。

学习习惯调查表（Study Habits Inventory，SHI）[②]。该工具最初有 30 道题，1933 年由晤韧（Wrenn）开发，并于 1941 年被修订，从做笔记与阅读技能、课堂专注力、对学校的兴趣、学习习惯等四个方面来检测学生学习中出现的问题和缺陷，明确学生的哪些学习习惯需要改变，为学生进行深度学习做准备。该工具承继了此前学习领域很多的研究成果，是一个设计良好的工具，在检测学生在人文社科领域是否进行深度学习有很大的价值。

学习行为调查表（Study Behavior Inventory，SBI）[③]。该工具有 46 道题目，分成四个部分，使用李克特四点量表，1986 年由布里斯（Bliss）等人开发。该工具从学生普通的学习态度、行为、阅读和做笔记技巧、考试应对及学生人口学信息等方面考查学生是否具备学习能力。它是在大学生人数不断扩招的背景下研发的，用于帮助学习能力较弱的学生改进他们的学习行为，助其适应高水平大学的学术生活。

学习与研究策略调查表（Learning and Study Strategies Inventory，LASSI）[④]。该工具的用途包括诊断学习缺陷、制定学习计划、对进行学习评估、提供学习建议。它由焦虑、态度、专注、信息加工、动机、计划、寻找主要大意、自我测试、学习支持、考试策略十个维度组成的，使用李克特量表，共有 77 个项目，简易版有 33 题。该工具的开发者认为，LASSI 可用于诊断学生低效学习的思想和行为，并提出有效的教育干预方案，以促进学习策略和方法的转变。

① CASSEL R N，PAUK W J. The Cornell Learning and Study Skills Inventory[M]. Jacksonville，IL：Psychologists and Educators，1974.

② THOMPSON M E. A New Study Habits Inventory：Description and Utilization[J]. Reading Horizons：A Journal of Literacy and Language Arts. 1976，16（3）. Retrieved from https：//scholarworks.wmich. edu/reading_horizons/vol16/iss3/2.

③ BLISS L B，MUELLER R J. An instrument for the assessment of study behaviors of college students [J]. Literacy Research and Instruction. 1993，32（4）：46 - 52.

④ WEINSTEIN C E，ZIMMERMANN S A，PALMER D R. Assessing learning strategies：The design and development of the LASSI[M]. In Learning and study strategies 1988（pp. 25 - 40）. Hong Kong：Academic Press.

学习态度和方法调查(Study Attitudes and Methods Survey,SAMS)[①]。该工具主要探索学生的动机、学习习惯、对学校的态度等,有助于诊断阻碍学生在学校体验成功学习的非认知因素。它还具有筛选和咨询功能,是一个很好的服务于教与学的工具。使用李克特四点量表,有 90 个题项、包括学习兴趣、学习动力、学习方法、学习焦虑、协调能力、被孤立的感觉六个维度,可用于测量大、中、小三个阶段学生的深度学习情况。

研究过程问卷(The Study Process Questionnaire,SPQ)[②]由早期包含 10 个维度的学习行为问卷(Study Behavior Questionnaire)发展而来,用于测量学生的学习方式及评价教学环境的质量。该问卷有 42 个题项,其中一半的题项用来评估学习策略,另一半的题项用来评估学习动机,使用李克特五点量表。每 7 个题目构成一组,分别表示浅层动机、浅层策略、深层动机、深层策略、成就动机。每组最高分 35 分,最低分 7 分。得分越高,表明调查者学习过程中采取学习方式与调查越相似。

学习过程问卷(The Learning Process Questionnaire,LPQ)[③]与 SPQ 类似,只不过它适用群体为中学生。该问卷共有 36 道题项,同样也用于测量学生的学习方式以及评价教学环境的质量。验证性因子分析为问卷调查的结构效度提供支持。深度和浅层学习的维度也具备跨文化检测功能,即适用于检测多个文化背景的学生的深度学习情况。

学生学习方式与技能调查表(Approaches and Study Skills Inventory for Students,ASSIT)[④]。由恩特韦斯特尔等人编写的学习方式调查表(the Approaches to Study Inventory)发展而来,主要用于测量学生比较具体的学习方法、评价学生学习质量的高低。其设计理念来源于马顿和萨尔约,理论基础为现象分析学(Phenomenography)。ASSIST 有 52 个题项,采用李克特五点量表检测深度、策略、浅层三种学习方式。

有动机的学习策略调查表(Motivated Strategies for Learning Questionnaire,

① MICHAEL W B, MICHAEL J J, ZIMMERMAN W. Study Attitudes and Method Survey,Edits,San Diego.

② BIGGS J B. Study Process Questionnaire Manual[R]. Student Approaches to Learning and Studying. Australian Council for Educational Research Ltd.,Radford House,Frederick St.,Hawthorn 3122, Australia.;1987.

③ BIGGS J B. Learning Process Questionnaire Manual[R]. Student Approaches to Learning and Studying. Australian Council for Educational Research Ltd.,Radford House,Frederick St.,Hawthorn 3122, Australia.;1987.

④ BROWN S, WHITE S, WAKELING L, NAIKER M. Approaches and Study Skills Inventory for Students (ASSIT) in an Introductory Course in Chemistry[J]. Journal of University Teaching & Learning Practice,2015,12(3):6.

MSLQ)[①]主要用于评估学生的学习动机及学习策略。动机部分包括 31 个题项,用于评估学生的课程目标和价值信念,他们对成功的信念,以及他们的考试焦虑。学习策略部分也有 31 项,包括学生使用的课程内容,学生对课程内容处理的认知和元认知策略。学习策略部分还有 19 个关于学生资源管理的题目。该问卷采用李克特 7 点量表计分。

表 3-1 深度学习测评工具

工具	作者	出版时间 (使用手册)	出版时间 (工具)
Survey of Study Habits and Attitudes,Form C (SSHA)	W.F. Brown W.H. Holtzman	1964,166, 1967,1884 补充	1953,1965
The Cornell Learning and Study Skills Inventory (CLASSIC)	W. Pauk R. Cassel	1971	1974
Study-Habits Inventory (SHI)	C. G. Wrenn	1934,1941, 1962,1969	1933,1934, 1941,1961, 1962,1969
Study Behavior Inventory,Form D (SBI)	L. B. Bliss R. J. Mueller	/	1987
Learning and Study Strategies Inventory (LASSI)	C. E. Weinstein A. C. Shulte D. Palmer	1987	1987
Study Attitude and Methods Survey (SAMS)	W. B. Michael J. J. Michael W.S. Zimmerman	1972,1980, 1985,1988	1972,1985
The Study Skills Counseling Evaluation (SSCE)	G. Demos	1962,1976	1962
Study Skills Assessment (SSA)	American College Testing Program	/	1989
Study Skills Inventory (SSI)	American College Testing Program (ACT)	/	1988

① PINTRICH P R,SMITH D A F,GARCIA T,MCKEACHIE W. A manual for the use of the Motivated Strategies for Learning Questionnaire (MSLQ)[M]. Ann Arbor,MI:University of Michigan,National Center for Research to Improve Postsecondary Teaching and Learning,1991.

（续表）

工具	作者	出版时间（使用手册）	出版时间（工具）
The Study Process Questionnaire（SPQ）	J. B. Biggs	1987	/
The Learning Process Questionnaire（SPQ）	J. B. Biggs	1987	/
Approaches and Study Skills Inventory for Students（ASSIST）	Entwistle，Tait，McCune	1997	
Motivated Strategies for Learning Questionnaire（MSLQ）	Pintrich，Smith，Garcia，et al.	1991	
The Approaches to Study Inventory（ASI）	/	/	/
Course Experience Questionnaire（CEQ）	Ramsden	/	/
Learning Styles Inventory（LSI）	/	/	/

（二）深度学习测评工具的本土化修订

首先，比较有代表性的深度学习测评工具本土化修订属于比格斯的学习过程问卷。2001 年他在以往开发的测评学习过程问卷的基础上，结合实际发展，开发了修订后的双因素学习过程问卷（R-SPQ-2F）。这个工具更适合教师评估学生学习方式。修订后的问卷使用较少的题目测评学生深度学习和浅层学习。在这个深度学习问卷修订研究中，比格斯为初步测试设计了一套含有 43 道题的问卷，这些题目均来自学习过程问卷的原始版本。修订版中关于深度学习动机和浅层学习动机、深度学习策略和浅层学习策略的题目分别都有 5 个，共 20 道题，该问卷通过因子分析来检测其信、效度。比格斯以香港一所大学健康科学系的 229 名学生为最初研究样本对问卷进行测试。来自同一所大学各个系的 495 名本科生作为新样本对最终版本的 R-SPQ-2F 进行检测。该研究结果显示，问卷最终版本的信效度良好，拟合值良好，问卷能区分出深度学习和浅层学习两种学习方式，且深度、浅层学习动机与策略的子量表都有良好的区分度[①]。但由于 R-SPQ-2F 最初以香港的大学生作为被试，因而未必适用于其他地区的学生。鉴于此，巴蒂（Bati）等学者开发了土耳其版的学习过程问卷，并对其信效度进行检测。来自土耳其三个不同医学院的一、二年级共 1027 名学生参加了这项研究，其中 993 名学生回答了所有问题，

① BIGGS J，KEMBER D，LEUNG D Y P. The revised two-factor study process questionnaire：R-SPQ-2F [J]. British Journal of Educational Psychology，2001，71(1)：133－149.

被鉴定为有效问卷。研究结果显示，土耳其版的学习过程问卷在所有子维度中CFI＞0.9，标准化均方根残差（SRMR）和近似均方根误差（RMSEA）小于 0.08。深度学习和浅层学习两个子量表，Cronbach Alpha 值分别为 0.772 和 0.800，两个值都在可接受的范围内。两次测试结果显示，深度和浅层学习的相关系数分别为0.687 和 0.604（p＜0.01）。该研究结论表明，土耳其版的学习过程问卷具有很好的信效度，可以用于土耳其开展相关研究[①]。

肯博（Kember）等人也对 SPQ 和 LPQ 结构进行验证性因素分析，SPQ 验证的样本来自香港大学的 4843 名大学生，LPQ 数据来自香港的 20 所中学。LPQ 的可用问卷总数为 3254 份。该研究旨在检验测量学习方式的工具设计中固有维度与随后的因子分析维度之间的差异。对于这两组问卷数据，最佳拟合是通过含有两个因素的模型实现的：意义取向的深度学习和知识再现取向的浅层学习。深度学习和浅层学习动机和策略分量表是两个因素的重要指标。研究结果表明，双因素模型比已有的三因素或四因子模型更好地描述了学习方式[②]。

笛瑟斯（2001）应用结构方程模型验证了挪威版的学生学习方式与技能调查表。该研究选择了 573 名本科生作为被试。为了交叉验证因子结构，将受试者分成两个相同的样本。样本 1 的主轴因子分析再现了深度、浅层和策略学习方法的三个主要因素。随后的验证性因子分析与样本 1 和 2 的比较支持了预期的三因子模型的存在。该研究结论是挪威版的 ASSIST 作为评估挪威学生学习方式的研究工具很有价值[③]。理查德森（1990）也对学习方式问卷（ASQ）进行了信效度验证。学习方式问卷是为了测量四个主要学习方式的差异而设计的，有较好的信效度，并且在各种学生群体中始终如一地展示了意义取向的深度学习和再现取向的浅层学习之间的区别。然而，其余研究方向和组成分量表的有效性值得商榷[④]。

比格斯（1993）强调对学生学习的研究基于两个主要的理论来源是信息处理（IP）和情境中学生学习方式理论（SAL）。IP 理论强调学习是发生在学生内部，而SAL 强调学习是在教学情境中发生的。但比格斯更多建议学生学习方式最好在

① BATI A H, TETIK C, GURPINAR E. Öğrenme yaklaımları ölçeği yeni eklini Türkçeye uyarlama ve geçerlilik güvenirlilik çalıması（Assessment of the validity and reliability of the Turkish adaptation of the Study Process Questionnaire（R-SPQ-2F））[J]. Turkiye Klinikleri Journal of Medical Sciences, 2010, 30(5): 1639-1646.

② KEMBER D, LEUNG D Y P. The dimensionality of approaches to learning: An investigation with confirmatory factor analysis on the structure of the SPQ and LPQ [J]. British Journal of Educational Psychology, 1998, 68(3): 395-407.

③ DISETH Å. Validation of a Norwegian version of the Approaches and Study Skills Inventory for Students（ASSIST）: Application of structural equation modelling [J]. Scandinavian Journal of Educational Research, 2001, 45(4): 381-394.

④ RICHARDSON J T E. Reliability and replicability of the approaches to studying questionnaire [J]. Studies in Higher Education, 1990, 15(2): 155-168.

教学环境中建构,这样对教师、学生以及促进学生深度学习都有很大的帮助①。亥易建议使用概念图来测评深度学习、浅层学习、虚假学习。他在指导硕士生研究方法教学的过程中使用概念图来揭示学生学习的模式。这项研究由 12 名研究生完成,研究详细描述了在教学干预之前和之后产生的四个人的概念图。数据以案例研究的形式呈现,记录了深度学习、浅层学习和虚假学习的情况。这个研究确立了用于深度、浅层和虚假学习方面变化的精确标准,并使用这些标准来评估学习质量。研究结果表明,深度学习、浅层学习和虚假学习可以通过概念图来直接测评和观察。概念图对于跟踪学习过程中的变化具有相当大的实用性②。特拉格特(Tragant)等人验证了外语学习中的深度学习的策略量表,旨在促进我们理解外语语境中语言学习策略的基本维度。该研究分析了特拉格特新开发的工具的结构效度。研究对象由中年级和高年级英语学习者组成。该研究最初进行探索性因子分析,然后进行验证性因子分析和多组因子分析。该工具共有 55 道题,应用李克特式量表,以测评学生的学习策略。研究结果支持双因素结构,体现了"基于技能的深度学习策略"和"语言学习策略",为深层和浅层策略之间的区别提供了经验证据。多组因素分析表明,该模型适用于中学和大学高年级学生,大学高年级学生更倾向于使用更高级的基于技能的深度处理策略,而不是倾向于使用浅层语言学习策略。量表的简洁性和因素结构增强了问卷在研究和课堂评估中的实用性③。

从以上深度学习测评工具的研究情况来看,深度学习测评工具的改编主要基于将深度学习作为学生的学习方式,由学生学习策略、学习动机等要素构成。改编方法主要是基于对学生的规模调查,目的是对学生深度学习的测评进行本土化改造,让学生深度学习测评更适用于本土的研究对象。到目前为止,学生深度学习测评工具已经有多种版本,但还没有适用于我国大陆版本的深度学习测评工具,也没有适用于英语学科的测评工具,这将是本书研究的重点。

三、学生深度学习的状况与表现

除了深度学习的概念与测评工具之外,在深度学习研究中还有学者利用上述概念和工具对学生深度学习状况与表现进行测评。金和布朗(Chin & Brown)研究了学生在科学学习中的深度学习和浅层学习的情况。在一个化学课的课堂小组实验活动中,他们观察并记录了六名从深度到浅层学习的八年级学生的学习情况。这些学生在接受有关科学概念的教学的前后分别接受了采访。通过对学生在活动中的话语和行为以及其对访谈反应的分析,他们发现学生在学习方式上存在着明

① BIGGS J. What do inventories of students' learning processes really measure? A theoretical review and clarification [J]. British Journal of Educational Psychology,1993,63(1):3-19.
② HAY D B. Using concept maps to measure deep, surface and non-learning outcomes [J]. Studies in Higher Education,2007,32(1):39-57.
③ TRAGANT E,THOMPSON M S,VICTORI M. Understanding foreign language learning strategies:A validation study [J]. System,2013,41(1):95-108.

显的差异。这些差异可分为五个类别:生成性思维、解释说明的本质、提问、元认知活动和任务方式。当学生进行深度学习时,他们会更自然地提出他们的看法;或联系个人经验给出更详细的解释说明,来描述机制和因果关系;提问也更侧重于解释说明、陈述原因、进行预测或解决知识上的差异。浅层学习的学生给出的解释说明是对问题的重新表述,一种不涉及机制的"黑匣子",或者只涉及可见事物的宏观描述。他们的问题也主要涉及更基本的事实或程序资料。该研究结果表明,为了鼓励深度学习,教师可以提供提示和情境化框架,并鼓励学生在活动中提问、预测和解释说明①。理查德森(Richardson)对成年学生深度学习情况进行了研究,主要观察成年学生采用深度学习的情况。尽管人们常说,成年学生的学习能力不足,然而,通过对学生深度学习问卷调查发现他们表现出非常理想的学习方式,他们似乎比年轻学生更倾向于采用深度学习或以意义为导向的学习,他们似乎不太可能对他们的学术工作采用浅层方法或以复制为导向的学习方法。究其原因,可能是成人学生更受内在目标的激励,以往的生活经历促进了他们在高等教育中进行深度学习②。由于深度学习可以测出学生的动机和创造性思维,美兰迪(Mellanby)等对牛津大学 526 名入学申请者进行深度学习的测评研究。他们以英国普通中等教育证书的成绩和 A-level 成绩作为学生深度学习的预测变量(这两个学业成绩都有助于来自私立学校的申请者申请大学)。使用的工具是评论测试和一份学习方式问卷。深度学习的测评结果能预测学生是否能在牛津大学获得一席之地。在一个开放式评论问题上取得高分的学生在课程结束时获得一级学位的概率超过 70%,而这与学生就读的学校类型或英国普通中等教育证书的成绩无关。在这两项测试中,来自公立学校的学生和来自私立学校的学生得分一样高。因此,该测试反映了学生在一所高度选择性的大学取得成功的潜力,并可能有效地添加到目前这类大学的选拔程序中③。

以上研究案例都是以欧美国家学生为背景,那么中国学生是否采用深度学习的方式,或者适应深度学习的教学方法呢? 萨拉(Saravanamuthu)等人运用迁移学习理论来检验教学干预是否可以通过在学科理论结构中提供具体特定学科知识来促进对深度学习策略的适应。他们对澳大利亚一所高等院校的中国学习者进行的纵向案例研究揭示了:第一,成就学习方式驱动的中国学习者要比浅层学习驱动的中国学习者更有可能利用这一教学干预走向独立学习、深度学习;第二,尽管他们在入学之初就接触到了考试技巧,成就驱动的中国学习者比起浅层驱动的中国

① CHIN C, BROWN D E. Learning in science: A comparison of deep and surface approaches [J]. Journal of Research in Science Teaching: The Official Journal of the National Association for Research in Science Teaching, 2000, 37(2): 109 – 138.

② RICHARDSON J T E. Mature students in higher education: I. A literature survey on approaches to studying [J]. Studies in Higher Education, 1994, 19(3): 309 – 325.

③ MELLANBY J, CORTINA-BORJA M, STEIN J. Deep learning questions can help selection of high ability candidates for universities [J]. Higher Education, 2009, 57(5): 597 – 608.

学习者,不太可能使以教师为中心的学习正常化;第三,流利的英语有助于成功地适应深度学习[①]。

恩特韦斯特尔的研究发现来自英国等国家的学生中确实存在两种不同的学习策略来处理学习任务,而体现了学生完全不同的学习方式,这些学习方式可以分成深度学习方式和浅层学习方式,对学生的学习结果产生非常大的影响。深度学习产生有意义的学习结果,而浅层学习产生复制型的学习结果[②]。

随着高等教育的扩招,越来越多的学生能上大学,为了帮助大学生应对在学习中遇到的困难,恩特韦斯特尔等在学习方式量表(Approaches of Studying Inventory)的基础上,发展出改进版的学习方式量表,旨在识别学习策略薄弱的学生。它允许学生在计算机上以交互方式完成量表填写,教师可以从整个班级收集数据,从而识别需要提高学习技能或策略的学生。研究表明,很多学生并未处于深度学习的状态,学业成绩差的学生更倾向于使用浅层学习,深度学习方式需要通过学习情境设计、学习动机和策略改进来培育[③]。

第三节 教学与评价对学生深度学习的影响

一、教学与学生深度学习的关系

(一)特定教学法与学生深度学习的关系

特定教学法与深度学习的关系或对深度学习的影响主要体现在某一特定教学方法对深度学习的影响,或教学中目标制定等具体步骤对深度学习的影响。在深度学习研究被提出之后,国际上很多学者开始探讨特定教学方法是否能促进学生深度学习。梅耶(Meyer)等着重探讨了内容与语言综合学习法(Content and Language Integrated Learning,CLIL)对学生深度学习发展的影响。CLIL 已被证明对学习者的工作语言技能,尤其是阅读和听力方面,具有重要的促进作用,对学科学习也具有一定的促进作用。最近的研究提出了一些关于学术语言能力的挑战性问题,这表明 CLIL 教学可能还没有发挥其全部潜能。因此,使用语言推动知识建构和意义建构这两者之间的关系需要被澄清。要促进更深入的学科理解发展,既需要更大程度地掌握第二语言,也需要掌握与学科相关的素养。不管是何种学科,如果让"素养"成为学习议程的中心,都会发生向深度学习的根本转变。该研究阐述了两个基本议题:特定学科素养发展与 CLIL 存在相互作用的关系;在现有

① SARAVANAMUTHU K,YAP C. Pedagogy to empower Chinese learners to adapt to Western learning circumstances: a longitudinal case-study [J]. Cambridge Journal of Education,2014,44(3):361-384.

② ENTWISTLE N. Strategies of learning and studying: Regent research findings [J]. British Journal of Educational Studies,1977,25(3):225-238.

③ TAIT H,ENTWISTLE N. Identifying students at risk through ineffective study strategies [J]. Higher Education,1996,31(1):97-116.

的 4Cs 框架基础上对一个模型构建进行迭代，在 CLIL 环境中描述学科素养和语言的发展，并作为不断发展的课堂实践的指南。[①] 库萨（Khosa）等指出深度学习实践是促进专业教育的有力工具，该研究旨在探究和鼓励在基于案例的协作式任务中进行深度学习的实践并评估在学生小组学习中教学干预的影响。结果显示，与对照组相比，干预组在理解病例内容材料上所花的时间更多，他们对面对面讨论的评价比对照组更好，认为面对面讨论更有助于实现学习成果。这项研究证明学生可以改变和加强他们在小组环境中互动的方式，以有效地参与协作学习实践[②]。鲍密斯特尔（Bouwmeester）等人研究了小组学习、密切的同伴互动及全体共同讨论与学生在研讨会中的深度学习之间的关系。他们在一个生物医学专业的 10 周生理学课程中，总共安排了 7 次研讨会。每次研讨会结束后，要求学生在电子问卷上填写他们对研讨会准备和质量（知识深度和信心）的看法。首先研究者利用开放式问题收集学生动机。在最后的问卷调查中，要求学生在五点量表上指出每个动机是如何被感知的。在最后的问卷中，通过开放式问题收集了学生从研讨会中学习的总体解释。该研究发现相关材料的学习、考试培训，并与同伴比较答案，能够激励学生准备研讨会。学生积极参与是因为他们希望自己能跟踪正确答案，更好地理解内容，并能够在全体讨论中展示他们的发现。此外，研讨会出席率与考试成绩呈正相关。学生们的总体解释表明，与同伴讨论并将知识应用于实际案例是这种正相关的基础。该研究的结论是，在研讨会期间与准备充分的同伴讨论提高了学生对深度学习的认知，同伴指导的研讨会出勤率与较高的考试成绩有关[③]。柏洛特（Parrott）等探讨了结构化阅读小组教学是否能促进学生深度学习。教大学课程的两大挑战是让学生完成阅读任务和让学生进行深度阅读。这两位学者在课程中制定了特定的小组工作方式，以便于学生深入阅读和积极讨论课程材料。学期初，学生们在小组中轮流扮演角色：讨论领导者、文章主人、倡导者、创意连接者和报告者。学生在整个学期定期与他们的小组见面。在每次小组会议之前，他们将为他们的阅读小组角色完成一套阅读和阅读准备表。最后该研究对小组作业形式进行定性和定量评价，并证明了这种教学方法能促进学生深度学习[④]。

研究特定教学方法对学生深度学习的影响和促进作用具有一定的挑战性。首

① MEYER O，COYLE D，HALBACH A，et al. A pluriliteracies approach to content and language integrated learning-mapping learner progressions in knowledge construction and meaning-making [J]. Language，Culture and Curriculum，2015，28(1)：41-57.

② KHOSA D K，VOLET S E，BOLTON J R. An instructional intervention to encourage effective deep collaborative learning in undergraduate veterinary students [J]. Journal of Veterinary Medical Education，2010，37(4)：369-376.

③ BOUWMEESTER R A M，DE KLEIJN R A M，VAN RIJEN H V M. Peer-instructed seminar attendance is associated with improved preparation，deeper learning and higher exam scores：A survey study[J]. BMC medical education，2016，16(1)：200.

④ PARROTT H M，CHERRY E. Using structured reading groups to facilitate deep learning [J]. Teaching Sociology，2011，39(4)：354-370.

先这种教学方法具有一定的影响力,在收集数据过程中,所需要的时间周期比较长,且收集的方法比较多样,因此对研究者而言是一种很大的挑战。但这类研究对于检验新型教学方法的作用具有很大的帮助。

(二)教师具体教学方式与学生深度学习的关系

教师的教学方式是影响学生学习方式的重要因素。贝顿(Baeten)等人研究了在不同教学方式下学习方式的动态变化。他们对一年级职前教师(研究 1 n=496,研究 2 n=1098)学习儿童发展课程进行实验研究。该研究通过深度学习量表收集实验前、后的数据。研究 1 比较了基于讲座的教学方式与以学生为中心的教学方式之间的差异。结果以学生为中心的教学并不能促进学生深度学习,这个结论与我们想象的结论有所差异。研究 2 调查了与使用讲座式教学方式、基于案例教学方式、由讲座和案例学习组成的混合教学方式与学生深度学习方式之间的关系。结果表明,讲座式教学方式、基于案例的教学、交替使用的教学方式中,深度策略性学习方式有所下降,而以案例为基础的、在逐步实施的案例教学环境中,深层次的策略性学习方式仍保持不变。对于浅层学习,在后者的学习环境中下降幅度最大。综上所述,该研究展示了逐步实施案例学习的重要价值[①]。特里格威尔(Trigwell)等人通过一项实证研究试图证明不同的教学方式与不同的学习方式之间存在着质的联系。具体来说,在教师明显以传递知识为主的教学方式中,学生更有可能采用浅层学习。相反,在教师采用面向学生和促进学生概念学习与转变的教学方式中,学生更可能采用深度学习。该研究使用教学方式清单与学习方式问卷分别对教师教学方式和学生学习方式进行测评,教学方式清单来源于对教师的访谈,学习方式问卷采用已被证明是有效的问卷。这些结论来源于澳大利亚大学 48 个班级(包括46 名理科教师和 3956 名理科学生)的因子分析和聚类分析。该研究分析了教师思维与学生学习成果之间关系的一系列报告。以往的研究表明,教师的教与学观念与其教学方法之间存在着一定的关系,且学生深度学习与更高质量的学习成果之间存在相关性。该研究结果则将这两类研究结论联系起来。该研究强调为提高学生学习质量,要减少以教师为中心的传递式教学,需要鼓励更高质量、以学生观念转变为中心的教学方式来促进学生深度学习[②]。以上研究教学方式与学生深度学习的关系基本上都是在高等教育中开展的,对于这些结论是否在中学教育中具有可行性还有待检验,因此,飙塞特(Beausaert)等开展了中学生如何看待不同学科的教师的教学方式,这些教学方式与他们自己的学习方式有何关联,以及不同学科,如数学和语言教师之间教学方法的差异。在这项研究中,教学方法通过学生的

① BAETEN M,STRUYVEN K,DOCHY F. Student-centered teaching methods:Can they optimize students' approaches to learning in professional higher education?[J]. Studies in Educational Evaluation,2013,39(1):14-22.

② TRIGWELL K,PROSSER M,WATERHOUSE F. Relations between teachers' approaches to teaching and students' approaches to learning [J]. Higher Education,1999,37(1):57-70.

感知来判断,以问卷调查的方式收集数据。该研究采用层次回归分析方法,确定被感知的教师教学方式是否能预测学生的学习方式。最后,通过方差分析和协方差分析,探讨了学生对数学和荷兰语教师教学方式的认知以及他们采用的学习方式的差异。研究结果表明,以教师为中心的教学方式预测的是浅层学习,以学生为中心的教学方式预测的是深度学习。荷兰语言课程的学生认为他们的老师更以学生为中心,相对而言荷兰语言课程的学生更倾向于采用深度学习①。

（三）教师教学策略与学生深度学习的关系

从特定的教学法到宏观的教学方式,就对促进学生深度学习而言,学者们都做了非常有益的探索,更有学者从具体的教学策略上探讨其对学生深度学习的促进作用。特里格威尔等人采用现象描述法探讨了一年级物理科学教师教学策略、教学意图与学生学习之间的关系,该研究发现,在所有教学方式(以信息传递为中心的和旨在促使学生概念变化的)中,教师教学意图和教学策略之间存在逻辑关系②。改变教师教学策略以促进学生深度学习,需要教师从教学意图和教学策略上共同改进。陈(Chen)等人探讨概念图在培养批判性思维能力和深度学习上的作用。实验研究发现,使用概念图能够有效提高学生的批判性思维能力和深度学习,是提高学生批判性思维能力和深度学习的有效策略③。

概念图是促进学生深度学习的关键策略。布拉威尔-拉罗(Bramwell-Lalor)等人报告了在高水平生物课中,教师将概念图作为一种替代性评估策略的使用对学生认知能力的影响。该研究对156名学生和8名教师的前后测准实验设计。研究者利用生物认知技能测验收集定量数据。通过访谈和学生个人文件收集定性数据。研究结果显示,参与者以各种方式使用概念图,并描述了在使用过程中的积极经验。该研究结果表明,概念图在高级生物学中的应用可以使学习成绩超过以传统教学方式为主的课堂所取得的成绩。概念图实验组的学生在生物学测试的低阶和高阶认知项上的表现明显优于对照组的学生④。实际上,概念图已被广泛应用于促进有意义学习和支持复杂思想的交流。以概念理解为重点,传统的概念图在解决问题方面,特别是在引出知识和将知识应用于实践的复杂过程方面,存在一定

① BEAUSAERT S A J, SEGERS M S R, WILTINK D P A. The influence of teachers' teaching approaches on students' learning approaches: The student perspective [J]. Educational Research, 2013, 55(1): 1-15.

② TRIGWELL K, PROSSER M, TAYLOR P. Qualitative differences in approaches to teaching first year university science [J]. Higher Education, 1994, 27(1): 75-84.

③ CHEN S L, LIANG T, LEE M L, et al. Effects of concept map teaching on students' critical thinking and approach to learning and studying [J]. Journal of Nursing Education, 2011, 50(8): 466-469.

④ BRAMWELL-LALOR S, RAINFORD M. The effects of using concept mapping for improving advanced level biology students' lower-and higher-order cognitive skills[J]. International Journal of Science Education, 2014, 36(5): 839-864.

不足。王(Wang)等人在一项研究①中,把基于计算机的认知描述法(cognitive-mapping approach)用来拓展传统的概念图,让学习者以一种视觉形式来表达问题解决过程及隐含在这个过程中的基础知识。通过口头和图形对思想进行描述,该研究提出的认知描述法可以在解决问题的环境中促进有效的思考和反思。该研究通过基于计算机的认知描述法与语言文本表达思想的笔记记录方法进行比较来研究其效果。有 49 名高年级医学生参加了这项研究。实验组使用认知描述法,而对照组使用记笔记方法,两组都在基于计算机的学习环境中处理模拟临床诊断问题时阐明复杂的思维和行为。结果表明认知描述法在提高解决问题的能力,主题知识和学习复杂问题的内在动机方面具有很好的效果,即这种方法能有效地促进学生深度学习。

概念图是促进学生深度学习的关键策略。布拉威尔-拉罗(Bramwell-Lalor)等人报告了在高水平生物课中,教师将概念图作为一种替代性评估策略使用,及其对学生认知能力的影响。该研究包含对 156 名学生和 8 名教师的前后测准实验设计。研究者利用生物认知技能测验收集定量数据,通过访谈和学生个人文件收集定性数据。研究结果显示,参与者会以各种方式使用概念图,并描述了在使用过程中的积极经验。该研究结果表明,概念图在高级生物学中的应用可以使学习成绩超过以传统教学方式为主的课堂所取得的成绩。概念图实验组的学生在生物学测试的低阶和高阶认知项上的表现明显优于对照组的学生②。实际上,概念图已被广泛用于促进有意义学习和支持复杂思想的交流。以概念理解为重点,传统的概念图在支持解决问题,特别是在引出知识和将知识应用于实践的复杂过程方面,存在一定不足。王(Wang)等人在一项研究中,一个基于计算机的认知描述法(cognitive-mapping approach)被用来拓展传统的概念图,让学习者以一种视觉形式来表达问题解决过程及隐含在这个过程中的基础知识。通过口头和图形对思想进行描述,该研究提出的认知描述法可以在解决问题的环境中促进有效的思考和反思。该研究通过基于计算机的认知描述法与语言文本表达思想的笔记记录方法进行比较来研究其效果。有 49 名高年级医学生参加了这项研究。实验组使用认知描述法,而对照组使用记笔记方法,两组都在基于计算机的学习环境中处理模拟临床诊断问题时阐明复杂的思维和行为。结果表明认知描述法在提高解决问题的能力、了解主题知识和学习复杂问题的内在动机方面具有很好的效果,即这种方法能有效地促进学生深度学习。

教学要素的一致性设计是促进学生深度学习的另一关键教学策略。当下,随

---

① WANG M, WU B, KIRSCHNER P A, et al. Using cognitive mapping to foster deeper learning with complex problems in a computer-based environment[J]. Computers in Human Behavior, 2018, 87: 450 – 458.

② BRAMWELL-LALOR S, RAINFORD M. The effects of using concept mapping for improving advanced level biology students' lower-and higher-order cognitive skills[J]. International Journal of Science Education, 2014, 36(5): 839 – 864.

着课堂规模变大,学生更加多样化,对学生学习结果要求也更高,实际上教师也发现了要使学生深度学习有一定的难度。但当把学习结果看成是某种学习活动所起的作用,而非是由学生固定的性格特征引起的,那这个问题就好处理得多了。教师的职责创建了特定的教学/学习环境。在这种环境下,所有学生都有可能采用高阶的深度学习。当教师设计的所有教学要素都匹配时,深度学习就可以实现:①"目标"表达了我们希望学生理解的类型;②"教学环境"鼓励学生进行可能实现这些理解的学习活动;③"评估任务"告诉学生需要他们进行哪些活动,以及教学目标的实现程度。教学的成功程度至少一部分应归因于教学目标、教学活动和测评活动之间的匹配程度。

　　课堂评价是促进学生深度学习的又一关键教学策略。比格斯探讨了两种比较成功的、能使学生参与较高认知水平活动的方法:基于问题的学习和学习档案[①]。其教学目标是使学生学会解决将来在专业领域中可能遇到的问题;教学方法就是将这些方法呈现给他们;测评方式是基于他们是如何解决这些问题的。学习档案是从对某一单元的档案评价开始的,采用迭代方式,再由此来指导教学活动的设计。教学目标是以等级分类的形式呈现,教学活动与学生协商决定,这些教学活动决定了学生会产生怎样的学习证据,也解释了他们认为这些活动为什么达到目标的原因。总之,评价方式的改变带动了学生对学习活动的投入,也促进了学生深度学习。

　　把好教学目标关、设计好学习活动是促进学生深度学习不可忽视的教学策略。由于学生经常觉得很多课程是抽象的、难以理解的,学生在这样的感知中往往采用浅层学习。调整教学目标,设计适合学生学习的教学内容是促进学生深度学习的关键。如飞利浦斯(Phillips)等人设计了一个课堂模拟作为干预措施,使学生走向深度学习,远离浅层学习[②]。他们的策略是模拟现实,设计真实性的学习任务,从而建立学生信心、树立更积极的态度、加深对概念性原则理解的有效工具。此外,与绩效目标(performance goal)相比,掌握目标(mastery goal)更能促进学生深度学习。艾梅斯(Ames)等人通过对176位学生进行问卷调查发现,当学生能够感知到课堂重视掌握目标时,他们会使用有效的学习策略,偏爱具有挑战性的问题,对课堂有着积极乐观的态度;当学生感知到课堂目标倾向于绩效目标时,他们会较消极地评估自己的能力,并将失败归因为能力的不足。此研究表明,当课堂上的目标掌握较明显地被学生采纳时,课堂目标导向有助于维持适应性动机模式,从而促进学生深度学习[③]。多目标视角假设同时采用掌握(mastery)和绩效(performance)

① BIGGS J. What the student does: Teaching for enhanced learning[J]. Higher Education Research & Development, 1999, 18(1): 57 - 75.

② PHILLIPS M E, GRAEFF T R. Using an in-class simulation in the first accounting class: moving from surface to deep learning [J]. Journal of Education for Business, 2014, 89(5): 241 - 247.

③ AMES C, ARCHER J. Achievement goals in the classroom: Students' learning strategies and motivation processes [J]. Journal of Educational Psychology, 1988, 80(3): 260.

两个目标对学生更好,但对亚洲学生缺少充分的证据。罗萨(Rosa)等人对不同目标组合倾向的菲律宾学生进行了聚类分析,结果显示,有四组学生采用了(a)以绩效目标为主,(b)以掌握目标为主,(c)多目标或(d)两个目标的低水平。认知和情感学习变量的比较表明深度学习策略的使用、学习的乐趣和较少的焦虑与多目标组(c组)相关。该研究显示的结果与多目标视角一致,因为它展示了在学习过程中增强了认知策略的使用和更积极的情感体验,弥补了在亚洲学生中间多目标视角证据的不足①。盖茨(Geitz)等人对目标导向的变化与学习行为之间的关系在多个领域和背景下都进行了研究。为了将所采用的绩效目标导向转变为掌握目标导向,并提高国际商科学生的深度学习能力,他们开展了一项可持续的反馈干预研究。可持续的反馈意味着承认学生需要积极参与对他们自己的反馈过程。研究发现尽管可持续的反馈有助于掌握目标导向的学习者保持深度学习,但它并没有直接影响他们的目标导向②。

从一个特定的教学法到具体的教学策略,都可能对学生深度学习产生正向和负向的影响。当我们从学生学习的角度去观察学生是否达到目标、学生是否经历深度学习、学生是否在学习中体验到预期的学习效果时,我们才能去判断一种教学法、教学方式、教学策略的意义。因此,这个方面的研究具有双重作用。一是检验学生的学习成效;二是检测教学法、教学方式、教学策略的有效性。

二、学习任务与深度学习的关系

(一) 学习任务设计与学生深度学习的关系

很多教育研究证实,一种促进对意义的积极理解的深度学习方式,可以带来更好的学习成果、更高的分数、对知识记得更牢。而教师设计良好的学习任务是促进学生深度学习最好的方式。佩格伦(Pegrum)等人研究播客学习任务对数百名一年级化学专业本科生考试成绩以及学生深度学习的影响。她们尝试通过设置一项任务来推广这种方法,该学习任务涉及学生协作、内容情境化以及新媒体传播,特别是创意播客。考试结果被用作完成此任务的学生在理解和记忆方面变化的实验证据的来源。通过比较两年内与播客主题相关问题的结果发现,在播客任务引入之后,学生基于其中一个主题积极创建自己的播客("酸和碱")且在统计上有显著

① ROSA E D D, BERNARDO A B I. Are two achievement goals better than one? Filipino students' achievement goals, deep learning strategies and affect [J]. Learning and Individual Differences, 2013, 27: 97-101.

② GEITZ G, BRINKE D J, KIRSCHNER P A. Goal orientation, deep learning, and sustainable feedback in higher business education[J]. Journal of Teaching in International Business, 2015, 26(4): 273-292.

改善。至少有一个案例表明，创意播客学习任务可能确实有助于学生深度学习[1]。阿塞纳斯欧（Athanassiou）等人使用布鲁姆分类法作为学习任务设计的元认知框架和脚手架，以学生为中心的管理课堂。该研究调查普通教育和以布鲁姆分类法作为学习任务设计的脚手架来管理课堂之间的差异。对学生成绩影响的实证评估发现，同行们会设计这一工具，让学生在课堂上成为有自我责任感的学习者，从而促进学生深度学习[2]。为了提高学生的学习效率，学界开始探讨和理解课外学习任务、学习方法以及学生学业成绩之间的关系，这有助于教育者开发提高学习效率的学习任务设计能力。陈（2016）利用案例研究法对课外活动、学习方式和学业成绩三者之间的关系做了研究[3]。该研究以 131 名全日制学生为研究对象，采用修订后双因素研究过程问卷研究各变量与假设模型的契合度。其研究结果表明，积极参与课外学习任务的学生更有可能使用深度学习方式。因此，设计适合学生的学习任务是促进学生深度学习的关键。

（二）学生感知的学习任务特征与学生深度学习的关系

学习任务设计是促进学生深度学习的重要手段。如何设计好学习任务更是教师需要获取的重要知识。通过分析学生对学习任务的感知来探讨学习任务与学生深度学习之间的关系，能为教师提供相应的知识。凯恩特（Kyndt）等人研究了学生对工作量和任务复杂性的感知与学生深度学习的关系。很多研究者都认为以学生为中心的学习环境能引导学生进行深度学习。但研究结果并不总是能为这一假设提供正向支持。那么，到底是什么因素促进或阻碍学生深度学习？凯恩特的研究目的就在于确定学生所感知的工作量和任务复杂性对深度学习到底起到什么样的作用。该研究以 128 名教育科学专业本科二年级学生为研究对象。学生们被分配到四项工作量和复杂性各不相同的学习任务组里，然后填写关于学习方法、所感知的工作量和任务复杂性的问卷。研究结果显示，感知的工作量与学生深度学习没有显著关系，而学生感知到"信息缺乏"是阻碍学生深度学习的关键要素。不管有没有降低工作量和任务复杂度，"信息缺乏"都会导致学生不断增加浅层学习[4]。

（三）学生对学习任务的投入与学生深度学习的关系

另一种研究并不是单纯考虑学习任务设计或感知，而是实际研究学生对学习

[1] PEGRUM M, BARTLE E, LONGNECKER N. Can creative podcasting promote deep learning? The use of podcasting for learning content in an undergraduate science unit [J]. British Journal of Educational Technology, 2015, 46(1): 142 - 152.

[2] ATHANASSIOU N, MCNETT J M, HARVEY C. Critical thinking in the management classroom: Bloom's taxonomy as a learning tool [J]. Journal of Management Education, 2003, 27(5): 533 - 555.

[3] CHAN Y K. Investigating the relationship among extracurricular activities, learning approach and academic outcomes: A case study [J]. Active Learning in Higher Education, 2016, 17(3): 223 - 233.

[4] KYNDT E, DOCHY F, STRUYVEN K, et al. The perception of workload and task complexity and its influence on students' approaches to learning: A study in higher education [J]. European Journal of Psychology of Education, 2011, 26(3): 393 - 415.

任务的投入与学生深度学习的关系,这种研究倾向于探讨学生在课堂中或其他情境下对学习任务的实际行为、认知和情感三个方面的参与情况。拉姆(Lam)等人探究了学生对学习任务的认知参与及其对学生学习的影响。虽然同伴合作能促进学生深度学习,但需要更多的研究来理解如何在合作环境中设计教学活动,从而最大限度地提高学生学习效果。为了解决这个问题,拉姆等人研究了学生对不同类型学习任务的认知投入与学生合作学习的关系,该研究在四个心理学导论课堂上进行 2×2 实验研究,比较了个人准备与无准备、"主动"任务与"建设性"任务之间的差异。二元多层次分析表明,合作前的准备能带来更好的深度学习效果,但准备类型对学生深度学习没有显著影响。研究者在合作期间通过对学生的对话进行探索性分析发现,认知参与准备阶段可能会导致更好的学习,因为即使是在任务类型没有引起这种参与的情况下,它也能促进学生进行建设性的合作[①]。为更好地促进学生深度学习,新格尔(Singer)等人为设计提出问题任务建立了一个参考框架,探讨数学模型与认知模型在解决问题过程中的相互作用。当解决过程是一个成功的过程时,一个解决者通过转换,允许对初始措辞进行不同级别的描述,不断地改变他/她与问题相关的认知立场。在这些转换中,解决问题过程的连续阶段之间的过渡确定了四种操作类别:解码(将文本转换为数据与操作方案之间更为明确的关系,这是由问题的约束条件所引起的)、表征(通过生成的心理模型转换问题)、处理(根据问题所建议的心理结构特征和自身的数学能力来识别相关的数学模型)和实现(为起草常规解决方案,将确定的数学技术应用于问题的特定情况)。对这一实践框架的研究为更有效的教学提供了见解,并可用于提出问题和分析问题,从而设计出与深度学习更相关的问题[②]。

三、评价与深度学习的关系

评价对深度学习的影响是很多学者关心的话题,这些学者主要来自课程与教学、测试学等领域,前者关心宏观的评价范式在促进学生深度学习中的作用,后者关心的是测试中的评价任务、题型对学生深度学习的影响。两个方面的研究为课程评价与学生深度学习的发展提供了非常丰富的实证材料。

(一)评价与学生深度学习的关系:宏观的视角

从宏观视角来看,评价方式对深度学习的影响有很多学者做过探究,也有很多学者证实了替代性评价在发展学生深度学习中的重要作用。博伊德通过对自我学习评价的实验研究发现,学生对自己评价负责任、自己设定目标、制订每周计划与自评、与小组其他成员讨论、接收组内成员的质疑等方式被认为对学生深度学习加

① LAM R,MULDNER K. Manipulating cognitive engagement in preparation-to-collaborate tasks and the effects on learning [J]. Learning and Instruction,2017,52:90-101.
② SINGER F M,VOICA C. A problem-solving conceptual framework and its implications in designing problem-posing tasks [J]. Educational Studies in Mathematics,2013,83(1):9-26.

工很有帮助①。考试与评价在影响学生学习行为方面的重要性得到很多学者的论证。评价计划的变化往往引起学生学习活动以及学习时间分配上的变化。新博尔等人对医学专业的学生进行问卷调查，从而判断两种不同的评价方式如何影响学生学习。在引入新的临床评价时间后的 3 年内，他们对实习生进行问卷调查并在变更前一年也获得了学生学习方面的调查结果。研究显示，学生对新考试及其作为临床能力考试的有效性作出了很高的评估，增加基于病房的学习评价活动对于期末考试的成功至关重要。因此，新的临床考试影响了学生的学习，促进了学生在这个领域中的深度学习②。评价对学生学习的影响是显而易见的，传统的评价方式往往与学生传统学习方式相关，而新型的替代性评价往往会促进学生的深度学习。贝宛（Bevan）等人探讨了多样化评价、积极的学生参与和学生深度学习的关系。尽管有越来越多的证据表明，强调学生参与的课程与学生深度学习之间存在关系，但在生物化学和分子生物学的背景下，量化研究却很少。贝宛等人在两个对比平行的生物化学导论课程中进行了一个教学研究，以比较学生的浅层学习和深度学习。在学期开始和结束时，通过学习过程问卷对浅层学习和深度学习进行定量测量，并通过问卷调查和对学生的访谈对浅层学习和深层学习进行定性测量。研究发现，在传统的基于讲座/考试的课程中，学生整个学期都采用浅层学习。而在强调学生参与并采用多种评估形式的课程中，学生对深度学习的偏好持续存在。这些证据证明了学生参与和多样化评估课程的设计、实施和更新具有重要意义③。耶索璞等人使用"通过评估转变学生体验"项目的数据，探索评估和反馈的学科模式。他们研究选择英国 8 所大学 18 个学位课程的数据，发现在人文、职业和科学三个学科领域的评估模式各不相同，评估要求、反馈数量和考试比例也各不相同。研究结果表明，学生对考试学习的认知没有显著差异；人文科学学生对其评价方式的恰当性评价低于其他学科组；专业学生对目标和标准的认识不太明确④。新型评价方式对促进学生深度学习的效果在很多研究中体现为积极正向，但并不是所有研究的结论。贝顿（Baeten M）等人通过真实课堂设置中的测试前和测试后设计，重点关注档案袋评价（portfolio assessment）经历、学生学习方法和评价偏好之间的关系。参与者是 138 名管理专业大一学生，在建构主义和讲座式教学的课程中，他们采用档案评价法对学生进行评估。他们采用修订后的双因素学习过程问卷和评估偏好量表（the Assessment Preferences Inventory），对学生学习方式和评

① BOYD H，COWAN J. A case for self-assessment based on recent studies of student learning[J]. Assessment and Evaluation in Higher Education，1985，10(3)：225 - 235.

② NEWBLE D I，JAEGER K. The effect of assessments and examinations on the learning of medical students [J]. Medical Education，1983，17(3)：165 - 171.

③ BEVAN S J，CHAN C W L，TANNER J A. Diverse assessment and active student engagement sustain deep learning：A comparative study of outcomes in two parallel introductory biochemistry courses [J]. Biochemistry and Molecular Biology Education，2014，42(6)：474 - 479.

④ JESSOP T，MALECKAR B. The influence of disciplinary assessment patterns on student learning：A comparative study [J]. Studies in Higher Education，2016，41(4)：696 - 711.

估偏好进行了测量。研究结果表明,在档案袋评价情境下,学生深度学习方式没有得到加强。相反,浅层学习显著增加。虽然新的评价方式在理念上宣称能促进学生高阶思维能力和深度学习方式的发展,但采用深度学习方式多的学生并没有在档案袋评价取分中获得很高的分数①。评估文化的范式转变强调了形成性评估的重要性,这与很多先前学者理论上的发现有所差异,如陆仕顿(Rushton)评估了形成性评价对深度学习的教学意义,提倡建构主义方法,强调专家型学习的原则并强调以学生为中心。然而,从更广泛的教育文献来看,人们质疑评估文化的范式转变是否已经发生,因为大多数现有文献都集中在总结性评估上②。这可能是因为现有证据支持将反馈视为形成性评估的核心部分。反馈提供有关实际和期望绩效水平之间现有差距的信息。现有证据表明了有效反馈的各种特征,如确保反馈是建构参考和学生参考。对现有教育文献的探索为形成性评估的强调提供了证据。要让评价促进学生深度学习,我们应该研究反馈是如何促进学生深度学习的。

(二)评价与学生深度学习的关系:微观的视角

从微观的角度看,评价对学生的促进作用主要体现在测试题的类型,以及评价任务的特征上。大多数研究表明选择题等客观题支持浅层学习,而开放式问题比较支持学生深度学习。对于评价任务的特征也有很多研究表明,支持学生自我系统发展的题目能促进学生深度学习。梅洛薇姿(Melovitz)等人研究了选择题与开放式问题对学生深度学习的影响。研究发现,开放式问题比较适合检测学生对具体学科内容的高阶思维、高阶认知和批判性思维能力,并对学生的知识建构和能力发展起到反拨作用③。由于经济原因,大多数学校主要依赖多项选择题来测试知识掌握情况,而对于诸如批判性思维和技能发展等能力通常不进行评估。相比之下,开放式问题主要考查学生的知识建构和高阶思维,但教师需要更多的时间来评估那些建构答案。梅洛薇姿等人比较了大一医学生在解剖学课程中进行多项选择题和开放式问题效果的差异。研究发现,用开放式问题进行评估,需要深层的知识,这将使学生在考试中获得更好的成绩④。考虑到学生所需要学习的知识越来越多,教育越来越关注学生的能力发展,使用开卷考试似乎是不可避免的,但开卷考试是否影响学生进行深度学习,使学生采用浅层学习方式? 赫基尼-佩宁戈

① BAETEN M, DOCHY F, STRUYVEN K. Students' approaches to learning and assessment preferences in a portfolio-based learning environment [J]. Instructional Science, 2008, 36(5-6): 359-374.

② RUSHTON A. Formative assessment: A key to deep learning? [J]. Medical Teacher, 2005, 27(6): 509-513.

③ MELOVITZ VASAN C A, DEFOUW D O, HOLLAND B K, et al. Analysis of testing with multiple choice versus open-ended questions: Outcome-based observations in an anatomy course [J]. Anatomical Sciences Education, 2018, 11(3): 254-261.

④ MELOVITZ VASAN C A, DEFOUW D O, HOLLAND B K, et al. Analysis of testing with multiple choice versus open-ended questions: Outcome-based observations in an anatomy course [J]. Anatomical Sciences Education, 2018, 11(3): 254-261.

(Heijne-Penninga)等人研究了采用深度学习方法的学生是否需要更少的开卷考试时间,以及学生如何在闭卷环境中回答开卷问题。他们为二年级(n = 491)和三年级(n = 325)学生准备一半要闭卷考核的知识和一半开卷考核的知识,并与考试委员会达成一致,使闭卷考试中的一些问题涉及开卷主题,反之亦然。在收集了有关测试时间、深度学习和准备时间的数据后,他们采用重复测量分析、t 检验和偏相关分析数据。研究结果显示,二年级学生深度学习与开卷考试时间呈负相关。研究表明,减少可用的考试时间可能会迫使学生为开卷考试做更长更深入的准备。但对该结论需要进一步的研究,以确定影响开卷测试时间的变量,并确定这一时间应受到多大的限制①。

深度学习是学生处理更复杂知识所使用的学习方式。在医学教育中,可能常常使用开卷考试来进行,而这种考试方式是否对学生深度学习起到促进作用呢?赫基尼-佩宁戈、库克斯(Kuks)和霍夫曼(Hofman)等人假设开卷测试比闭卷测试更能激发深度学习。他们通过对二年级(n = 423)和三年级(n = 306)的医学专业学生进行研究,使用深度信息处理(DIP: Deep Information Processing,简称DIP)测试工具评估了学生在开卷和闭卷考试中的深度学习情况。研究结果发现:在准备闭卷测验时,两个队列所得的深度信息处理总分都明显较高。三年级学生在准备闭卷考试时,在"批判性阅读"量表上的得分也明显较高。该研究证明闭卷测试比开卷测试更能激发深度学习。这可能是因为深度学习的发展需要建立在学生对相关知识的记忆之上;学生在准备闭卷考试时更加自信,学生更有动力为闭卷考试而学习②。赫基尼-佩宁戈、库克斯和霍夫曼等人还探讨了学生深度学习、认知需求和学生考试准备时间与开卷、闭卷考试成绩之间的关系。由于掌握专业知识的能力是学生必须具备的能力之一,在这种情况下,"掌握"意味着能够回忆和应用知识。评估这种能力的一种方法是同时使用开卷和闭卷测试,而学生在两种考试中的表现都会受到学生处理信息方式的影响。深度信息处理(Deep information processing)被认为能对成绩产生积极影响。这项研究在格罗宁根大学医学中心进行。参与者为 2 年级学生(n=423)。研究结果发现,认知需求对开卷测验和闭卷测验成绩均有正向影响(B 系数分别为 0.05 和 0.11)。通过开卷测试测得的研究结果能更好地预测闭卷测试结果(b 系数分别为 0.72 和 0.11),反过来则不成立。该研究结论表明:对认知需求较高的学生在开卷和闭卷测验中表现较好。深度学习并没有影响他们的表现。在经常使用的闭卷测试中加入开卷测试,似乎可以提高

---

① HEIJNE-PENNINGA M, KUKS J B M, HOFMAN W H A, et al. Directing students to profound open－book test preparation: The relationship between deep learning and open－book test time [J]. Medical Teacher, 2011, 33(1): e16－e21.

② HEIJNE-PENNINGA M, KUKS J B M, HOFMAN W H A, et al. Influence of open-and closed-book tests on medical students' learning approaches[J]. Medical Education, 2008, 42(10): 967－974.

对必须牢记的知识的回忆。认知需求可能为现有的学习理论提供一个有价值的补充①。实际上,学生深度学习与考试中所体现的策略、学生认知水平(学业成就)存在显著相关。司考勒尔(Scouller)和普洛斯尔(Prosser)选取两个院系三门课程的190名一年级和二年级大学生,对他们的学习方式(包括深度、浅层、成就三种学习方式)、认知能力(通过多项选择题考试测量)、学生在多项选择题中使用的策略(深度与浅层)进行问卷调查。研究结果显示,学生认知能力与深度学习或成就学习方式之间存在显著关联。相比之下,浅层学习的学生对选择题考试的理解能力不一致,他们没有准备好使用哪种策略进行答题。该研究表明,浅层学习的学生对自己学习表现出被动与不反思的特征②。考试方式对学生学习方式的影响在很多研究中都有体现,司考勒尔(Scouller)以206名二年级教育专业的学生为样本,对同一门课程的两种评估方法(作业论文和期末多项选择题考试)的准备和看法进行问卷调查。调查问卷要求他们对每种考试方法的做出回应,陈述他们的学习方式、他们对智力水平测评的看法以及他们对作业论文或期末多项选择题考试作为课程评估方法的偏好以及选择某一种考试方式的原因。接着研究者对这些变量进行了相互关联分析,并分析了两项考试任务的表现结果。研究结果表明,学生在期末多项选择题考试环境中更倾向于使用浅层学习方法,并将期末多项选择题考试视为较低水平的智力评价方式,如对知识的回忆等;期末多项选择题考试中较差的表现与深度学习策略使用的多少有关。相比之下,学生在准备论文作业时,更有可能采用深度学习③。

虽然许多研究都描述了电子评估任务的优点,但很少有研究将传统的经典考试方法与新的评估任务方法进行比较。万格尔(Van Gaal)和德利德尔(De Ridder)研究了评价任务对考试成绩的影响。该研究的主要假设是评估任务对结果有积极影响,它应该激励学生避免拖延,并采取深度学习。研究者在大学二年级的本科生的个案研究中检验了这一研究假设,方法采用 t 检验对学生在实施考核任务前后的学习成绩进行比较,并用回归分析研究评估任务对考试成绩的影响。该研究提出了评价任务对考核结果产生积极影响的实证证据。评估任务对不同表现水平的学生的影响机制是不同的④。除此之外也有学者聚焦于评价任务的特征,如马莫肋约-拉马斯探究了评价任务中的问题类型、文本可用性、答案信心和语言背景对学生理解说明文的影响。阅读是大学学习的一项重要活动,但教师有时

① HEIJNE-PENNINGA M, KUKS J B M, HOFMAN W H A, et al. Influences of deep learning, need for cognition and preparation time on open-and closed-book test performance[J]. Medical Education, 2010, 44(9): 884-891.

② SCOULLER K M, PROSSER M. Students' experiences in studying for multiple choice question examinations [J]. Studies in Higher Education, 1994, 19(3): 267-279.

③ SCOULLER K. The influence of assessment method on students' learning approaches: Multiple choice question examination versus assignment essay [J]. Higher Education, 1998, 35(4): 453-472.

④ VAN GAAL F, DE RIDDER A. The impact of assessment tasks on subsequent examination performance [J]. Active Learning in Higher Education, 2013, 14(3): 213-225.

在通过设置适当的问题来测试学生对文本理解上缺少经验。换句话说,他们的评估可能与他们希望学生展示的学习成果不一致。在考试中问题设置可能使学生没有足够的时间来重新阅读文本,因此学生可能更多地展示回忆能力,而不是深度学习和理解能力。以往的研究一般都是针对阅读理解进行的,但还没有研究探讨评价任务的具体特征,如文本可用性(重新阅读文本)、文本布局、问题类型和受访者的语言背景等因素对学生深度学习和理解的影响。该研究探讨了 50 名受试者对一个说明性文本的阅读任务的答题情况,以及受试者对给出这些答案时的信心与问题类型的影响、文本可用性、文本布局和语言背景相关。研究发现,非英语母语者在回答隐性问题时难度较大,信心较低,而复习文本对回答隐性问题(implicit questions)的正确性有显著影响。然而,文本布局的形式并没有显示出显著的效果。研究结果对那些为理解和深度学习而设置阅读和提问的教师以及那些将阅读理解作为其"隐藏课程"的教师都有帮助[①]。

(三)评价对学生深度学习的影响受其他因素调节

支持学生深度学习的微观角度同时也发现,浅层学习和深度学习与学习模式、偏爱的评估类型、作弊行为和睡眠质量相关。德尔格多(Delgado)、阿尔梅达(Almeida)及孟德斯(Mendes)等对在巴西儒伊斯德福拉的一所医学院就读六年的医学生进行横断面研究(cross-sectional study)。研究方法用 R-SPQ-2F 评估学生的学习方式,其余问卷用来评估学生的学习模式、资源以及睡眠质量。研究对学生的学习方式(深度或浅层)与他们的学习模式、学习资源、睡眠质量以及他们是否在考试中作弊进行了评估。研究结果显示:在所有 710 名学生中,43%经常在考试前一个晚上突击学习,65%通过使用精神兴奋剂等方式进行学习,超过 46%的学生在考试中作弊。关于睡眠质量,大多数学生(53.4%)报告说他们的睡眠质量很差,45.3%的学生在考试前每晚睡眠不足 5 小时。那些只在考试前学习、使用课堂总结、喜欢多选题、考试中作弊的人呈浅层学习倾向。另一方面,那些看书、喜欢实践考试、睡得好的人呈深度学习倾向。该研究表明,学生深度学习与学习模式和选择有关,教育者需要注意学生使用的学习模式,并考虑评价方式对学生深度学习的影响[②]。

评价对学生深度学习的影响是学界最为关注的话题,从测试学的角度看,评价目标、评价任务、测试项目都可能对学生深度学习产生重要影响。但作为课程与教学领域的研究学者,探讨得更多的是评价范式对学生深度学习的影响,这种影响效应需要通过对评价方式的迭代研究才能得到实现。

---

① MARMOLEJO-RAMOS F, MILLER J, HABEL C. The influence of question type, text availability, answer confidence and language background on student comprehension of an expository text [J]. Higher Education Research & Development, 2014, 33(4): 712 - 727.
② DELGADO Á H A, ALMEIDA J P R, MENDES L S B, et al. Are surface and deep learning approaches associated with study patterns and choices among medical students? A cross-sectional study [J]. Sao Paulo Medical Journal, 2018, 136(5): 414 - 420.

第四章 学生深度学习的情境因素及影响后果

　　情境是影响学生深度学习及其影响后果的关键要素之一。本章通过分析已有研究文献,归纳出影响学生深度学习的三种情境因素:第一类情境因素是文化与个人背景因素,其中文化背景包括学生的家庭经济背景、来源文化等,而学生个人背景因素主要是指学生的能力、性别、年龄等与个人相关的特征,以及学生在成长过程中形成的自我效能感、自我概念等;第二类情境因素是指学生与教师在课堂教学中所感知的情境因素、以及课堂改革所倡导的情境因素(如 PBL 情境等),以及新时代背景下的技术情境。同时,本章描述了学生的深度学习与学生学业成绩、学生非学业成绩之间的关系以及学生深度学习的可培育性特征。最后,通过本章的研究,我们发现:深度学习受到情境的影响,且对学习结果产生一定的影响,深度学习的可形塑性特征是深度学习培养研究的基础。

第一节　文化与个人背景对学生深度学习的影响

一、学生文化背景与学生深度学习的关系

　　文化背景对学生深度学习的影响

　　文化背景不同的学生常常被认为会采用不同的学习方式。很多国外媒体对中国学生存在一些刻板印象,认为大部分中国学生在儒家文化的影响下采用死记硬背的浅层学习方式进行学习,而国外大部分学生花更多的时间采用思考与实践的深度学习方式进行学习。鉴于此,研究不同文化背景下学生的深度学习情况不仅有利于了解不同国家学生的真实学习方式,而且有利于改变对来自不同文化背景学生的刻板印象,发掘文化背景对学生深度学习的作用。2015 年,鲍登(Bowden)等人比较了澳大利亚城市大学中三类学生在深度学习方式上的差异,他们将学生分为三个群体,分别由澳大利亚当地说英语的学生、亚洲具有孔子文化传统的学生以及亚洲非孔子文化传统的学生所组成[1]。该研究发现:第一,亚洲两个群体的学

---

① BOWDEN P, ABHAYAWANSA S, MANZIN G. A multiple cross-cultural comparison of approaches to learning[J]. Compare: A Journal of Comparative and International Education, 2015, 45(2): 272 - 294.

生往往比当地说英语的学生更具有采用深度学习方式的倾向性;第二,亚洲孔子文化传统的学生往往倾向于同时采用深度学习和浅层学习的方式进行学习,这一倾向虽然在亚洲非孔子文化传统的学生中也存在,但没有亚洲孔子文化传统的学生来得强,而当地说英语的学生最弱;第三,三种群体学生使用深度学习方式时都避免不了使用记忆策略,可见记忆是所有学生的特征。因此,这一研究说明儒家文化传统背景对学生使用深度学习策略以及记忆策略有一定的影响①。此外,中国台湾有研究发现,个人背景影响教师的深度学习能力,教师的深度学习能力影响学校效能②。还有研究者对 200 名学生进行追踪研究,结果发现学生深度学习的方式是动态的,且受学习体验的影响而发生变化,其中性别对学生深度学习并没有影响,但随着年级和年龄的增加,学生深度学习的水平也随之增加③。

二、学生个人背景与学生深度学习的关系

(一)学生的年龄、性别、能力、性格特征是影响学生深度学习的重要因素

大的文化背景是影响学生深度学习的关键因素,而学生的个人背景也是影响学生深度学习的关键要素。齐格斯(Zeegers)通过一个纵向研究测评三年期间学生学习方式的变化,评估学生年龄、性别和大学入学方式对学生深度学习的影响,评估学生学习方式对学生学习结果的预测效果。该研究样本是 200 名在澳大利亚大学攻读科学课程的新生,研究结果发现,学生的学习方式是动态的,且因学习经验的增加而改变。在三个 SPQ 量表中,成就学习方式随时间发生最大变化,而深度学习与学习结果呈正相关,学生的年龄是影响 SPQ 评分和学生学习结果的主要因素④。海伊斯(Hayes)等人研究了牛津大学三个学院艺术和科学专业中男女学习方式的差异,结果发现:一方面,性别和情境对学生学习方式几乎没有整体效果,但科学课程中的学生浅层学习高于艺术课程中的学生;另一方面,女生在"女性"环境中学习艺术课程比在"男性"环境中学习科学课程时,更倾向于深度学习,且女生在艺术类课程中更倾向于采用深度学习⑤。谢(Xie)等人(2015)调查了个人因素(即人口统计学、能力和个性)与学生学习方式之间的关系,参与者是中国大陆一所大学的 443 名学生。研究者使用比格斯开发的修订后的双因素学习过程问

① BOWDEN M P, ABHAYAWANSA S, MANZIN G. A multiple cross-cultural comparison of approaches to learning [J]. Compare: A Journal of Comparative and International Education, 2015, 45(2): 272-294.
② HO L A, LIN C Y, KUO T H, et al. Applying deeper learning and Confucian values in enhancing school effectiveness: Empirical results and findings [J]. Urban Education, 2008, 43(5): 561-586.
③ ZEEGERS P. Approaches to learning in science: A longitudinal study [J]. British Journal of Educational Psychology, 2001, 71(1): 115-132.
④ ZEEGERS P. Approaches to learning in science: A longitudinal study [J]. British Journal of Educational Psychology, 2001, 71(1): 115-132.
⑤ HAYES K, RICHARDSON J E. Gender, subject and context as determinants of approaches to studying in higher education [J]. Studies in Higher Education, 1995, 20(2): 215-221.

卷、NEO 五要素量表及拉文高级进阶矩阵量表（Raven's Advanced Progress Matrices）来评估学生的深度学习与浅层学习、个性和能力。研究结果发现：第一，男生比女生更有可能成为深度学习者；第二，三年级学生相对于一年级学生更有可能使用浅层学习方式，更不可能使用深度学习；第三，学生的经验和责任心与深度学习呈显著正向相关，尽责心与浅层学习呈负面相关，学生的悲观倾向对浅层学习有正向影响，而尽责心对浅层学习呈负面相关。总之，学生深度学习中大约44%的方差和浅层学习方法中大约18%的方差可以用这三个个体因素来解释，性格对学生学习方式的预测度最强，而能力对此的预测度最弱①。

古德奈福（Goodenough）对个人背景因素与学生学习的关系做了文献回顾，他得出了场依存型性格特征与学生学习之间的关系：第一，场依存型学生受概念获得问题（concept attainment problems）的线索影响显著，场独立型学生则受可利用的线索设定（available cue set）支配。第二，场依存型学生倾向于使用"旁观者"的学习方式，而场独立型学生更多地使用"参与者"的学习方式；第三，场依存现象与梦境回忆（dream recall）频率有关；第四，场依存型与压力对学生学习的影响程度有关；第五，场独立型与学生在内在动机条件下的学生表现效率有关；第六，场依存型与负强化的有效性相关；第七，社会信息的学习在场依存型学生中发生的概率比场独立型的学生来得大②。

（二）深度学习方式受到家庭学术氛围等个人因素的影响

家庭背景是影响学生学习的又一重要因素。卡诺（Cano）通过学生学习方式问卷调查（SAL）探索了 572 名高中生的学习经历，探索了个人和家庭因素与学生学习方式之间的关系后发现③：家庭的学术氛围和学生深度学习之间存在显著相关，家庭的学术氛围越好，学生在深度学习方面的得分越高；在平均智力水平下，学习方式直接影响学生的学业成绩，那些浅层学习得分较低，但深度学习得分较高的学生获得的成绩较高；受到元认知学习策略、家庭学术氛围和学生原有学业成绩的影响，学生的学习方式变得较为复杂，因此我们不能简单地将学生分成深度学习与浅层学习两个小组进行研究。由此可见，个人、家庭背景对学生是否采用深度学习具有重要影响。

（三）学生学科社会认同与社会身份认同与学生深度学习的关系

通常来说，深度学习与学生学业成绩呈正相关，但也有研究表明，学生学科社会认同和学生的社会身份认同在其中起到调节作用。史密斯（Smyth）等人通过在

① XIE Q, ZHANG L. Demographic factors, personality, and ability as predictors of learning approaches [J]. The Asia-Pacific Education Researcher, 2015, 24(4): 569 - 577.

② GOODENOUGH D R. The role of individual differences in field dependence as a factor in learning and memory [J]. Psychological Bulletin, 1976, 83(4): 675.

③ CANO F. Approaches to learning and study orchestrations in high school students[J]. European Journal of Psychology of Education, 2007, 22(2): 131 - 151.

线调查对来自澳大利亚各个学科的大学生所学学科的社会认同、学科学习规范与学生学习方式之间的关系进行了研究。研究结果发现,在对学生个人因素和教学质量因素等进行控制之后,学生的学科社会认同对其学习方式有显著影响;学生感知的同行学习规范对两者之间的关系具有调节作用。换句话说,学生是否采用深度学习,不仅仅受到学生自我概念的影响,更受到学科自我概念以及在学习情境中所形成的学习规则的影响[1]。布鲁克(Bliuc)等人研究了在大学学习情境下的学生自我感知,即学生的社会身份认同,与学生学习方式、学业成绩之间的关系。研究结果显示,学生深度学习与学生社会身份认同、学习结果呈正相关,而学生浅层学习与学生社会身份认同、学习结果存在负相关。可见学生深度学习和浅层学习在学生社会身份认同与学生学业成绩之间的关系中起到调节作用[2]。布鲁克等人另一项关于学生社会认同等社会心理维度和学生对学习共同体的看法对学生深度学习方式的影响研究发现。学生社会身份认同与学生深度学习呈正相关,同时也与学生学业成就呈正相关。学生对学习共同体的感知在学生社会身份认同与学生深度学习之间起到调节作用。浅层学习与学生的社会身份认同或学生对学习共同体的看法无关联,但它与学业成绩呈负相关[3]。这一研究说明学生学习的社会维度的重要性,同时也让我们更加理解学习过程与学生学习质量的差异。

三、学生自我概念、自我期望与学生深度学习的关系

(一) 学生自我概念与学生深度学习的关系

学生自我概念是对学生自我形象、对个人或对某个领域的整体感知,这种感知对学生的学习方式会产生一定的影响。在以往研究中,有学者已经深刻触及了这一话题,并指出该研究的重要性。如普拉图(Platow)等人调查了学生的学科自我概念在学生深度学习与浅层学习方式、学生学业成就、学生对学科的持续参与中的作用。尽管该研究不支持学生的学科自我概念作为学习方式的预测作用,但该研究不仅为深度学习理论构建的有效性提供了明确的证据,而且为深度学习及其对自我概念的影响,以及深度学习对短期学生学业表现,促进学生对学科的学习参与,让学生保持学习的持久动机之间的关系与养成提供了理论框架与关系路径[4]。

---

① SMYTH L，MAVOR K I，PLATOW M J，et al. Discipline social identification，study norms and learning approach in university students [J]. Educational Psychology，2015，35(1)：53－72.
② BLIUC A M，ELLIS R A，GOODYEAR P，et al. The role of social identification as university student in learning：Relationships between students' social identity，approaches to learning，and academic achievement [J]. Educational Psychology，2011，31(5)：559－574.
③ BLIUC A M，ELLIS R A，GOODYEAR P，et al. Understanding student learning in context：Relationships between university students' social identity，approaches to learning，and academic performance[J]. European Journal of Psychology of Education，2011，26(3)：417－433.
④ PLATOW M J，MAVOR K I，GRACE D M. On the role of discipline-related self-concept in deep and surface approaches to learning among university students [J]. Instructional Science，2013，41(2)：271－285.

里恩(Liem)等人结合期望值和成就目标理论,研究了自我效能、任务价值和成就目标在学生学习策略、学生对任务的非参与(task disengagement)、同伴关系和英语成绩方面的作用。样本由 9 年级 475 名学生组成。结构方程模型显示,虽然任务价值能预测学生掌握目标,但自我效能预测了三种类型的成就目标。掌握取向的目标和绩效取向的目标对学生深度学习和同伴关系都有积极预测作用。掌握目标也与学生与任务的非参与存在负相关,并与浅层学习呈正相关。相比之下,表现回避目标(performance avoidance goals)对浅层学习和学生的非参与有正向预测作用,也是同伴关系的负面预测指标①。

（二）学生自我期望与学生深度学习的关系

已有研究表明,期望价值理论能对不同学业成绩背景下的学生学习进行预测,如成就价值和自我效能期望对学生认知过程和学生学业成就具有正向影响。因此,学生自我期望与学生深度学习有关。范恩(Phan)主要研究非认知因素(任务价值与自我效能)与学生学习的认知过程(如深度学习、反思性思维)及学生学习结果之间的相互关系。该研究选择对 289 位大学生进行测试。研究发现:学生先前学业成就、自我效能期望和任务价值对数学成就有正向影响,学生自我效能期望与任务价值对学生认知过程呈正相关,学生自我效能期望和任务价值在先前的学业成就和深度学习、反思思维实践和学业成就之间具有中介作用②。

（三）学生个人目标设定与学生深度学习的关系

个人最佳目标(personal best goal)是与个人先前最佳表现相匹配的目标表现标准。里恩等人研究探讨了个人最佳目标在学业成就和社会成就中的作用。他们对 249 名高中生的学业成就和社会成就、个人最佳目标进行测评。纵向结构方程模型表明,在第一个时间点上,个人最佳目标对学生深度学习等具有显著的预测作用。第二个时间点上,在控制了第一次时间点上对应的相关因素之后,个人最佳目标对深度学习等要素仍具有预测作用③。同时,蒙威尔(Howell)等人对 170 名本科生的研究结果也说明拖延与掌握方法目标取向呈负相关,与掌握回避目标取向呈正相关。拖延使学习更加处于无组织状态,使用认知和元认知策略更少。多元回归分析显示,学生学习无组织状态和认知策略的使用最能预测拖延④。这些研究说明要让学生处于深度学习,需要学生调整和设定合理的目标。

① LIEM A D，LAU S，NIE Y. The role of self-efficacy，task value，and achievement goals in predicting learning strategies，task disengagement，peer relationship，and achievement outcome ［J］. Contemporary Educational Psychology，2008，33(4)：486 - 512.
② PHAN H P. Expectancy-value and cognitive process outcomes in mathematics learning：A structural equation analysis ［J］. Higher Education Research & Development，2014，33(2)：325 - 340.
③ LIEM G A D，GINNS P，MARTIN A J，et al. Personal best goals and academic and social functioning：A longitudinal perspective［J］. Learning and Instruction，2012，22(3)：222 - 230.
④ HOWELL A J，WATSON D C. Procrastination：Associations with achievement goal orientation and learning strategies ［J］. Personality and Individual Differences，2007，43(1)：167 - 178.

第二节 情境与学生深度学习的关系

一、被感知的情境与学生深度学习的关系

在区分了深度学习与浅层学习之后,很多学者对影响学生深度学习的因素非常感兴趣,越来越多的研究人员认为,影响深度学习的因素有学生个体差异、评价过程、学习环境,以及学生对学习环境的感知等。恩特韦斯特尔指出,影响学生深度学习的因素除了学习情境之外,还有学生对情境的感知[①]。笛瑟斯分析了 206 位学生的课程体验,以及学生学习方式、努力、能力与考试成绩之间的关系模型后发现学生感知的学习环境是学生深度学习产生的重要来源[②]。

（一）对学生深度学习中"情境"的认识

那么什么是情境? 关于情境到底与学生深度学习存在什么样的关系? 已有研究从多个方面对情境与深度学习的关系进行了探索。赫灵顿（Herrington）等人认为情境就是活动的物理结构、概念结构与目的,以及活动所发生的社会环境,并且真实性的情境与学生有效深度学习相关联[③],但什么是概念结构,什么是物理结构,什么是活动发生的社会环境,这些都不是确定的,有待我们进一步探索。博伊尔（Boyle）等人认为,情境是组织和设计深度学习的重要单位,情境具有嵌套性特征,可以从原则性、阐释性和文本性这三个角度去理解[④]。

学习情境和教育环境的改变一般对学生深度学习有一定的影响,如何鉴别和评估学生学习环境的改变是很多学者研究的话题。基于这样的理念,罗浮（Roff）等人（1997）为测评学校学习和教学环境,开发了一个具有心理统计意义的量表作为检测的工具,这个工具的发展为后来测评学习情境与深度学习之间的关系提供了一个重要方法[⑤]。在现有教育系统中,学生很早就被要求培养他们的终身学习能力和深度学习能力。目前,学校一般不被认为能成功地、系统地让学生深度学习发生的场所。为了研究学生课堂学习情境与学生深度学习的关系,克鲁格（Klug）等人研究了以下三个问题:①奥地利学生面向未来的学习如何;②学生感知课程知

① ENTWISTLE N J. Approaches to learning and perceptions of the learning environment [J]. Higher Education,1991,22(3):201 - 204.

② DISETH Å. Approaches to learning, course experience and examination grade among undergraduate psychology students: Testing of mediator effects and construct validity [J]. Studies in Higher Education,2007,32(3):373 - 388.

③ HERINGTON C, WEAVEN S. Action research and reflection on student approaches to learning in large first year university classes [J]. The Australian Educational Researcher,2008,35(3):111 - 134.

④ BOYLE T, RAVENSCROFT A. Context and deep learning design [J]. Computers & Education,2012, 59(4):1224 - 1233.

⑤ ROFF S, MCALEER S, HARDEN R M, et al. Development and validation of the Dundee ready education environment measure (DREEM) [J]. Medical Teacher,1997,19(4):295 - 299.

识结构能否预测学生的终身学习能力;③学生的终身学习能力是否与学生的数学、德语成绩有关。来自 36 所奥地利学校的 5 366 名学生(52.1%为女性)参加了在线调查问卷(平均年龄 15.35 岁,标准差=2.45),测量了他们在数学和德语科目中的终身学习能力、他们感知的课程结构和成就。结果显示,绝大多数奥地利学生知道并能够应用认知和元认知学习策略。虽然学生的自我效能不是问题,但学校科目缺乏吸引力,学生浅层学习比较普遍。课程结构能够积极预测学生的目标、兴趣、自我效能和学习策略。自我效能感、表现目标、元认知和深度学习策略反过来能预测学生学业成绩①。因此,学生感知的课堂学习情境对学生深度学习有显著的正向的影响。

(二)教师感知的情境与学生深度学习的关系

教师是学生学习情境的直接设计者,教师感知的教学情境势必影响学生的学习。因此有学者专门研究了这一课题。沃尔夫(Wolf)等人认为,教师对情境的感知可能会影响学生的深度学习,因此他们从教师感知的视角,评估了课堂教学质量及其测评工具的有效性,评估教师与儿童的互动、教师的教学实践和过程系统。该研究发现了三个验证高质量学习情境的证据:促进深层学习(FDL),支持学生表达(SSE),以及情绪支持和行为管理(ESBM)。研究证明教师的教育水平、早期儿童发展培训和职业幸福感以不同方式积极预测 FDL、SSE 和 ESBM。SSE 和 ESBM 预测课堂学年末的学业成绩,且 SSE 预测课堂学年末的社交情绪结果②。这个研究是观测教师对儿童学习情境感知的探索。

(三)学生感知的情境与深度学习的关系

在所有情境与学生深度学习关系的研究中,很多学者提出,并不是情境本身对学生深度学习具有重要作用,而是学生感知到的情境对学生深度学习有显著影响。拉姆斯登(1979)考察了英国大学生对课程等学术环境的感知与学生深度学习之间的关系。他分析了课程组织、教学和评估对学生学习的影响。还分析了不同学术环境对学生学习的不同要求。该研究结果显示,学生对包括其院系和老师在内的学习情境的感知对他们的深度学习方式影响显著。学生对某一特定学习任务的感知会影响他们如何处理和解决问题③。

学习环境、学生对学习环境的感知、学生学习方式三者之间的关系有很多学者研究,但一般不包括学生学习结果的研究。即使有包括学生学习结果的研究,也是

① KLUG J, LÜFTENEGGER M, BERGSMANN E, et al. Secondary school students' LLL competencies, and their relation with classroom structure and achievement[J]. Frontiers in Psychology, 2016, 7: 680.

② WOLF S, RAZA M, KIM S, et al. Measuring and predicting process quality in Ghanaian pre-primary classrooms using the Teacher Instructional Practices and Processes System (TIPPS) [J]. Early Childhood Research Quarterly, 2018, 45: 18-30.

③ RAMSDEN P. Student learning and perceptions of the academic environment [J]. Higher Education, 1979, 8(4): 411-427.

从量的角度看学生学习结果，很少关注学生学习结果质的差异。以往的研究表明，高等教育部门提供的学术环境对学生学习方式有直接影响。但也有研究表明，这些影响受学生对环境感知的调节。恩特韦斯特尔等人报告了两项学生学习方式与学习环境、学生感知的学习环境之间的关系的研究。一项将学生感知最小化，一项将学生感知最大化，并对三组工程学和心理学学生的反应进行因子分析，以此来判断学生学习方式与学生对学习环境感知之间关系。他们的研究表明学生深度学习与学生感知到的"关系亲密"（relevance）有联系，浅层学习与繁重工作量有关，同时研究也发现采用深度学习的学生与采用浅层学习的学生对有效教学的定义有很大差异①。特里格威尔（Trigwell）等人为了探索学生学习环境、学习方式是否从本质上对学生学习结果产生影响，研究了这三者之间的关系。该研究结果显示，学习环境、学生感知的学习环境、学生学习结果、学生学习结果质量之间存在显著相关。学生感知的学习环境若支持学生深度学习，那么学生学习结果质量就越高，若学生感知的学习环境不支持学生深度学习，那学生学习结果质量就越差②。达特（Dart）等人使用结构方程模型测试了高中学生学习观念、对课堂学习情境的看法以及学生学习方式之间的关系。在该研究中，学生对学习的看法有三种：质性学习观念（重视理解和意义获得，与学生前概念相关）、量化学习观念（学习就是获得成绩和分数）、体验学习观念（学习与每天的体验相关），学生感知的课堂学习环境是情感型个性化课堂学习情境与认知探索型课堂学习情境。研究结果表明，学生对学习的看法和学生学习方式之间呈显著相关。将学习看作质性或体验的学生会更多采用深度学习，而将学习看作量化概念的学生则倾向于采用浅层学习。这个研究也表明，学生学习观念通过作用于个性化学习环境、认知探索型环境从而促进学生深度学习③。教师在设计学生学习环境时，应该更加注重与学生个性化的互动、增加教师与学生的接触机会，从而促进学生向认知探索型转变，促进学生深度学习。里子欧（Lizzio）等人调查了大学生对学习环境和学业成果的观点与看法，分析了学生学习方式和学业成果之间的关系。研究主要使用回归分析和路径分析两种方式，对大量跨学科的本科生反应进行了分析。研究结果证明，学生的感知影响学生学业成绩和学生满意度、发展等关键技能，学生的学习方式在其中起到调节作用。学生感受到沉重的学业负担和不恰当的评价方法与学生浅层学习存在因果关系，学生感受到的良好的教学对学生深度学习具有正向影响。学生对学习环境的

① ENTWISTLE N，TAIT H. Approaches to learning，evaluations of teaching，and preferences for contrasting academic environments [J]. Higher Education，1990，19(2)：169-194.

② TRIGWELL K，PROSSER M. Improving the quality of student learning：the influence of learning context and student approaches to learning on learning outcomes [J]. Higher Education，1991，22(3)：251-266.

③ DART B C，BURNETT P C，PURDIE N，et al. Students' conceptions of learning，the classroom environment，and approaches to learning [J]. The Journal of Educational Research，2000，93(4)：262-270.

感知比学生已有学业成就更能预测学生的学习结果。该研究建议我们应该开发出更详细的量表对学生感知的学习情境进行分析[1]。阿尔梅达(Almeida)等人对葡萄牙阿威罗大学(University of Aveiro，Portugal)科学与工程专业一年级本科生的化学课进行自然状态下的观察和访谈，选出化学成绩最高的和最低的学生各十名进行访谈，并对他们的课堂进行观察，使用葡萄牙语版的 ASSI(学生学习方式和技能量表)对学生的深度学习方式进行调查。该研究发现，成绩较好的学生表现出强调理解的学习观念，而成绩最低的学生则认为学习仅仅是记忆和复制。成绩最高的学生在学习方式和教学策略偏好方面都存在很大差异。成绩最低的学生采用浅层、或浅层和策略式相结合的学习方式，他们对教学的偏好与他们的学习方式相匹配。虽然这门化学课程旨在促进深度学习和理解，但学生对课程学习的情境和目的的感知差异很大。该研究建议，要通过教师仔细和详细的指导，引入建构主义学习环境，并且向学生提供持续的反馈，以指导他们的学习，并尝试减少浅层的学习方法[2]。学界认为，学生采用的学习方式部分取决于学习任务的性质。同一个学生从一个任务到另一个任务将采用不同的方法。这种观点的主要证据有两个来源：访谈研究报告，以及不同课程、不同学生群体的问卷调查与对比研究。在埃利(Eley)的研究中，要求学生在两个同时开展的单元教学中，报告他们的学习方式及对两个相同单元教学的感知。该研究认为学生学习方式与学生学习情境有关，并且不同的学习情境会让学生采用两种有本质性差异的学习方式，由此表明促进学生深度学习需要改变学生学习情境[3]。以往研究显示：学生对评价任务需求的解读会改变他们的学习方式，从而让学生适应当面的评价任务。基杰贝尔斯(Gijbels)等人关注三个研究问题：第一，建构主义学习环境下的学生是否会改变对评估需求的看法从而转向更深层的需求？第二，建构主义学习环境下的学生是否会改变学习方式，采用深度学习？第三，学习方式的改变与评估要求的感知和变化之间是否存在关联？三位研究者依据某大学教师培训计划"教育和心理学"课程开展研究，让学生在课程的第一课、第二课和最后一课中完成了调查问卷，分别调查学生的学习方式和对评估需求的看法。配对样本 t 检验的结果表明，学生确实改变了对评估需求的看法，表现出更深层次的需求，但学生并没有采用深度学习。相反，学生似乎在课程中使用了更多的浅层学习。相关性分析表明，浅层水平的评估需求转变与学习方式的变化显著相关，即学生更多地选择浅层学习。逐步多元回

① LIZZIO A，WILSON K，SIMONS R. University students' perceptions of the learning environment and academic outcomes：Implications for theory and practice [J]. Studies in Higher Education，2002，27(1)：27 – 52.

② ALMEIDA P A，TEIXEIRA-DIAS J J，MARTINHO M，et al. The interplay between students' perceptions of context and approaches to learning [J]. Research Papers in Education，2011，26(2)：149 – 169.

③ ELEY M G. Differential adoption of study approaches within individual students [J]. Higher Education，1992，23(3)：231 – 254.

归分析的结果表明，学生在课程开始时的学习方式似乎对他们改变学习方式的影响程度大于学生在课程中感知评估要求的方式。这些结果向我们指出了学习环境、学生对评估需求的感知和学生学习方式之间关系的复杂性①。

学习环境是学生行为、成就和满意度的重要决定因素。扬（Young）等人分析了学生对学习环境等相关的反思性文章来确定对学生学习（积极学习体验和变革性学习体验）产生重要影响的学习环境的关键特征。该研究分析了学生在学习环境中的安全感、学生可以应对的学习挑战以及学生对自身经验的积极陈述之间的关系。该研究让学生参加了一个独特的通用实践模拟，让学生始终如一地报告积极的学习经历，总共分析了 2011 年和 2012 年的 77 篇文章。一半的学生自发地提到了学习环境的安全性。学生们在模拟咨询中描述了深度学习经验。学生重视学习环境的特征，这有助于营造一个心理安全的环境。在提供建设性支持和即时、个性化反馈的同时，这种安全感帮助学生找到了解决临床困境的方法。这些因素相结合，使学生感到放松，能够接受本来势不可挡的挑战。错误成为学习机会，学生可以有目的地练习。他们借鉴医学教育、教育心理学和社会学的文献来解释他们的研究结果。该研究结果证明了安全的学习环境、学习挑战和强大的学习经验之间的关系。因此，我们有理由密切关注学习环境的构建，以促进学生的学习、信心和动力②。理查森认为，虽然学生的学习方式受学生对学习情境的感知的影响，但也受其他因素影响，同时学生的学习方式也依赖于学生的学习观念和学习情境。他也论证了学生对学习和学习情境的感知及对学生深度学习影响显著③。平帕里昂（Pimparyon）等人在泰国护理学校教育环境中，检测了学生学习方式、学生对教育环境的感知以及学生学业成绩之间的关系。结果显示，泰国护理专业学生深度学习水平低于浅层学习水平。在学习环境中得分较高的学生更多采用深度学习并且获得了比在学习环境中得分较低的学生更高的平均成绩④。平帕里昂等人还研究了澳大利亚学生在中学最后一年中关于学生感知的学习环境、学生学习方式和学习结果之间的关系。其中一个关键的发现是，学生感知到的学校学习环境和学生的学习是系统相关的。提供支持性教学、连贯的结构、强调自主性和适度强调成就的学校环境对学生深度学习有积极作用，包括积极寻求理解、有组织的学习方法

① GIJBELS D，SEGERS M，STRUYF E. Constructivist learning environments and the (im) possibility to change students' perceptions of assessment demands and approaches to learning [J]. Instructional Science，2008，36(5 - 6)：431.

② YOUNG J E，WILLIAMSON M I，EGAN T G. Students' reflections on the relationships between safe learning environments，learning challenge and positive experiences of learning in a simulated GP clinic [J]. Advances in Health Sciences Education，2016，21(1)：63 - 77.

③ RICHARDSON J T E. Approaches to studying，conceptions of learning and learning styles in higher education [J]. Learning and Individual Differences，2011，21(3)：288 - 293.

④ PIMPARYON S M，CALEER S，PEMBA S，ROFF P. Educational environment，student approaches to learning and academic achievement in a Thai nursing school [J]. Medical Teacher，2000，22(4)：359 - 364.

和避免浅层学习。学校特别强调正式的学业成就,其中教学的重点是考试内容,与学生浅层学习相关。该研究发现学生表现与浅层学习呈负相关,且与深度学习相关,但非常微弱①。

二、课程改革所倡导的学生学习情境与学生深度学习的关系

(一) PBL 情境与学生深度学习

PBL 可以是项目化学习(project-based learning),也可以是基于问题的学习(problem-based learning),两者的缩略形式相同。两者都是新课程改革背景下教育改革家所提倡的学习方式,然而这些课程学习情境是否能促进学生深度学习,这是值得学界探讨的话题。在全球范围内实施的基于问题的学习中,学生通过讨论专业相关问题来加强知识的应用和整合,因此基于问题的学习被认为能促进学生深度学习。多尔曼斯(Dolmans)等人综述研究了 PBL 对学生深度学习与浅层学习的影响、这些影响在不同的学习环境背景下有何不同,以及这些影响为何在学习质量上有所差异。综述的具体内容包含 21 项研究。研究结果表明,PBL 确实增强了深度学习,其小范围的平均正向影响大小为 0.11,并且在 21 项研究中有 11 项具有积极作用。但也有 4 项研究显示 PBL 使学生深度学习降低,6 项研究显示无效用。PBL 对浅层学习没有影响,表现为非常小的平均效应大小(0.08),11 项研究显示浅层学习没有增加,6 项研究表明浅层学习有所减少,4 项显示浅层学习有增加。该研究结论是 PBL 确实增强了深度学习并且对浅层学习几乎没有影响,但该结论需要使用高质量测量工具进行更多纵向研究来支持这一结论并提供更有力的证据。影响效应的差异不能通过学习质量来解释,但与单一课程中的实施(效果大小为−0.05)相比,PBL 的课程实施对深度学习(效应大小为 0.18)具有更积极的影响。PBL 被认为可以增强主动学习和学生的内在动机,从而增强深度学习。此项研究显示学生感知的高工作量和评价对提升深度学习水平无益,反而增强了浅层学习②。学生学习方式是学习过程的核心。促进学生深度学习是一个复杂的过程,比预期的要困难得多。有证据表明,学习方式不仅受到学习环境的影响,还受到学生对学习情境感知的影响。古斯丁(Gustin)等人调查了学生对其学习环境的看法与学习方式之间的关系,这些存在教学方式(讲座式或基于问题学习式)和课程的整合水平(传统或综合)上的不同。他们检验了基于问题学习模式和综合课程与学生深度学习的相关假设,发现这种关联受学生感知的调节的。该研究通过路径分析表明,学习环境通过两种途径与学生学习方式相关。一种是直接的;一种是

---

① RAMSDEN P, MARTIN E, BOWDEN J. School environment and sixth form pupils' approaches to learning [J]. British Journal of Educational Psychology, 1989, 59(2): 129 - 142.
② DOLMANS D H J M, LOYENS S M M, MARCQ H, et al. Deep and surface learning in problem-based learning: A review of the literature [J]. Advances in Health Sciences Education, 2016, 21(5): 1087 - 1112.

通过学生对其教育背景的感知来调节的。在基于讲座式的教学环境中,学生在综合程度高的课程中采用了深度学习。在基于问题学习的学习环境中,学生们没有使用比讲座式学习环境中更多的深度学习。这项研究表明,综合的讲座式课程与PBL课程一样有效,可以促进学生的深度学习,强调了在选择教学形式之前整合课程的重要性①。亚伯拉罕等(2018)研究了中医本科学生的生理学课程中非PBL和PBL情境下的学习方式。PBL是作为2006年9月学生(部分PBL组)的课程改革而引入的,而2006年3月的一批学生(非PBL组)没有使用。使用简化版的学习方式量表比较两组学生的生理学学习方式,结果发现,与非PBL组相比,部分PBL组的深度学习的平均得分更高。该研究结果支持PBL促进学生深度学习的早期结论②。与该研究的调查结果相反,虽然基于问题的学习代表了高等教育实践的重大发展,并被认为可以促进学生的深度学习,但洛因斯(Loyens)等人的调查研究发现PBL环境下的学生更多采用浅层学习。该研究的目的是调查学生的学习方式(SAL)与PBL情境下学生学习成绩之间的关系,同时考虑到学生自学时间和学生在PBL教学小组中的专业学习行为的作用,也考虑了决定学业成绩的不同知识类别(即理解概念、理解将概念联系起来的原则,以及概念和原则与适用的条件和程序的联系)。结构方程模型结果显示,与深度学习方式相比,该研究中的PBL学生更多地使用浅层方法。假设模型证明了模型与数据的良好匹配。学生的学习方式与学业成就之间的关系受自学时间和专业行为调节。这些发现意味着自学时间和专业行为是研究学生的学习方式时需要考虑的关键变量③。

从这个部分的研究可以发现,PBL和深度学习存在一定的关系,大部分研究都认为PBL环境对深度学习有促进作用,而也有少部分的研究认为PBL环境对深度学习并没有促进作用,有些还有阻碍作用。已有研究发现,这些对深度学习起阻碍作用的PBL环境一般都与其他变量相关,比如课程综合程度、学生自学时间以及学生的专业学习行为等。PBL对深度学习的作用并不是固定的,需要更多实证研究、纵向追踪研究来揭示其中的路径依赖关系。

(二)以学生为中心的教学环境与深度学习的关系

教师(讲授)中心课堂与学生(学习)中心课堂是课堂的两种典型形态。这两种课堂对课堂教学活动的理解和处理正好处于相反的状态。在教师中心课堂中,课

① GUSTIN M P, ABBIATI M, BONVIN R, et al. Integrated problem-based learning versus lectures: A path analysis modelling of the relationships between educational context and learning approaches [J]. Medical Education Online, 2018, 23(1): 1 – 12.

② ABRAHAM R R, VINOD P, KAMATH M G, et al. Learning approaches of undergraduate medical students to physiology in a non-PBL-and partially PBL-oriented curriculum[J]. Advances in Physiology Education, 2008, 32(1): 35 – 37.

③ LOYENS S M M, GIJBELS D, COERTJENS L, et al. Students' approaches to learning in problem-based learning: Taking into account professional behavior in the tutorial groups, self-study time, and different assessment aspects [J]. Studies in Educational Evaluation, 2013, 39(1): 23 – 32.

堂教学的中心是教师及其讲授活动;在学生中心课堂中,学生独立、能动的学习活动是教学过程中的本体性或目的性活动,而教导则是引起学生能动参与学习活动、促进学生有效完成学习过程的条件性活动或目的性活动①。由于教学的目的是促进学生核心素养的发展,很多学者认为,以学生为中心的课堂,包括以学生为中心的课堂教学方法、学习情境能促进学生深度学习。国际上也有学者对两者之间的关系进行过深入探讨。柏顿(Baeten)等人综合整理了在以学生为中心的学习环境中学生采用深度学习的促进和阻碍因素。促进和阻碍学生深度学习因素包含学习环境、学生对学习环境的感知以及学生自身的特征等。该研究结果表明,第一,不同学科的学生在学习方式上有所不同,人文社科学生总体上表现出最大程度的深度学习;第二,教师所发挥的功用对学生深度学习有深刻的影响,如果教师指向学生参与并意图改变学生的观念,学生倾向于采用深度学习。关于感知的情境因素,结果表明对课程质量感到满意的学生(如工作量/评估的适当性、教学和目标的明确性)会采用深度学习。关于学生自身因素,年龄越大,学生越倾向于深度学习,而外向、责任心强、努力、愉悦、情绪稳定、很喜欢尝试和体验新事物的学生,更倾向于深度学习。如果学生具有内在动机,感到自信和自我有效,并且更喜欢支持学习和理解的教学方法,那么将更频繁地进行深度学习②。这篇综述给我们很多的启示,其中之一就是以学生为中心的情境对学生深度学习的影响通过具体的课堂特征、学生的感知与个性之间的互动作用于学生深度学习。柏顿等人据此开展了一项以学生为中心的教学情境对学生深度学习影响的实证研究。该研究对不同学习环境中学习方法的动态进行探索。对一年级实习教师课堂进行了两项准实验研究($N_{Study\ 1} = 496, N_{Study\ 2} = 1098$)以探索儿童发展过程。该研究通过学习方式量表对前测和后测数据进行收集。研究 1 比较了讲授式学习环境和以学生为中心的学习环境的差异。研究结果并不支持以学生为中心的学习环境能促进学生深度学习的假设。相反,以学生为中心的学习环境推动学生采取浅层学习。研究 2 探索了讲授式、案例式学习情境,以及讲授式和案例式混合学习情境是否可以促进学生深度学习。结果表明,相对于讲授式或案例式教学而言,在讲授式与案例式交替混合学习环境中,学生更多采用深度学习③。要促进学生深度学习并不是很容易的一件事。为了更多地探索以学生为中心的学习情境与深度学习的关系,塔尔等人(2018)研究了一所理工类大学的生物入门课程中的深度学习情况,其中数据主要是通过与教师、学生的访谈与观察获得。在这项研究中,学者们发现,在短期有意

---

① 陈佑清. 学习中心教学论[M]. 北京:教育科学出版社,2018:33 - 34.

② BAETEN M, KYNDT E, STRUYVEN K, et al. Using student-centred learning environments to stimulate deep approaches to learning: Factors encouraging or discouraging their effectiveness [J]. Educational Research Review,2010,5(3):243 - 260.

③ BAETEN M, STRUYVEN K, DOCHY F. Student-centred teaching methods: Can they optimise students' approaches to learning in professional higher education? [J]. Studies in Educational Evaluation,2013,39(1):14 - 22.

义的同伴学习活动中,学生的深度学习普遍存在,在小组学习和以小型会议方式开展的学习中,有更多的学生汇报他们会进行深度学习,学生的深度学习主要体现在对学习知识的组织与应用上①。

但以上结论并不是固定的,也有学者得出相反的结论。斯特鲁文等人调查了学习/教学环境对学生学习方式的影响,比较了在小教专业一年级课程中授课情况的差异,一种是基于讲授式的教学情境,另一种是激活学生(student activating)的学习情境。虽然学生在课程开始时的学习方式相似,但在经历了学习情境变化之后,出现了明显的区别。然而,变化的方向并不是学生激活教学情境促进学生深度学习,相反让学生更多采用浅层学习,且学生的深度学习策略大大降低②。

(三)学生的课程体验与深度学习的关系

为了对学生学习情境进行测评很多学者开发了课程学习情境问卷,并研究了课程学习情境与深度学习之间的关系。一般情况下高等教育中的表现指标(PIs)主要用教师的研究成果来判断,比如教师发表的论文和科研成果,高等教育机构很大程度上忽视了大学的教学功能。为了能准确判断和研究大学的教学功能和质量,促进学生更好地学习,拉姆斯登开发了学生课程体验问卷(CEQ),并在澳大利亚高等教育的国家试验结果的背景下,讨论了该工具的质量及其对不同课程教学效果的区分能力。研究发现,CEQ 提供了一种可靠、可验证和有用的方法来确定基于英国模式的高等教育系统中学生感知的教学质量,并将其作为学校表现指标应用于大学教育情境的调查之中③。这个研究工具经常被应用于调查学生学习情境,并与学生学习投入、学生深度学习等相结合来判断学生学习过程质量。④ 梅耶和帕森斯应用恩特韦斯特尔和拉姆斯登开发的学习方式量表(ASI)和课程感知问卷(CPQ)研究学生感知学习情境因素与学生学习方式之间的关系。研究发现,课程感知问卷中的工作负荷维度与学生浅层学习存在相关性,其他变量似乎并没有相关性⑤。深度学习可以让学生更多地增加对学科学习材料的参与程度,从而提高学生的概念分析和思维能力,因此很多学科领域的教育者都提倡要发展学生的深度学习。那么怎样的环境能让学生深度学习呢?霍尔等人提倡改变原有学习环境促进学生深度学习。三位研究者报告了学习环境的变化对深度学习的影响,学

① TAL T, TSAUSHU M. Student-centered introductory biology course: Evidence for deep learning [J]. Journal of Biological Education, 2018, 52(4): 376 - 390.
② STRUYVEN K, DOCHY F, JANSSENS S, et al. On the dynamics of students' approaches to learning: The effects of the teaching/learning environment [J]. Learning and Instruction, 2006, 16(4): 279 - 294.
③ RAMSDEN P. A performance indicator of teaching quality in higher education: The Course Experience Questionnaire [J]. Studies in Higher Education, 1991, 16(2): 129 - 150.
④ GRIFFIN P, COATES H, MCINNIS C, et al. The development of an extended Course Experience Questionnaire [J]. Quality in Higher Education, 2003, 9(3): 259 - 266.
⑤ MEYER J H F, PARSONS P. Approaches to studying and course perceptions using the Lancaster Inventory—a comparative study [J]. Studies in Higher Education, 1989, 14(2): 137 - 153.

习环境的改变主要包括引入旨在提高学生学习成果质量的小组学习活动。研究者通过学习过程问卷(SPQ)来测评学生深度学习。结果表明,在整个学期中,会计专业学生的深度学习表现出显著的小幅度增长,并且他们的浅层学习方法有显著的小幅度减少。该研究结果表明,深度学习可以通过改变学生的学习环境得到培育①。笛瑟斯研究了学生课程体验、学生学习方式、努力、能力与考试成绩之间的关系,并检查当前版本的课程体验问卷和学生学习方式量表结构的有效性。结果显示,课程经验、学生学习方式、能力与考试成绩呈显著相关。结构方程模型表明,浅层学习对学生课程经验与学业成就之间的关系起调节作用,而能力对学生考试成绩具有单独效应。这些研究结果表明,学习能力、学习方式对学业成绩有显著的独立影响,学生对学习环境的感知是其是否采用深度学习的重要预测因素②。

三、信息技术情境与学生深度学习的关系

深度学习是网络与信息时代全新的教育理论与学习方式变革的标志(何克抗,2018),也是实现学生高阶思维能力的关键预测因素(李和崔,2017)。高阶思维是成功的关键预测因素。大量精力被广泛投入于培养高阶思维,包括实施教学设计干预,使学习者参与复杂的认知活动。其中,一种具有代表性的设计方法是通过设计技术增强学习环境,来促进学习者的高阶思维活动。然而,要使这些设计因素发挥促进学生深度学习的功用,学习者因素,如认识论、信念、对技术使用的态度和学习方法,必须为设计干预奠定基础。李等人研究探讨了学习者因素如何在技术增强的学习情境下通过互动的方式影响高阶思维,共有487名来自韩国七所大学的本科生参与该研究。结构方程模型(SEM)表明,学习者的高阶思维受到深度学习方式显著影响,但不受与认识论相关的信念或对技术使用的态度的影响。相反,这两个因素通过学习者的深度学习间接地影响了高阶思维③。

在信息化时代学生深度学习如此重要,那么学生深度学习是否能在信息化时代中得到培养呢?何克抗针对网络时代的特征,提出动态的知识建构有助于催生高阶思维和深层认知能力,为达到深度学习的目标,教师需要通过树立科学的教育教育观念,运用有效的教学模式,建立新型学习共同体和智慧学习环境,通过具身认知来发展学生的问题解决能力和创新能力④。

实际上,信息技术到底促进了学生深度学习,还是阻碍了学生深度学习的发

① HALL M, RAMSAY A, RAVEN J. Changing the learning environment to promote deep learning approaches in first-year accounting students[J]. Accounting Education, 2004, 13(4): 489 – 505.

② DISETH Å. Approaches to learning, course experience and examination grade among undergraduate psychology students: Testing of mediator effects and construct validity [J]. Studies in Higher Education, 2007, 32(3): 373 – 388.

③ LEE J, CHOI H. What affects learner's higher-order thinking in technology-enhanced learning environments? The effects of learner factors [J]. Computers & Education, 2017, 115: 143 – 152.

④ 何克抗. 深度学习:网络时代学习方式的变革[J]. 教育研究, 2018(5): 111 – 115

展,这是一个在学界引起很大学术争论的话题。

2008 年尼古拉斯·卡尔(Nicolas Carr)发表了标题醒目的文章:"Google 在把我们变傻吗?""互联网如何毒化了我们的大脑",这些言论传递的信息是:大量使用的互联网对我们的大脑产生了不利影响,削弱我们的专注力和深度思考的能力。我们在互联网的浪潮中只能成为略读者,而不能真正地深度内化知识。

纽约时报 2009 年报道了儿童阅读领域权威研究专家玛丽安娜·沃尔夫(Maryanne Wolf)的一篇讲话:我丝毫没有怀疑,新媒介将会实现很多我们希望"阅读脑"达成的目标,特别是激励我们学会解码、阅读和体验可得的知识。但作为一名认知神经学家,我认为我们需要对此进行严谨的研究,即在比喻意义和生理层面上,我们的年青一代的阅读回路是否会出现短路。我最大的忧虑是,这些年轻的大脑对文本进行第一次解码后就再没有时间学会更深入地思考,他们的注意力被媒介四处拖曳,以前是眼花缭乱的信息、侧边栏,而现在可能是视频。

沃尔夫(Wolf)等人指出,数字文化加剧了注意力的快速转移,并且增强了各种干扰源,这使得速度较慢、认知要求更高的理解过程可能出现短路,但只有经过后者才能形成深度阅读和思考。如果任由这种趋势发展下去,我们可能会孕育出一种习惯于声音片段和思维碎片的文化,这种文化既不会培养其成员的批判分析能力,也不会使他们拥有深入思考的过程。

但对以上关于信息技术给学生学习带来不利影响的观点也有学者表示质疑。很多学者认为信息技术造就了能力很强的数字原住民。《洛杉矶时报》2010 年报道了查布里斯(Christopher Chabris)和西门斯(Daniel Simmons)的观点:

大脑线路的基本方案是由基因组和生物化学反应决定的,这部分工作在儿童使用脸书和推特之前就已经完成。没有实验室证据表明使用新技术能从本质上改变大脑的构造,进而对个体的专注力造成影响。

我国也有学者提出:

信息技术等网络技术的发展使教学和学习发生了重要变革,对学习环境、学习者和教师等各个要素都产生了深远的影响。网络学习环境突破了对学习时间和空间的限制,学习者可以随时随地学习,丰富的在线学习资源为学习者提供了更多的学习渠道,使以学习者为中心的个性化学习成为可能①。

(一) 信息技术是否促进学生深度学习

菲利尔斯(Filius)等人认为高等教育的目标是实现学生的深度学习,他们越来越多地鼓励各级学院发展在线课程并通过在线媒体提供在线教育。作为一种特殊的在线教育方式,SPOC 在过去十年中迅速增长。这些学者采访了 11 名 SPOC 教师,访谈内容主要围绕促进学生深度学习所面临的挑战。研究发现了在 SPOC 中实现深度学习的五个主要挑战:①学习活动之间的一致性;②对学生需求的洞察;③教学策略的适应性;④社会黏合性(social cohesion);⑤师生对话的创造。这些

---

① 金慧.在线学习的理论与实践:课程设计的视角[M].北京:清华大学出版社,2018:1.

结果表明,与其他形式的在线教育相比,SPOC 具有独特的挑战。相对于认知教学活动来说,教师需要更加重视教学活动的社会和情感层面。这项研究结果说明,尽管 SPOC 是一种在线学习方式,但它并不是主动促进学生深度学习,要达成此效果,教师需要参与 SPOC 的专业培训①。菲利尔斯等人(2018)的另一项研究也表明,在 SPOC 这种网络课程中要促进学生深度学习是一个挑战,但通过加强反馈对话作为可拓展的干预手段,可以促进学生深度学习。学生们以对话的形式提供同伴反馈,包括个人反馈和小组反馈。他们被要求对彼此的反馈进行评分,这是为了深度学习。研究结果表明同伴反馈指令和同伴反馈评级导致同伴反馈对话,进而促进 SPOC 中的深度学习。同伴反馈的价值主要来自它触发的对话,而不是反馈本身。对学生特别有帮助的是不断关注如何提供同伴反馈:通过教学,通过给反馈评级,进而促发学生反复思考。对话之所以得到加强,是因为学生会质疑同龄人的反馈,而不是教师的反馈。因此,他们的思考时间越来越长,也越来越深入,这使得他们能够深度学习②。可见,SPOC 等技术媒体要实现学生深度学习,需要我们更多关注其内在要素是否引发学生对学习的思考和投入,阿克约尔和加里森研究了在线和混合式学习环境中要实现学生深度学习和意义学习的方式,这需要我们关注学生的在线学习过程与结果。首先,在线学习有可能让所有学生都维持意义学习和深度学习。阿吉奥尔(Akyol)等人研究使用混合方法,对学习过程和结果的研究结果表明,在线上和混合学习课程中学生能够达到较高的认知水平和学习成果,且学生认知水平与感知的学习结果、实际的学习结果都相关③。其次,关注在线学习中的"互动"设计及维持学生在线学习投入是促进学生深度学习的关键。柯和谢(Ke & Xie)检验了成年学生在线上课程中的学习参与度,探讨线上课程设计模式与线上讨论类型对成年学生自我认知及可观察的学习表现的影响。研究结果表明,年龄本身并不能预测成年学生的学习满意度和学习成绩。相反,一个综合课程模型提高了学习满意度,而"内容+支持"课程模型则加强了知识的建设性的在线互动。封闭式讨论任务在支持学生在线学习成功方面存在不足④。阿灵森(Allinson)研究了计算机支持下的学生学习环境与学生学习方式之间的关系。研究发现,支持学生学习的环境不仅需要支持学习者执行各种任务(包括学习和信息检索),而且还需要提供灵活性,以便他们能够确定自己的引导或学习策略来完成这些任务。该文报告了对使用者行为及其与个体学习风格的关系的调查。这些选

① FILIUS R M, KLEIJN R A M D, UIJL S G, et al. Challenges concerning deep learning in SPOCs [J]. International Journal of Technology Enhanced Learning, 2018, 10(1-2): 111-127.

② FILIUS R M, KLEIJN R A M D, UIJL S G, et al. Strengthening dialogic peer feedback aiming for deep learning in SPOCs[J]. Computers & Education, 2018, 125: 86-100.

③ AKYOL Z, GARRISON D R. Understanding cognitive presence in an online and blended community of inquiry: Assessing outcomes and processes for deep approaches to learning [J]. British Journal of Educational Technology, 2011, 42(2): 233-250.

④ KE F, XIE K. Toward deep learning for adult students in online courses [J]. The Internet and Higher Education, 2009, 12(3-4): 136-145.

择了高复制性的学习方法的受试者倾向于更线性和结构化的信息呈现,并且以较慢的速度浏览屏幕。高意义组则表现出更积极的使用,特别是在系统使用的初期,显示出较多使用自定超文本链接作为导航策略,并似乎更积极地搜索材料①。

（二）网络环境是否能促进学生深度学习是存在争议的

阿哈罗尼（Aharony）研究了网络环境下学生英语学习中深度和浅层学习策略的运用情况,网络环境实际上不能改变学生的学习方式,短暂的接触并不能促进学生深度学习。在这项研究中,学生学习过程是通过比格斯和摩尔 1993 年提出的教—学评估框架来检测的,旨在探讨以色列 1148 名不同社会经济背景的初、高中英语学习者在网络环境中使用深度和浅层策略的情况。研究对象是以色列 148 名初中和高中学生。研究采用特殊的计算机软件——屏幕摄像机,记录学生的学习过程。专家评审完成一份调查问卷,这份问卷主要是让专家对学生的学习策略进行审核和分类。研究结果表明,所有社会经济背景的参与者对浅层学习策略都有明显的偏好。中高社会经济背景的学生比低社会经济背景的学生更经常同时使用这两种学习策略。研究结果反映了学生在整个教育生涯中养成的习惯,与网络学习环境的短暂接触并不能改变非网络学习环境中习得的规范或习惯②。在计算机辅助学习环境下,并不是所有学生都采用深度学习,即学生学习方式仍然存在很大的差异。贝遂珍（Beishuizen）等人（1999）研究了计算机辅助学习环境中的学生的学习方式、学习策略与学习结果的差异。计算机辅助学习环境（Computer Assisted Study Environment,简称 CASE）是一种诊断学习问题的工具,可与学习方式问卷和临床访谈一起使用。该研究对 41 名学生在 CASE 环境下学习课本章节观察了一小时,一小时的学习被分为 3 个阶段,明确了定位、规划和执行阶段。该研究进行了学习方式问卷调查、学生阅读速度测评,也预测了学生对学习任务内容的了解情况,并将这些数据与 CASE 环境中收集的结果和过程指标整合,以了解学生学习过程中存在的问题。在 CASE 环境中学习策略的过程和结果指标揭示了深度学习和浅层学习的学生在定向和计划活动方面的差异。然而,学生深度学习和浅层学习的差异并不能通过对学生实际学习行为的观察得出。但在观察实际阅读和处理信息前后的学习活动时,浅层学习和深层学习之间的差异明显。就学习效果而言,深度学习的学生比浅层学习的学生获得更好的学习效果。深度学习的学生对诊断性学习任务的主题了解较多,阅读速度较快。两种学生的特点都显著地影响了学生的学习结果③。可见,网络环境并不保证学生维持深度学习,我们需要更多关注

① ALLINSON L. Learning styles and computer-based learning environments ［C］//International Conference on Computer Assisted Learning. Springer，Berlin，Heidelberg，1992：61 - 73.

② AHARONY N. The use of deep and surface learning strategies among students learning English as a foreign language in an Internet environment ［J］. British Journal of Educational Psychology，2006，76（4）：851 - 866.

③ BEISHUIZEN J J，STOUTJESDIJK E T. Study strategies in a computer assisted study environment ［J］. Learning and Instruction，1999，9(3)：281 - 301.

是哪些要素能维持学生在网络环境下的深度学习。

(三)网络情境下促进学生深度学习的关键要素

在网络情境下,为促进学生深度学习,有些学者建议使用现象学习,也有学者提倡使用形成性反馈。总之,深度学习并不是在信息技术加入之后自然生成的,而是通过各种方式培养的。基于现象的学习是瑞典哥德堡大学教育研究小组提出并使用的一种教学方法。它介于宏观层面和微观层面之间。近年来,现象学习在西方教育研究领域的实证研究得到了广泛的认可。同时,值得注意的是,MOOC 是否会颠覆大学传统的教学方法一直是一个热门话题,学界从狂热地追求 MOOC 到理性地反思 MOOC。世界各国的教育研究者都希望借助 MOOC 的力量,探索一种新的教学模式,以提高现代高等教育的质量和效率,使现象学习在 MOOC 教学模式中的应用成为可能。黄(2017)试图对个体经验现象所涉及的数量差异和质的差异进行必要的分析,以改善制约 MOOC 自身的影响因素,从而释放微观主体(教师和学生)的活力,弥补 MOOC 相对于传统教学的局限性[①]。在大班额课堂环境下,个性化的师生互动比较困难,但形成性反馈等师生互动是促进深度学习的核心。虽然学界在简答题自动评分方面已经取得了进展,但通过大规模分析学生反应来支持形成性反馈在实践中尚未得到广泛应用。由于分析学生的书面反应可以了解学生内在概念,它对教师的行动很有启示。因此,通过分析学生的反应来直接向教师提供反馈,同时也给学生提供个性化反馈是一个很有价值的目标。考虑到目前自然语言处理的先进水平,这个目标是可以实现的。麦克唐纳德(McDonald)等人分析了一个大型的一年级健康科学课程背景下学生对简答题作出的书面回答。每个问题的设计都是为了引出学生的深度回答。他们的定性分析说明了学生回答的多样性,揭示了这些回答、课程材料和提出的问题之间的多重关系。这些信息对于教师的实践是非常有用的。最后,他们用一个"仪表盘"对学生的回答进行分类,并揭示学生回答、课程资源和问题之间的关系。这种仪表盘可以为教师提供及时、可操作的见解,对帮助培养学生的深度学习起到很大的作用[②]。柯颇(Cope)等人报道了一项旨在提高在本科生信息系统(IS)学科中使用深度学习方法的大学生比例的干预措施。这项研究确定了采用深度学习的学生所感知到的学习环境因素。这些因素被用来设计和完善五年来对 IS 学科学习环境的小规模干预。为了调查干预措施的影响,研究每年根据学生简答题的书面回答,通过李克特量表对学生的学习方式进行评估。在研究的第五年,研究发现使用深度学习方法的学生比例显著增加。在许多重要的学习环境因素中,对工作负荷的感知似乎是影响学生使用深度学习的关键因素。通过逐渐减少工作负荷,同时又能满足学习目标的要

① HUANG J. Phenomenography-based study on MOOC deep learning mode[J]. Eurasia Journal of Mathematics,Science and Technology Education,2017,13(11):7599 – 7604.

② MCDONALD J,BIRD R J,ZOUAQ A,et al. Short answers to deep questions:supporting teachers in large-class settings[J]. Journal of Computer Assisted Learning,2017,33(4):306 – 319.

求可以实现更多学生采用深度学习,但更多的学生认为他们若有足够的时间,也会采用深度学习[1]。这项研究表明,学生采用深度学习与工作负荷、目标达成以及学生的时间有关,而与信息技术环境没有太多关联。目标合理、工作负荷适当、学生有足够的时间,那么深度学习才会有可能产生。除了网络环境下学生的学习情况以外,崔(Choi)等人以户外夏令营为背景,探讨儿童在移动学习中的问题解决能力。他们在自然公园中心小路上设计了一个移动应用程序来支持儿童应用有关树木生命周期的策略。该研究主要通过对学习事件的主题定性分析,分析了十组儿童(9 岁至 12 岁)的视频记录。他们分析了儿童如何在移动平板电脑的帮助下使用解决问题的策略识别和捕获树循环。研究发现,移动学习体验及外在表征支持以下结论:儿童可以在自然情境下进行深度学习,这可以通过学生将摄影证据和决策进行协调使用来证明;儿童可以使用程序或战术策略来解决问题;儿童可以就树的生命周期使用实时决策策略[2]。

从以上研究可以获得这样的结论:第一,深度学习是信息技术时代学生必须具备的学习方式和特征,这是实现学生高阶思维、获得核心素养、适应未来生活的必由之路;第二,在网络环境和技术支持下深度学习可以实现,也可以受到阻碍,主要取决于技术如何使用、环境如何设计;第三,在网络和技术情境下,给学生提供个性化反馈、学习支持,以及帮助学生设计目标、降低工作负荷等是促进学生深度学习的关键。

第三节　深度学习与学生学习结果的关系及可培育性

一、深度学习与学生学业成绩的关系

（一）深度学习与学业成绩的复杂关系

针对菲律宾学生的一项研究表明,深度学习方式、成就型学习方式与学生的学业成绩高度相关[3]。尽管文化背景和教育系统不同,但学习方式都是影响学生学业成就的关键变量。在这项研究中,伯纳多(Bernardo)通过学习过程问卷(LPQ)来判断学习方式对菲律宾大学生学业成绩的影响。该研究结果显示,①LPQ 是检测非低学业成就学生学业成绩的有效工具;②在控制了学生已有学业成绩和学校能力变量之后,深度学习和成就型学习与学生的学业成绩呈正相关;③除个别情况之外,在 LPQ 所测的数据与学生学业成绩的关系上,男女生差异不大。史密斯

① COPE C, STAEHR L. Improving students' learning approaches through intervention in an information systems learning environment [J]. Studies in Higher Education, 2005, 30(2): 181-197.
② CHOI G W, LAND S M, ZIMMERMAN H T. Investigating children's deep learning of the tree life cycle using mobile technologies [J]. Computers in Human Behavior, 2018, 87: 470-479.
③ BERNARDO A B I. Approaches to learning and academic achievement of Filipino students [J]. The Journal of Genetic Psychology, 2003, 164(1): 101-114.

(Smith)等人通过质性研究发现,在写作练习中,学生的深度学习体现为:学生的写作方式影响学生的写作输出。该研究揭示了学生写作上概念结构水平的高低影响学生在每个写作阶段处理任务的方式,学生如何构造写作任务并在其中扮演重要角色。学生是否以一定的顺序呈现某一话题相关内容或构造一个观点,产生一篇行为通顺的文章,这种写作方式对学生的产出有显著影响。该研究建议提升学生写作能力要从脱节的技能训练,转向强调对于内容的理解和真实的写作能力之上①。帕克(Parker)等人应用混合实验法研究美国大学预修课程(Advanced Placement,AP)中如何实现学生深度学习,以及深度学习与学生 AP 成绩的关系。该实验在四所学校的 12 个课堂中进行,有 289 名学生当时正处于 AP 扩招追求全优的情况下参与研究。研究发现,一种准重复课程项目可以产生 AP 考试高分,但是对于深度学习评估只有地板效应②。丹和托德(Dan & Todd)探索深度学习策略在历史学习过程中如何调节兴趣和学习成绩之间的关系。研究对象为中国七年级学生。数据分析表明浅层学习策略与学习效果呈负相关,历史成绩差的学生更可能采用浅层学习,因此浅层学习对兴趣与学习成绩起调节作用,但是深度学习策略并没有相同的作用③。深度学习强调综合与反思、学生学习投入等。由于学习是学生和教师之间的共同责任,所以明确教师是否强调深度学习以及深度学习和教育结果之间的关系就显得很重要。莱德(Laird)等人研究了 8 000 名大四学生以及 10000 名教师,发现深度学习在不同领域有很大的差异,使用深度学习的大四学生学习成果更多,成绩更好,对大学满意度更高,而这些关系的显著性与学科有关。这些研究表明,深度学习积极影响学生学习成绩,但学生对于深度学习方法的使用与他们的智力发展、对学校的满意度等因素有关④。

(二)学生深度学习对学生学习结果的正向预测

深度学习的概念包含学生的学习认知、动机、策略等,因此它对学生学业成绩往往具有积极正向的预测作用,这一点在很多研究中都可以提到体现。首先,深度学习对学生"量化类"学业成绩具有正向预测作用,这类研究通常用学生考试分数、学生学业成绩平均绩点来表示。萨拉门森(Salamonson)比较了健康与科学专业不同学科学生的人口分布特点与学习方式,探索学习方式和学业成绩之间的关系。该研究发现,五个学科组中学生浅层学习使用从数据上看不出多少差异,但是在深

① SMITH D, CAMPBELL J, BROOKER R. The impact of students' approaches to essay writing on the quality of their essays [J]. Assessment & Evaluation in Higher Education,1999,24(3):327-33.
② PARKER W C, LO J, YEO A J, et al. Beyond breadth-speed-test: Toward deeper knowing and engagement in an Advanced Placement course [J]. American Educational Research Journal,2013,50(6):1424-1459.
③ DAN Y, TODD R. Examining the mediating effect of learning strategies on the relationship between students' history interest and achievement [J]. Educational Psychology,2014,34(7):799-817.
④ LAIRD T F N, SHOUP R, KUH G D, et al. The effects of discipline on deep approaches to student learning and college outcomes [J]. Research in Higher Education,2008,49(6):469-494.

度学习上差异明显。高年级学生以及选择英语作为补充语言的学生更有可能使用深度学习。在控制期内以及英语使用上的工作时间，浅层学习和深度学习都能独立准确预测出学业成绩。这进一步论证了教师要重视使用培养深度学习的教学方法来提升学生的学业成绩。卡魔拉－普雷姆滋克（Chamorro-Premuzic）探讨学生个性、能力、深度学习与学业成绩的关系。此研究的研究对象是伦敦大学学院 158 名本科生，学生年龄从 18 到 21 岁，女生占 70%。该研究的路径分析显示学业成绩的能力影响受到个性和学生深度学习的调节。考试成绩与深度学习、勤奋、开放程度以及智商密切相关；深度学习与开放程度、智商和流体智力密切相关；智商与经验开放性密切相关，流体智力与勤奋程度密切相关，两种能力测试相互密切相关，成绩与浅层学习也是呈负相关。塞拉（Sæle）等人的研究发现深度学习和策略学习能够积极预测 GPA，调节作用分析显示策略学习也能部分调节深度学习和 GPA 的影响。拖延症较少也与策略学习有关，但是拖延症倾向无法预测 GPA。伯斯（Booth）等人调查了澳大利两所大学会计学学生的深度学习等学习方式，以此与之前的澳大利亚艺术、教育和科学汇报的数据进行比较。结果显示，会计学学生的学习方式对于他们的成绩有所影响。比较研究发现，会计学学生学习方式具有相对较高程度的浅层学习和较低程度的深度学习。较高的浅层学习与较低的学业成绩有关。特里格威尔等人的研究结果进一步支撑了学生深度学习对学生学习结果有很重要的影响。然而在这个研究中还发现已有的评价任务不能检测学生学习结果在质上的差异。目前大规模教学中讲座式教学主要关注学科专业术语和基本概念的传递，不太注重批判性思维的发展，这样的教学往往对学生发展深度学习等能力不利，也对学生学业成绩不利。

其次，深度学习对学生的"质性"学业成绩具有正向预测作用。德拉伏安德（de la Fuente）等人分析了复原能力（衍生性动机变量）、学习方式（元认知变量）、克服学习压力的策略（元情绪变量）以及学习成绩之间的线性关系。来自西班牙南部地区一所大学的 656 名学生完成了相关问卷：心理复原能力量表、应对策略量表以及学习过程量表。研究发现，复原能力、深度学习以及以问题为中心的应对策略之间呈现明显的正相关线型关系。这些变量能正向预测大学生的学业成绩。这些结果也使得在所研究的变量之间形成了一种线型的、持续的、有差异性的预测关系[①]。

比格斯研究还证明了学生深度学习对学习结果的结构复杂程度具有预测作用。学习的质量运用 SOLO 分类法通过观察学习结果的结构复杂程度来体现。最初的研究包含了 60 名本科生对于教育研究摘要的回应，其中 SOLO 水平以及事实材料的长短期的维持与研究过程有关。在学习质量方面，要求学生关注细节的指令最后得出的 SOLO 水平较低，但之前没有让他们关注细节的指令最后反而得出

① DE LA FUENTE J，FERNÁNDEZ-CABEZAS M，CAMBIL M，et al. Linear relationship between resilience，learning approaches，and coping strategies to predict achievement in undergraduate students ［J］. Frontiers in Psychology，2017，8：1039.

较高的 SOLO 水平;在学习数量方面,学习过程中得到关注事实指令的学生在即时以及之后都能回忆出较多的事实。成绩好的学生能够在即时测试中回忆出更多的事实和细节,但是这种回忆效果在一周以后就消失了。[①]

二、深度学习与学生非学业成绩的关系

(一) 学生深度学习与学生自我效能感的关系

自我效能是指个体对自己是否有能力完成某一行为所进行的推测和判断,学生若想学得好,强烈的自我效能感是不可或缺的。深度学习作为一种高品质的学习方式也自然与学生的自我效能相关。班杜拉(Bandura)认为学生可以通过四种途径来提高他们的自我效能感,这四种途径分别是:任务的完成度;替代性经验;言语说服;生理状态。张设计了问卷来测量学生对学习策略、教师教学策略的感知,目的是为了探索学生自我效能感如何通过教学来提升(efficacy-enhancing teaching),这可以为班杜拉提出的四种效能感培养路径提供有用的信息。文中运用了结构方程模式(SEM)检测假设的中介模型,假设的内容为:效能感提升教学能够通过使用诸如元认知控制策略等的深度学习策略来提升学生们的自我效能感。共有来自香港九所中学的 590 名学化学的学生参与了调查。该研究发现效能感提升教学直接影响着学生的自我效能感水平。同时,效能感提升教学直接影响着学生深度学习策略的使用,这一点反过来又会影响学生的学科自我效能感[②]。

从理论上看,教育心理学中的两大理论——学生学习方式(SAL)以及自我效能感广泛运用于解释和预测学生的学习质量和学业成绩。有很多的研究都论证了个人自我效能感和他们的学习方式呈正相关。有些研究通过结构方程模型分析发现,积极的自我效能感和深度学习结合起来作用于学生的学业成绩,但学业成绩对自我效能感没稳定预测作用。范恩(Phan)使用潜增长曲线模型来探索两年内学生的自我效能感、深度学习和浅层学习的最初状态与变化轨迹的。研究发现,学生自我效能感最初的水平对于学生深度学习的变化有很大的影响;学习和学业上的成功与失败可以作为学业能力上的一种表现;以往大学学习经历对于学生学习早期的自我效能感有独特的作用。随着时间的推移,学业经历不太能预测得出自我效能感的增加[③]。

(二) 学生深度学习与道德推理的关系

国际上还有些研究说明深度学习对学生的道德推理有一定的影响,这对我国

---

① BIGGS J. Individual differences in study processes and the quality of learning outcomes [J]. Higher Education,1979,8(4):381-394.

② CHEUNG D. The combined effects of classroom teaching and learning strategy use on students' chemistry self-efficacy [J]. Research in Science Education,2015,45(1):101-116.

③ PHAN H P. Interrelations between self-efficacy and learning approaches:A developmental approach [J]. Educational Psychology,2011,31(2):225-246.

目前强调的立德树人、学科育人的理念在学科实践中的开展有一定的帮助。麦修（Mayhew）等人探索了学生深度学习对于道德推理发展的影响。他们以 19 个学校的 1457 名大一学生为研究对象，研究结果表明，在控制了学生进入大学前道德推理发展这个变量的条件下，大一结束的时候，深度学习与道德推理呈弱正相关。在控制了一系列人口分布、相关学生特点等变量之后，发现在大一学生之间综合学习的各因素（用来获得学生活动的参与程度，这些活动旨在融合各种渠道以及各种观点的信息）与道德推理发展呈现正相关。在大一学习期间，学生深度学习经历和道德推理发展之间有可能存在密切的关系；但学生的背景特点和课程模式对于他们的深度学习和道德推理发展之间的关系没有显著影响①。因此，深度学习应融入学科育人的课程改革中，以实现国家立德树人的目标。

三、学生深度学习的可培育性

深度学习不管是作为目标、方式，还是结果都是令人期待的，也是教育者和教师教育者应该努力的方向。那么深度学习可以培养吗？它可以通过一定的干预手段得到发展吗？很多学者在这个方面作出了一定的探索。

（一）通过特定教学法和教学策略的创新来培育学生深度学习

首先，在原有课程中加入小组讨论与评价改革来培养学生深度学习。诺顿（Norton）等人尝试通过由 8 个研讨会组成的学习方式计划，来提高心理学一年级课程的学生学习质量。他们在课程开始和结束时收集了学生学习概念的书面记录。内容分析表明，在项目结束时，参加过半数以上研讨会的学生学习概念发生了显著变化，学生的学习概念变得复杂。参加研讨会的学生比未参加这些研讨会的学生获得更高的论文与考试成绩。但是当研究学生深度学习和持有更复杂的学习概念转变对学业成绩的影响时，研究结果并不确定。根据现有学业测评，考试成绩或论文表现并没有从学生深度学习和学习概念中受益。该研究显示，提高学生学习质量除了培养学生深度学习和复杂概念之外，也需要对学生学业评价进行改革②。

其次，实施基于问题的学习（PBL）等面向真实问题解决的教学方法促进学生深度学习。PBL 作为一种教学法，使用真实的人工制品（artefacts）反映现实世界的情况，让学生通过与同龄人的合作来练习解决问题的技能。PBL 是在澳大利亚昆士兰的一所地区大学开设的基础护理课程中引入的。马丁（Martyn）等人探讨了护理学学生的个体特征与学习环境的感知、PBL 模式教学、学习方法和批判性

① MAYHEW M J, SEIFERT T A, PASCARELLA E T, et al. Going deep into mechanisms for moral reasoning growth: How deep learning approaches affect moral reasoning development for first-year students [J]. Research in Higher Education, 2012, 53(1): 26 - 46.

② NORTON L S, CROWLEY C M. Can students be helped to learn how to learn? An evaluation of an Approaches to Learning programme for first year degree students [J]. Higher Education, 1995, 29(3): 307 - 328.

思维技能准备之间的关系。该研究以生态学视角为指导,旨在检验护理学学生的生态环境以及这些环境对他们学习方式及批判性思维技能的影响。通过分层线性建模得出的结果表明,PBL教学方法的各个方面影响了学生深度学习,从而影响了他们的批判性思维技能准备[①]。

(二)通过课程设计来培育学生深度学习

也有学者通过课程设计来培养学生深度学习。如何使用课程设计原则来调整真实的学习环境与评价,促进学生深度学习和最终学习质量的提升? 这也是学界最终需要关注的话题。梅耶斯(Meyers)等人在研究中阐述了课程设计的五个原则,并说明了它们在本科课程中的应用。为了应用这五项原则,他们创建了一个学习环境,其中包括广泛的学习资源和活动,通过综合评估策略对这些活动进行结构化和排序。这种综合效果确保创建的学习环境、学生使用的思维方式和他们取得的学习成果之间保持一致性。更具体地说,评估活动引导学生认识到他们的理解时间有限,然后让他们进一步发展他们理解的思维方法。通过提供思想、想法和信息的框架,寻求逐步提高学习者思维的复杂性。因此,评估要求学生以与他们所开展的学科和专业途径相一致的方式整合、综合和建构他们的理解。这个例子可以作为教学中采用相同原则课程设计的指南[②]来帮助学生实现深度学习。

(三)通过行动与追踪研究来培育学生深度学习

行动研究也是被学界用于培养学生深度学习的另一种方式。在大班额和小组学习环境下,学生未必进行深度学习;相反,学生往往在大班额课堂中开展的小组讨论环节昏昏欲睡。那么学生的深度学习是否能通过学者和教师的行动研究得到改进? 赫灵顿(Herington)等人通过行动研究探索大一学生在大班额的环境下如何进行深度学习。通过对学生学习的调查发现,学生们在辅导小组中接触到更多以学生为中心的教学风格,这种教学风格鼓励学生深度学习和自我调节的学习行为。尽管该项目成功地激发了学生参与课堂活动,但是并没有明显改变学生持续深度学习行为。研究结果表明,仅仅激励学生参与课堂并不一定会改变整体学习方式,至少在短期内如此。这表明,从浅层学习到深度学习的过程需要不止一次课程干预。然而,有证据表明,以学生为中心的课堂情境、深度学习和自我调节的学习能为师生带来更积极的学习体验[③]。常(Chung)等人结合行动研究,探讨如何在通过以学生为中心的PBL主题课程中促进学生深度学习。该研究旨在重新设计

① MARTYN J, TERWIJN R, KEK M Y C A, et al. Exploring the relationships between teaching, approaches to learning and critical thinking in a problem-based learning foundation nursing course[J]. Nurse Education Today,2014,34(5):829 - 835.

② MEYERS N M, NULTY D D. How to use(five)curriculum design principles to align authentic learning environments, assessment, students' approaches to thinking and learning outcomes [J]. Assessment & Evaluation in Higher Education,2009,34(5):565 - 577.

③ HERINGTON C, Weaven S. Action research and reflection on student approaches to learning in large first year university classes [J]. The Australian Educational Researcher,2008,35(3):111 - 134.

现有的 PBL 学科课程,以满足学生的学习趣和需求研究者。根据学生对 PBL 的认知,建立了一个由学生和教师组成的学科规划团队(SPT)来设计以学生为中心的 PBL 学科课程,旨在解决学生之前遇到的困难。该研究让学生采用以问题为导向的方法进行学习,并使学科的内容和评估与学生的学习需求和潜力保持一致。该研究还通过学生的学习成果和主题的质量来促进学习,质量与之前的 PBL 实施相比,学生表现出更强的学习动机,并取得了更好的学习成果,学生深度学习在这个行动研究中得到实现。这个行动研究强调将学生的学习能力与正确类型的学习活动相匹配是促进学生深度学习的关键[1]。

通过纵向追踪研究,发现培养学生深度学习的关键要素。弥丽(Miri)等人的纵向案例研究旨在探讨在科学教育的框架内,如何有目的地培养学生的高阶思维技能,以帮助学生提高他们的批判性思维等深度学习能力。在高中学生的前、后、后实验设计中,学生被分为三个研究组。实验组(n=57)由接受过旨在提高高阶思维技能的教学策略的理科学生组成。另外两组:科学专业(n=41)和非科学专业(n=79),接受传统教学,并充当控制组。通过使用批判性思维评估工具,我们发现实验组在批判性思维技能组成部分和对批判性思维分量表的处理方面表现出统计学上显著的改善,例如求真、开放、自信和成熟。研究结果表明,如果教师有目的地并坚持不懈地实践高阶思维策略,例如在课堂上处理现实世界的问题,鼓励开放式课堂讨论,以及促进探究性实验,那么就有可能促进批判性思维能力后续的发展[2]。范恩也通过一项纵向研究解释和加强深度学习的培养路径。教育心理学研究的一个重要方面是研究个体认知动机过程的变化。例如,纵向数据与潜在生长曲线建模程序的联合使用使研究人员能够识别初始水平并跟踪理论变量的轨迹,如随时间变化的自我效能。这位研究者的研究描述了深度学习、掌握目标和自我效能随时间变化的关系。195 名二年级大学生(100 名女生,95 名男生)最终参加了研究。长达两年的研究表明,学生深度学习方法、掌握目标和自我效能的增长有所增加。

从深度学习本身的测评来看,主要是将深度学习作为一种学习方式来看,但深度学习的培育并不是一个简单的过程。以往研究显示,深度学习是一个复杂的培养过程,需要通过情境设计、教学方法设计、教学方式与策略调整与实施等要素来促进学生深度学习。

---

[1] CHUNG J C C, CHOW S M K. Promoting student learning through a student-centered problem-based learning subject curriculum [J]. Innovations in Education and Teaching International, 2004, 41(2): 157 - 168.

[2] MIRI B, DAVID B C, URI Z. Purposely teaching for the promotion of higher-order thinking skills: A case of critical thinking [J]. Research in Science Education, 2007, 37(4): 353 - 369.

第五章　英语深度学习的发生原理及培养策略

　　深度学习是培养学生 21 世纪技能与核心素养,为学生未来生活和发展奠基的学习,因此探究深度学习的发生原理与培养策略是当下学界最为关心的话题。本章通过分析大量实证研究文献发现:深度学习的概念在核心素养背景下已经发生了根本性的演变,从学习方式进阶为追求更高学习目标的一种素养。深度学习是在大量调查、实验等实证研究下所形成的镶嵌于课堂和学校情境中、通过各种情境、教学和学习方式的变革而达成的学习目标,其发生的原理是情境、心理和教学干预的共同作用下的结果。学界可以通过场域等六种设计策略、项目化学习等三种教学策略,以及表现性评价等 3 种有别于传统评价方式的替代性评价策略来培养学生的深度学习。

第一节　英语深度学习的概念解析

　　在培养学生 21 世纪技能,让学生获得未来生活所需要的核心素养的课程变革大背景下,深度学习几乎成了当下教育界的热词。深度学习不管是作为一种学习方式的变革,还是学习结果的提升,抑或是学习态度的转变都是学界关心的话题。探明深度学习的发生原理,为培养深度学习提出基于证据的策略是学校教育工作者、家长和社会共同的需求,也是为学生将来发展奠基的一项需要长期努力的工程。

　　深度学习从 20 世纪 70 年代瑞典哥特堡大学马顿和萨尔约对大学生学习动机、意图、和策略的研究中发展而来,旨在改变大学讲授式的教学方式,促进大学生高效地学习。经过三四十年的发展,深度学习的概念已经从一种学习方式到一种多维的学习结果,又实现了从多维的学习结果到一种学习理论的转变。目前在国际研究范围内追求 21 世纪技能和核心素养培育的目标下,各种深度学习的概念不断发展和融合,形成深度学习是一种方式、态度和多维学习结果的概念,这向我们发展学生深度学习提出了更严峻的挑战,也向学术界提出更多研究深度学习的要求。本章通过综合分析以往概念,提出英语深度学习的概念。

一、作为一种学习方式的英语深度学习

　　作为一种学习方式,学习过程具有深度加工过程和浅层加工过程之分。深度

加工过程的学习其意图、动机、策略与结果与浅层学习有很大的区别。学生学习的目的在于获得对学习材料的理解,剖析作者所传达的思想和意义,学习者采用的动机是内部的,内驱力在深度加工学习过程中扮演着重要的角色,学习者采用相应的深度加工的策略,而学习结果就是获得意义。浅层学习的目的是为了通过某种测试,其动机是属于外部的,当外部动机消失的时候,学生的学习积极性就会随之消失,因此学生会将注意力放在"材料"上,学生主要采用复制性的、死记硬背的学习策略,其结果是通过测试或完成教师布置的任务等①。深度学习作为一种学习方式,也被认为是一种理解性学习。理解性学习并不是让学生仅仅停留在对概念的了解、明白和知道这样的浅层学习上,而是让学生在理解的基础上形成一种深层次的思考,如解释、思辨、推理、应用、创造等。这样的深度学习是建立在对当下社会的需求上。在人工智能崛起的信息化时代中,很多重复性和记忆性的劳动都可以用计算机来取代,重复、记忆、了解等浅层学习已经不能适应当下社会发展的需求,当下社会需要的是一种具有意义的知觉模式、大量的知识经验存储、强大的计划和监控等专家知识与技能。因此,基于理解的学习就需要学生用围绕学科核心概念、关键知识、应用主题等方面,从多个视角对知识进行表征,并能在真实、复杂的情境中应用知识,这样的学习被证明有助于学生道德认知水平、同理心等行为模式的提高②。从时代的需求来看,作为一种学习方式,深度学习也是注重迁移过程的学习,即学生需要考虑在一种情境下学习的知识能够在新情境下使用,课堂中学习的知识能够在社会中获得应用③。这也是由当今世界对 21 世纪人才的需求所决定。这种深度学习的概念建立在学习动机、学习策略、学习情境和学习结果之上,因此常常与批判性思维、自我调节(self-regulation)、基于问题的学习(problem-based learning)相提并论。

二、作为学习结果的英语深度学习

作为学习结果的深度学习具有两类,一类是从单维度对学生学习结果进行界定,比如布鲁姆目标分类学是从认知、辛普森是从动作技能、克拉斯沃是从情感的角度、比格斯是从思维结构的角度对学生学习结果进行深度和浅层的区分,从而界定深度学习;另一类是从"培养什么样的人"的综合角度对学生深度学习进行界定,这一类研究主要是以美国弗洛拉基金为代表,从认知、个人和人际互动等维度对学生学习结果进行界定,从而勾勒出深度学习是什么。

(一)作为单维学习结果的学生英语深度学习

布鲁姆目标分类学从认识的角度将学习结果分成记忆、理解、应用、分析、评价、创造,那么浅层学习就是记忆和理解,而深度学习必须要实现学生从理解到应

---

① 刘丽丽. 基于 SOLO 分类理论的小学生深度学习评价研究[D]. 上海:华东师范大学. 2016:13 - 14.

② 刘月霞,郭华. 深度学习:走向核心素养[M]. 北京:教育科学出版社,2018:8 - 9.

③ 曾家延,董泽华. 学生深度学习的内涵与培养路径研究[J].基础教育,2017(8).

用、分析、评价和创造的发展。辛普森是从动作技能的角度,将学习分成有指导的反应、机械动作、复杂的外显结构、适应和创新,其中有指导的反应和机械动作属于浅层学习,而后面的三个水平属于深度学习的结果①。克拉斯沃将情感分为接受、反应、价值评价、组织和价值体系个性化,其中接受和反应属于浅层学习,而价值评价、组织和价值体系个性化属于深度学习②。比格斯也是从学习结果分类学对深度学习进行界定,他认为,要区分学生学习结果的差异并不能只是从学生答对问题的数量去判断,而是要通过学生回答问题的质量来判断,因此他通过学生回答问题所呈现的结果来判断学生的思维结构,将学习分成无学习、浅层学习和深度学习,前结果属于无学习水平,单一结果和多元结果属于浅层学习水平,而关联结果和抽象拓展结果属于深度学习水平。韦伯(Webb)通过对知识水平的界定来描述深度学习。韦伯开发知识深度水平主要是用于判断课程标准与测试之间的一致性水平,即测试在多大程度上反映了课程标准的要求。韦伯将知识深度分成 4 个水平,分别是:DOK1—回忆/复述,DOK2—技能/概念,DOK3—策略性思维,DOK4—扩展思维。每个层次反映了完成任务所需要的不同认知期望和知识深度③。单一维度的深度学习在开发与界定的时候都有各自的背景和起点,但有些方面存在重合,比如知识深度水平与布鲁姆目标分类学的认知维度存在一定的交叉,它们的最大差异在于前者是四级,后者是六级,且在应用上也有一定的差异。若将英语深度学习作为单一的学习结果来判断显然有点偏离了深度学习的核心。

(二) 作为多维学习结果的学生英语深度学习

从社会发展的角度看,我们需要的是一个健全的人,核心素养是对此作出的最为恰当的回应。核心素养是对 21 世纪社会需要什么样的人作出的回答,它需要学生获得关键能力、必备品格和正确价值观。因此,我国学者从学习结果的视角就深度学习达成共识并认为:"深度学习是在教师引领下,学生围绕具有挑战性的学习主题,全身心积极参与、体验成功、获得发展的有意义的学习过程。在这个过程中,学生掌握学科的核心知识,理解学习过程,把握学科的本质及思想方法,形成积极的内在学习动机、高级的社会性情感、积极的态度、正确的价值观,成为既具独立性、批判性、创造性又有合作性精神、基础扎实的优秀的学习者,成为未来社会历史实践的主人④。"不管是在研究深度学习的动机方面,还是在对深度学习的内涵诠释方面,我国学界对深度学习的理解与美国深度学习专门研究机构的研究结果非常相似。美国威廉和弗洛拉·休利特基金会把深度学习界定为认知、个人和人际三个维度,包括掌握核心学科内容、批判性思维和问题解决、有效沟通、合作能力、

① 戴歆紫,王祖浩.国外深度学习的分析视角及评价方法[J].外国教育研究,2017,44(10):45-58.

② 张浩,吴秀娟,王静.深度学习的目标与评价体系构建[J].中国电化教育,2014(7):51-55.

③ Depth of Knowledge (DOK)Overview Chart[EB/OL].[2019-07-10]. http://www.niesc.k12.in.us/index.cfm/staff-development/public-consulting-group-co-teaching-session/depthofknowledgechart-pdf.

④ 刘月霞,郭华.深度学习:走向核心素养[M].北京:教育科学出版社,2018:32.

学会学习和学术心态六个指标的概念。这个概念是建立在学生适应未来生活应该具备什么样的技能和能力的理念之上，是对学生综合能力的要求。近年来美国在这一领域有一定的研究，为开展促进学生深度学习、达到深度学习结果做好了科研和教学上的准备。这一概念虽然与课程改革理念相符合，英语深度学习作为多维、复杂的学习结果，已超越了以往对英语的工具性定位，与2022版"英语课程标准"对英语学科育人的工具性和人文性相结合的特征匹配。

三、作为学习理念的英语深度学习

作为一种学习理念，深度学习以维果茨基的社会建构学习理论为基础。作为一种在新时代需求中产生的理念，深度学习对这个时代具有引领性和支配性。深度学习的引领性在于它能结合维果茨基的社会建构理论，强调学习必须发生在具体的社会情境之中，且在社会情境下发展学生的知识迁移、情境建构及学生的合作性问题解决能力，这一理念将引领学校教育教学的深度变革。深度学习的支配性在于"若学校教育不以此为依据，那么在未来已来的数字时代，学生就会失去未来生活的能力"，因为未来的生活能力不在于机械作业，而在于一种创造性的事业。这一视角下的深度学习概念为发展英语学科深度学习带来了很多启示。英语学科的深度学习一定是在建构主义理论、知识迁移和情境建构的背景下发展的。但使用维果茨基的社会建构理论来建构深度学习概念的原因却深深扎根于现实情境中。当下大多数学校并没有对社会发生的巨大变革及数据时代的新需求作出回应，杰克森(Jackson)早在1968年就对课堂日常生活进行了研究并指出，"学生花在无所事事的等待时间大约占课堂时间的50%，他们等待教师给出回应，等待一些慢节奏的学生，等待教师的反馈，等待标准答案，等待下课铃响"[①]。但几十年过去了，学生仍然在"等待"[②]。在美国公立学校中，大约有13.3万的学校仍然维持着20世纪初的教学实践，在我国教育改革浪潮中，大多数学校仍持守"考试中心，教师中心，书本中心"的教学实践。学生被训练成跟从者，而非领导者。学生作为数字时代的参与者从来都没有为未来做好准备。显然未来社会所需要的学习是让学生成为核心学科内容的掌握者，成为具备批判性思维、问题解决能力、协同合作能力、有效交流能力和具有学术性向的自主学习者。在新时代中，深度学习作为一种理念要求学生拥有一种强势且回应性的受教育经历，为学校提供一种学习框架和维度，为学生未来的生活、事业和继续学习做好迎接挑战的准备。因此深度学习的重要目标是，让学生能对自己的学习更具有责任感。在这一深度学习理念下，学校需要创设更加具有凝聚力和合作力的环境，让学生更加主动，更具有参与性，学科之间需要相互融合和渗透，课堂中的学习内容要与现实中的问题联结，让校园墙外

---

①　约翰·哈蒂，格雷戈里 C.R. 耶茨.可见学习与学习科学[M].彭正梅,邓莉,伍绍杨,等,译.北京:教育科学出版社,2018.124 - 129.

②　同上。

的共同体参与到校园内的学习之中,使学习更有意义,使技术与学习融合,同时丰富并支持学生的学习体验,让学生的学习具有强烈的内驱力。

以上分析表明,英语的工具性和人文性特征及其发展语言能力、文化品格、学习能力、思维品质的课程目标与英语深度学习的内涵一致。

与新课程目标一致,强调学生学习的意图、动机和策略,也强调这种学习过程带来的学习结果。作为一种学习方式,英语深度学习可以借用以往开发的测评工具,发现学生在课堂情境中是否发生与社会时代一致的学习方式。

第二节 学生英语深度学习的发生情境、条件与机制

到目前为止,对学生深度学习的探讨已经发生了实质性的变化,这种实质性变化主要体现在深度学习已经从概念建构、理论探究发展到深度学习过程可视化以及如何帮助学生发展深度学习的研究上。从实践上看,真正关心学生成长的教育者、研究者和教师教育者非常关心深度学习发生的情境、条件与机制,只有揭开这一暗箱操作,我们才能发展出促进深度学习的有效策略。

一、英语深度学习可能发生的情境

通过大量的文献检索分析,我们可以将目前深度学习研究划分成三个阶段,即萌芽期的概念建构阶段、起步期的"与学生学习结果有何关系"的探究阶段,以及现在处于蓬勃发展期的"如何发展学生深度学习"的研究阶段。在研究如何发展学生深度学习的研究中,深度学习的发生情境最令人好奇。学生英语深度学习大致是在以下新情境下可能发生。

（一）英语深度学习可能发生在 PBL 和以学生学习为中心的教学情境中

全球范围内实施的 PBL 中,学生通过讨论专业问题来加强知识的应用和整合,也因此 PBL 被认为能促进学生英语深度学习。多尔门斯（Dolmans）等学者综述了 PBL 与学生深度学习之间关系的实证研究。该研究表明,PBL 确实增强了深度学习,其小范围的积极平均影响大小为 0.11,并且在 21 项研究中有 11 项具有积极作用[1]。亚伯拉罕（Abraham）等研究者研究了非 PBL 和 PBL 情境下的学生在某一课程中的深度学习情况。与非 PBL 组相比,部分 PBL 组学生的深度学习的平均得分显著更高。该研究的结果支持 PBL 促进了学生深度学习[2]。PBL 对学生深度学习的促进作用建立在 PBL 学习情境中,该情境会使学生对学习感兴趣并

[1] DOLMANS D H J M, LOYENS S M M, MARCQ H, et al. Deep and surface learning in problem-based learning: A review of the literature [J]. Advances in Health Sciences Education, 2016, 21(5): 1087 - 1112.

[2] ABRAHAM R R, VINOD P, KAMATH M G, et al. Learning approaches of undergraduate medical students to physiology in a non-PBL-and partially PBL-oriented curriculum[J]. Advances in Physiology Education, 2008, 32(1): 35 - 37.

试图理解在学习什么，并且调动学生进行深度理解、主动参与、积极投入。这对教师实施 PBL 的专业性提出很高的要求，受教师实施 PBL 专业性的影响，并不是所有在"PBL"学习情境中的学生都能深度学习。有鉴于此，英语深度学习的发生可能就在于设计与实施良好的 PBL 学习情境中。

从直觉来看，以学生学习为中心的教学情境被认为能促进学生英语深度学习的发生。以教师讲授为中心的课堂和以学生学习为中心的学习环境对课堂教学活动的理解和处理正好处于相反的状态。在学生中心情境中学生独立、能动的学习活动是教学过程中的本体性或目的性活动，而教导则是引起学生能动参与学生学习活动、促进学生有效完成学习过程的条件性活动或手段性活动[1]，但以学生为中心的情境与学生深度学习之间的关系并不是一定的。柏顿（Baeten）等人探索了讲授式、案例式学习情境，以及由讲授式和案例式学习混合的学习情境是否可以促进学生深度学习。结果表明，相对于讲授式或案例式教学而言，在讲授式与案例式交替混合的学习环境中，学生更多采用了深度学习[2]。但这个研究结果并不能支持笼统的学生报告中的"以学生为中心的学习环境"能促进学生深度学习。塔尔（Tal）等人研究发现，在短期有意义的同伴学习活动中，学生深度学习普遍存在，在小组学习并以小型会议开展的方式中有更多的学生会进行深度学习，学生的深度学习主要体现在对学习知识的组织与应用上[3]。而斯特鲁伊文（Struyven）等人比较了基于讲授式的教学情境与激活学生（student activating）的学习情境对学生深度学习的影响。研究发现虽然学生在课程开始时的学习方式相似，但在经历了学习情境变化之后，出现了明显的区别。然而，变化的方向并不是学生激活教学情境促进学生深度学习，相反它让学生更多采用浅层学习，且学生的深度学习策略大幅减弱[4]。有鉴于此，我们可以总结出，只有那些满足深度学习发生条件的情境才能促进学生深度学习，被冠于"以学生为中心"等教学情境却未必让深度学习发生。

（二）深度学习可能发生在混合式学习等技术情境之中

在这个情境中，研究者主要从两个方面来探讨技术情境与学生深度学习的关系。一种是线上线下学习方式与学生深度学习的关系，这方面的研究发现，混合式学习更可能发生深度学习，如阿尔吉奥（Akyol）等人研究了在线和混合式学习环境中深度学习和意义学习的方式与结果，发现在线和混合学习课程中学生都能够达

[1] 陈佑清. 学习中心教学论[M]. 北京：教育科学出版社，2018：33-34.

[2] BAETEN M，STRUYVEN K，DOCHY F. Student-centred teaching methods：Can they optimise students' approaches to learning in professional higher education？ [J]. Studies in Educational Evaluation，2013，39(1)：14-22.

[3] TAL T，TSAUSHU M. Student-centered introductory biology course：evidence for deep learning [J]. Journal of Biological Education，2018，52(4)：376-390.

[4] STRUYVEN K，DOCHY F，JANSSENS S，et al. On the dynamics of students' approaches to learning：The effects of the teaching/learning environment [J]. Learning and Instruction，2006，16(4)：279-294.

到较高的认知水平和学习成果①。另一种是从 MOOC、SPOC 等网络课程学习环境与学生深度学习的关系来看,在这个方面的研究中,科博(Cope)等人的研究发现,在许多 MOOC、SPOC 网络课程的学习环境中,学生对工作负荷的感知是决定他们是否使用深度学习的关键因素。在能满足学习目标的要求的前提下,通过逐渐减少工作负荷,可以让更多学生采用深度学习,但更多的学生认为他们若有足够的时间,也会采用深度学习。② 在大班额课堂环境下,个性化的师生互动比较困难,而形成性反馈式的师生互动是促进深度学习的核心。网络课程环境若具有这样的特征,那么学生深度学习就更有可能发生。

从理论上讲,课程改革所倡导的学习情境被期待能促进学生深度学习,但在实践中的研究结论却没有显示两者之间存在绝对的正相关。不管是 PBL 或者是以学生为中心的学习环境都有待专业的设计与实施。英语深度学习在网络环境、技术支持下可以实现,也可以受到阻碍,主要取决于技术如何使用,环境如何设计。在网络和技术情境下,给学生提供个性化反馈、学习支持、帮助学生设计目标、降低工作负荷等是促进学生英语深度学习的关键。

二、英语深度学习的发生条件

深度学习发生的条件建立在对学生深度学习发生大量的实践探索之上。实践证明,并不是教育改革所声称的学习环境都能促进学生深度学习,即学生深度学习并不是自然发生的,而是在一定的条件下发生的。如果条件没有得到创设,学生深度学习并不会发生。通过对相关研究分析,可以发现英语深度学习发生的条件主要从课程设计以及教育心理学的两个视角去分析。从这两个视角看,当以下条件成立的时候,英语深度学习才可能发生。

(一)英语深度学习的发生需要建立在课程要素一致性的条件之上

(1)对学习目标与学习结果评价进行一致性设计。从学生深度学习的目标、过程和结果来看,我们可以发现,学生英语深度学习的目标并不是要发展学生的复制信息的能力,而是在认知、情感、态度和价值观等多个维度上关注学生学习目标的设计。鉴于这种高阶的学习目标的设计,学生学习结果评价也需要从以往的量化评价方式过渡到质与量相结合的评价方式,仅仅计算学生答案的正确率是不够的,需要结合比格斯开发的 SOLO 学习结果分类学来标定学生学习结果,达到学习目标和学习评价的一致性。有些深度学习目标无法通过纸笔测试来实现,因此为了使学习目标与评价一致,使深度学习目标能得到适当的评价,有时候需要考虑多种

① AKYOL Z, GARRISON D R. Understanding cognitive presence in an online and blended community of inquiry: Assessing outcomes and processes for deep approaches to learning [J]. British Journal of Educational Technology, 2011, 42(2): 233 - 250.

② COPE C, STAEHR L. Improving students' learning approaches through intervention in an information systems learning environment [J]. Studies in Higher Education, 2005, 30(2): 181 - 197.

替代性评价,如表现性评价、档案袋评价等方式①,而这些评价方式被证实为是与学生英语深度学习目标相匹配的学习方式②。

(2)对学习过程与学习目标进行一致性设计。为了让英语深度学习目标得到落实,学生英语深度学习过程必须做到可视化,使英语深度学习过程与学生学习目标保持一致,只有满足这样的条件,英语深度学习才可能发生。为了使复杂的深度学习过程可视化,从而观察学生是否达到深度学习目标,彭(Peng)等人应用可视化学习环境使学生应用项目化学习策略的复杂过程可视化,从而让深度学习过程可以被观察和测评。该研究表明,这种深度学习过程对于促进学生项目化学习表现、掌握学科知识以及激发学生的学习内驱力都有很大的帮助③。在学习过程中,学生解决现实中结构不良的问题、参与真实性的任务就更有可能让学生实现深度学习的目标。解决现实中的问题涉及问题理解的复杂过程,将抽象的知识与问题信息建立联系,将相关的方法和策略应用于解决问题之中,保持深度学习目标与学生学习过程的一致性理解与设计将有利于学生深度学习目标的实现④。深度学习的发生是建立在教师对学习目标、学习内容、学习过程、学习评价的一致性设计的基础之上。我国也有学者认为,这些设计是深度学习发生的保障,从而提出单元学习主题、单元学习目标、单元学习活动以及持续性评价等⑤。

（二）英语深度学习的发生需要建立在适当的认知负荷和认知规律之上

英语深度学习可以发生在学生对材料进行"精加工"的基础之上,这种精加工就是用赋予意义的方式进行。学生可以运用输入的信息触发长时记忆,将其他数据带进工作记忆的意识中,从而将新信息与旧知识混合在一起,创造出更加持久和容易提取的记忆痕迹⑥。从工作记忆与长时记忆来看,这个主要是与学生的认知负荷相关。学生深度学习的发生是需要以学生的认知的负荷为基础的,若学生的认知负荷过重,那么学生就无法进行深度学习。以新手学习和专家学习为例,大量的证据表明具体学术领域内的知识是以图式存在的,图式是专家与新手解决问题的最大区别。传统的问题解决活动不利于学生图式的积累,因此,不能很好地发展学生深度学习能力(如学生用英语解决现实问题的能力)。传统问题解决活动主要

① 周文叶,陈铭洲.指向深度学习的表现性评价——访斯坦福大学评价、学习与公平中心主任 Ray Pecheone 教授[J].全球教育展望,2017,46(07):3-9.

② 郑东辉.促进深度学习的课堂评价:内涵与路径[J].课程·教材·教法,2019,39(02):59-65.

③ PENG J,WANG M,SAMPSON D. Visualizing the complex process for deep learning with an authentic programming project[J]. Journal of Educational Technology & Society,2017,20(4):275-287.

④ WANG M,DERRY S,GE X. Guest Editorial:Fostering deep learning in problem-solving contexts with the support of technology[J]. Journal of Educational Technology & Society,2017,20(4):162-165.

⑤ 胡久华,罗滨,陈颖.深度学习:走向核心素养(学科教学指南 初中化学)[M].北京:教育科学出版社,2019:10.

⑥ 约翰·哈蒂,格雷戈里 C.R.耶茨.可见学习与学习科学[M].彭正梅,邓莉,伍绍杨,等,译.北京:教育科学出版社,2018:134-135.

是以目的—手段的形式进行分析,这需要大量的认知处理容量,不利于学生进行图式积累,从而阻碍学生解决问题①。

学生深度学习发生的条件之一就是设计的活动不能让学生具有过重的认知负荷,但这并不是说明学生学习的东西越简单或者是趣味性越强越好。有研究表明,有些教师的口头语言、多媒体中趣味性强但与学生学习目标无关的信息可能会成为阻碍学生深度学习的诱导性细节②。哈蒂等学者研究发现,无意义的材料也可以记住,但死记硬背的学习方式保持率非常低,一天之后只有 20%能被记住。死记硬背的学习结果是学习结束之后不久就出现迅速遗忘的情况。如果学生要记住这些材料,就必须要不断进行复习,或者领悟到明晰的规律,这就是死记硬背和深层记忆的区别③。从这个原则来看,深度学习的发生建立在两个条件之上,即材料必须是有规则有意义的,学习方式必须是意义和规律追求取向的,只有两者的结合才能促进学生深度学习。

三、英语深度学习的发生机制

(一)英语深度学习发生的原则

深度学习发生的情境与条件都是在一定的原理和机制下起作用的。约翰·哈蒂等人通过大量实证研究中的元分析描述了学生学习发生的六大重要原则,而深度学习是建立在这些学习原则和原理之上的。第一,学生学习需要时间、努力和动力,而深度学习需要学生付出更多的时间和努力,并且学生需要有持续的动力。由于深度学习是让学生生成理解、获得意义、自我控制学习过程和理解事物,且要求具有强大的内驱力,因此深度学习不可能在短时间内通过记忆和背诵的方式完成。第二,学生的注意力周期很短。学生深度学习的另一个特征就是对学习任务的高投入,但学生的注意力周期很短,因此在设计学生深度学习任务时,需要考虑到学生学习的注意力周期,一般情况下年龄越小的儿童学习的注意力周期越短,而学习任务的多样化是促进学生深度学习的关键。第三,分散式练习比集中式或填鸭式练习更加有效;学生的认知负荷是有限的,超过学生的认知负荷对其学习是无效的,在这个过程中让学生理解之后再学习,避免填鸭式学习,或者让学生分散地学习,因为这更能促进学生有效且深度的学习;第四,先前知识的效应很强。学习是知识建构的过程,深度学习强调的是学生对知识的建构,而不仅是知识量的增加。因此学生在深度学习过程中需要应用先前知识对当下知识进行建构,而这种建构方式对先前知识的依赖性比较强。这个和皮亚杰的认知图式过程是类似的。第

---

① SWELLER J. Cognitive Load During Problem Solving: Effects on Learning[J]. Cognitive Science, 2010, 12(2):257-285.

② SANCHEZ C A, WILEY J. An examination of the seductive details effect in terms of working memory capacity[J]. Memory & Cognition, 2006, 34(2):344-355.

③ 约翰·哈蒂,格雷戈里·C.R.·耶茨.可见学习与学习科学[M].彭正梅,邓莉,伍绍杨,等,译.北京:教育科学出版社,2018:124-129.

五,学生的大脑对多媒体信息输入的反应非常敏锐;深度学习同时也强调多模态学习,这个学习过程需要通过不同的感官来让学生能全身投入其中。因此多媒体信息对学生学习有一定的激发作用。第六,在学习时,学生的大脑必须保持活跃。脑科学与神经科学的研究对这个原则很有启发意义。学生深度学习的过程是建立在大脑对学习对象产生兴奋感的基础之上,学生的认知、情感全投入是深度学习的必要条件。

深度学习的原则是建立在多学科对学习理论的贡献之上,但这些原则并没有描述深度学习是如何发生的。我们一直用布鲁姆目标分类学来描述学生的认知深度及其进阶,但认知深度进阶过程并不是完全按照布鲁姆目标分类学的方式进行的,且与学习者在具体学习中大脑的实际思维过程并不相符,甚至有悖[①],因此布鲁姆目标分类学并不能解释学生深度学习的发生过程。为了认识学生深度学习的发生过程,有学者提出了用皮亚杰-比格斯这两位学者关于学生学习发生过程和结果的理论进行解释。皮亚杰的动作、同化和顺应理论可以用于解释学生深度学习的发生过程,而比格斯的 SOLO 学习结果分类模型可以解释学生学习结果的差异。但综合来看,比格斯本人对学生深度学习的发生过程和结果的解释更为合理。比格斯基于大量的实证研究,归纳出学生深度学习过程发生的前置变量、发生过程及其结果。这对于解释英语深度学习的发生机制具有重要意义。

（二）英语深度学习发生机制描述

我们可以观察下面在教—学领域发生的关于学生在课堂中学习领域和教学领域的图 5-1,这个过程将教与学的过程分开,分别体现了教师意图、课程分析、教学过程、教学评价的教学领域,以及体现学生的学习意图、先验知识、学习过程、学习成果、学习评价这样的过程学习领域。在图 5-1 中学生的学习过程是学生学习意图、先验知识与学习对象在情境中互动的结果,而这个过程实际上与教师的教学过程具有交互性。这是由兰斯登解释的学生在课堂情境中的学习过程,它为比格斯揭示学生学习过程奠定了基础。

比格斯在前人研究的基础之上,最早提出了一个 3P（Presage-Process-Product）学习过程模型,如图 5-2 所示。前提、过程、结果的学习模型描述了在课堂教学中,学生根据已有的背景知识和学习动机来解读课堂环境。由于学生学习的动机和原因是不同的,这就造成了学生的学习过程也是不一样的。因此,学生的学习结果也是各不相同的。由此可见,学生自身的预备条件会对学习结果产生影响,但更重要的是,学习过程也会影响学习结果。这三个因素间相互联系并相互作用。

---

① 殷常鸿,张义兵,高伟,李艺."皮亚杰—比格斯"深度学习评价模型构建[J].电化教育研究,2019,40(07):13-20.

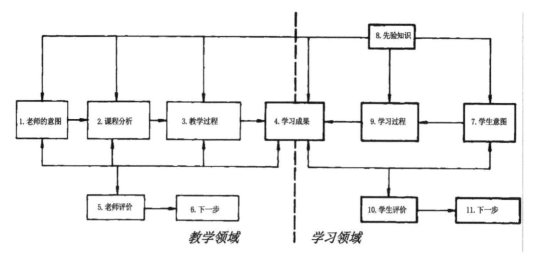

图 5 - 1　课堂中学生的学习领域与教学领域①

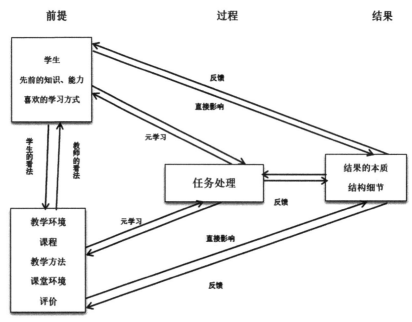

图 5 - 2　3P(Presage-Process-Product)学习过程模型

　　在 3P 模型的基础之上,比格斯和砍博尔继而提出了修订后的中学生学习过程问卷(R-LPQ-2F),如表 5 - 1 所示。他们认为每一种学习方式都可以分为学习动

---

①　ENTWISTLE N. Understanding student learning [J]. British Journal of Educational Studies, 1984, 32 (3):266.

机和学习策略两个部分。此外,学习方式包括两个维度,分别是浅层学习方式和深层学习方式。将学生在两个维度上的分数进行对比,可以得知学生在学习过程中以何种学习方式为主。R-LPQ-2F 采用问卷调查的形式能够大范围地对学生的学习过程加以评估,从总体上把握学生的学习方式及其对学习结果的影响,是比格斯等人开创的对于学习方式的量化研究。

表 5-1　修订后的中学生学习过程问卷(R-LPQ-2F)

学习方式	学习动机	学习策略
深层学习方式	内在兴趣;学习投入	关联;理解
浅层学习方式	害怕失败;以获得证书为目标	学习范围最小化;记忆

在皮亚杰认知发展理论的基础上,比格斯提出了可观察的学习结果测量模型可观察的学习的结果的结构(Structure of the Observed Learning Outcome,SOLO)模型。他将对学生个体思维发展水平的测量聚焦在对特定学习任务的学习结果上面,按照能力(capacity)、思维操作(operation of thinking)、一致性与收敛(consistency and closure)、回答结构(reply structure)四个方面将学生的思维理解水平由低到高分为前结构、单点结构、多点结构、关联结构和抽象扩展结构水平。已有研究普遍认为 SOLO 的前三个层级只涉及知识数量的变化,是浅层学习的结果,而后两层是在知识的质上发生改变,属于深度学习。SOLO 作为可观察的学习结果测量模型,它对理解层级以及具体表征的详细划分,使得学习者的理解变得可见并且可评。因此,SOLO 能够根据学习结果对学习质量进行质性评价。

（三）影响英语深度学习发生的三大关键因素

1. 背景因素

学者们通过相关实证研究,总结了影响学生深度学习发生的三大关键因素:背景因素、预设因素和学生因素。在背景因素中,探讨从教学方法、评价、反馈、学科内容等这几个层面对深度学习的影响。由马顿(Marton)领导的瑞典(Swedish)团队认为深度学习受不同评价因素的影响,尤其是考试中的提问类型和学生的兴趣以及焦虑程度。马顿等人(1976)发现深度学习和测试中的提问类型具有一定的联系,课程的过度压力或注重事实性知识的考试使得学生更容易运用浅层学习方式而非深层学习方式①。芙然森(Fransson)强调兴趣和焦虑程度也会影响学生深度学习。当学生察觉到具有威胁性的情境时,他们会更容易使用浅层学习方法。同

---

① MARTON F, SALJO R. On qualitative differences in learning: I—Outcome and process.[J]. British Journal of Educational Psychology, 2011, 46(1):4-11.

时,兴趣和知识相关性的缺失也会把学生引向浅层学习①。从评价的具体方式看,形成性评价、学习历程档案评量(Portfolio Assessment)以及表现性评价被认为是能够提高学生深度学习的有效评价方式。巴斯(Baas)等人提出形成性评价能够通过创造互动的课堂环境促进学习者自我管理的学习,使得学习者能够积极参与到学习过程中以促成既定目标的实现②。凯音(Cain)等人认为以任务为导向的学习历程档案评量能够有效驱动学生深度学习,激励学生达到给定目标并运用他们的想象与兴趣去完成更高的目标③。朋克欧(Pecheone)教授强调表现性评价的评分规则能够帮助学习者反思自己的学习行为,为学生提供有效提高学习效果的反馈,进而引导学生学会学习④。

对于教学方式而言,兰斯登(Ramsden)提出,若教师对他的教学对象没有热情,那么学生的学习效果也会不佳;反之,如果教师对他所从事的事业充满激情,学生也会感受到相应的情感并投入相应的努力⑤。恩特韦斯特尔也强调学生学习方法受教师教育理念和教学方式的影响⑥。通过大量研究和观察,比格斯发现教师的教学方式会影响学生对学习任务的参与水平。在消极的教学方式之下,学术型和非学术型学生在参与度上差距较大;而在积极的教学方式之下,两者的差距缩小。因此,若调整教师的教学方式,那么学生就会更加倾向于使用高阶思维模式。由此,比格斯提出了基于问题的教学(Problem-Based Learning)和学习历程档案(Learning Portfolio)两种有利于促进学生深度学习的教学方式⑦。从教师的教学理念看,柏顿(Baeten)强调若教师以学生为导向,且教学理念与时俱进,那么学生更倾向于深度学习。同时,学生所学科目也会影响学习者的深度学习⑧。肯博(Kember)等人认为艺术和社会科学的典型教学和学习环境比科学和经济学科更

① FRANSSON A. On qualitative differences in learning: IV—Effects of intrinsic motivation and extrinsic test anxiety on process and outcome. [J]. British Journal of Educational Psychology, 2011, 47(3):244 - 257.

② BAAS D, CASTELIJNS J, VERMEULEN M, MARTENS R, SEGERS M. The relation between assessment for learning and elementary students' cognitive and metacognitive strategy use[J]. British Journal of Educational Psychology, 2015, 85(1), 33 - 46.

③ CAIN A, GRUNDY J, WOODWARD C J. Focusing on learning through constructive alignment with task-oriented portfolio assessment[J]. European Journal of Engineering Education, 2017(1):1 - 16.

④ 周文叶, 陈铭洲. 指向深度学习的表现性评价——访斯坦福大学评价、学习与公平中心主任 Ray Pecheone 教授[J]. 全球教育展望, 2017, 46(7):3 - 9.

⑤ RAMSDEN P. Student learning and perceptions of the academic environment[J]. Higher Education, 1979, 8(4): 411 - 427.

⑥ ENTWISTLE N J. Approaches to learning and perceptions of the learning environment: Introduction to the special issue[J]. Higher Education, 1991, 22(3): 201 - 204.

⑦ BIGGS J. What the student does: Teaching for enhanced learning[J]. Higher Education Research & Development, 1999, 18(1):57 - 75.

⑧ BAETEN M, KYNDT E, STRUYVEN K, DOCHY F. Using student-centred learning environments to stimulate deep approaches to learning: Factors encouraging or discouraging their effectiveness[J]. Educational Research Review, 2010, (3): 243 - 260.

有助于学生采用深度学习①。柏顿则认为普通人类科学专业的学生采用深度学习方法的效果最好②。

2. 预设情况因素

预设情况主要源于学生对这种预设的感知，学生对预设的认知更重要。比格斯认为学生会在一种预设中选择一种方法，而在另一种预设中选择另一种方法，这取决于学生对预设情况的感知③。恩特韦斯特尔（1991）认为，真正能影响学生的不是学习环境，而是学生对学习环境的感知。学生总是以自己的视角去感知教学和学习环境④。从学生对环境的感知角度，已有文献主要从学生对任务量、教学、评价要求（assessment requirement）等方面展开。由于很难决定正确的客观任务量，研究者们便根据学生对任务量的看法进行研究。肯博认为过量的或者不合适的任务量会引起浅层学习方法的产生，这是因为学生想要尽快结束过重的任务量，因此诉诸不受欢迎的浅层方法⑤。而思维克（Svirko）和美兰比（Mellanby）没有从一般的被感知的任务量出发，而是聚焦于信息量且得到相同的结论，即感知到过量信息的学生侧重于浅层学习而不是深度学习⑥。

除任务量之外，学生对教学的看法也同样影响着学生的学习方式。兰斯登认为学生对学校和教师的观点会影响学生本身的学习方法，同时他也发现学生对特定学习任务的观念也会影响他的理解水平。例如，常采用浅层方法的学生更喜欢阅读前给他们时间提前消化内容的教师，而采用深度学习的学生青睐富有挑战和刺激性的教师⑦。柏顿强调若学生对课程质量（适度的作业量和测验，教学目标清晰）满意，他们会采用深度学习的方法⑧。此外，在学生的心目中，教师对教学目标和教学标准的清晰认识与深度学习呈正相关，而与浅层学习呈负相关。从教材的

---

① KEMBER D，LEUNG D Y P，MCNAUGHT C. A workshop activity to demonstrate that approaches to learning are influenced by the teaching and learning environment［J］. Active Learning in Higher Education，2008，9(1)：43 - 56.

② BAETEN M，KYNDT E，STRUYVEN K，DOCHY F. Using student-centred learning environments to stimulate deep approaches to learning：Factors encouraging or discouraging their effectiveness［J］. Educational Research Review，2010，(3)：243 - 260.

③ BIGGS J，KEMBER D，LEUNG D Y P. The Revised Two-factor Study Process Questionnaire：R-SPQ-2F［J］. British Journal of Educational Psychology，2001，71(1)：133 - 149.

④ ENTWISTLE N J. Approaches to learning and perceptions of the learning environment：Introduction to the special issue［J］. Higher Education，1991，22(3)：201 - 204.

⑤ KEMBER D. Interpreting student workload and the factors which shape students' perceptions of their workload［J］. Studies in Higher Education，2004，29(2)：165 - 184.

⑥ SVIRKO E，MELLANBY J. Attitudes to E-learning，learning style and achievement in learning neuroanatomy by medical students［J］. Medical Teacher，2008，(9)：219 - 227.

⑦ RAMSDEN P. Student learning and perceptions of the academic environment［J］. Higher Education，1979，8(4)：411 - 427.

⑧ BAETEN M，KYNDT E，STRUYVEN K，DOCHY F. Using student-centred learning environments to stimulate deep approaches to learning：Factors encouraging or discouraging their effectiveness［J］. Educational Research Review，2010，(3)：243 - 260.

角度出发,尼杰弗伊斯(Nijhuis)等人强调教材的有用性(更简明扼要,少概念化,更加具体化,减少学科间的交融)是刺激学生采用深度学习的影响因素①。同时,若学生察觉到教材内容与他们的职业生涯有关,那么他们会更加侧重于深度学习②。

此外,评价也是影响深度学习的因素之一。许多学者研究学习过程对学习结果的影响,然而,很少有学者进行反向的调查,即学习结果对学习过程的影响。而评价模式是对学习结果的一种测量,因此,学生对评价模式的看法也影响着他们所采用的学习方法。塞格斯等人提出当学习者认为评价层次属于高阶认知水平时,他们会使用深度学习;反之,当学习者觉得评价只是属于低层次的,以记忆知识为基础的或者指向死记硬背的方式时,他们更倾向于采用浅层学习③。

3. 学生特征因素

深度学习是以学生为主体的学习,因此,学生自然而然也成为深度学习的影响因子。从学生角度出发,研究者们主要从学生原先的学习方法和已有经验、性格、动机、对教学方法的偏爱、解决问题的能力几个角度展开相应的研究。学生不是脑袋空空进入教室,他们的头脑里装有自己已有的知识和经验。李彤彤、武法提(2017)认为学生已有的经验背景(包括过去的认知水平、学科知识水平、学业成就表现)会对他的学习效果产生影响。在之前学业成就表现好的学习者更倾向于表现出高的学业成就④。

至于学生的性格与动机,柏顿提出丰富的想象力、对艺术的敏感性、对学术的谨慎与深度学习成正相关而与浅层学习呈负相关。⑤ 吴亚婕强调若学生具有自信、专注、努力、主动、归属等特征时,他们更会呈现投入的学习状态⑥。此外,若学生具有内在动机,较强的自信心和个人效率,并且更喜欢以理解为重点的教学方法,那么此类学生将更频繁地采用深度学习的方法。在动机与深度学习的相关研究中,学者们认为深度学习与学生的内在动机、成功动机、学习动机、掌握方法的动机紧密相关,而浅层学习通常与外在动机、被控制的动机、害怕失败的动机有关。

不同的学生可能喜欢不同的教学方式,因此学生对教学方法的偏爱也影响着他们的深度学习。帕拼扎克(Papinczak)提出若学生青睐有助于理解的教学方式,

① NIJHUIS J, SEGERS M, GIJSELAERS W. Influence of redesigning a learning environment on student perceptions and learning strategies[J]. Learning Environments Research, 2005(8):67-93.

② ENTWISTLE N, TAIT H. Approaches to Learning, Evaluations of Teaching, and Preferences for Contrasting Academic Environments[J]. Higher Education, 1990, 19(2):169-194.

③ SEGERS M, NIJHUIS J, GIJSELAERS W. Redesigning a learning and assessment environment: The influence on students' perceptions of assessment demands and their learning strategies[J]. Studies in Educational Evaluation, 2006, 32(3):223-242.

④ 李彤彤, 武法提. 在线学习者效能的结构及关键影响因素研究[J]. 电化教育研究, 2017(9):49-56.

⑤ BAETEN M, KYNDT E, STRUYVEN K, DOCHY F. Using student-centred learning environments to stimulate deep approaches to learning: Factors encouraging or discouraging their effectiveness[J]. Educational Research Review, 2010, (3): 243-260.

⑥ 吴亚婕. 影响学习者在线深度学习的因素及其测量研究[J]. 电化教育研究, 2017(9):57-63.

如教师展现自己的思考方式以及对学生的观点进行评价,那么学生就偏向深度学习法。反之,若学生喜欢强调传递信息以及促进死记硬背的教学方式,那么他们就偏向浅层学习的方法①。赵辉和陈劲松认为教师若在讲课时富有激情,语言幽默生动,采用案例分析、音频资料等多种方式进行上课且能够充分利用板书、多媒体呈现教学内容,那么将较大程度地提升学生的课堂学习收获,促进学生的深度学习②。

　　从解决问题的能力出发,恩特韦斯特尔等人尝试以问题为导向的学习,且发现在教学过程中学生遇到的困难是由学生本身决定的③。学生解决问题的能力强,那么这类学生所遇到的问题难度就会相应地提升。相应地,学生解决问题的能力弱,那么他们所遇到的问题难度就会相应地降低。由此看来,在学习过程中,学生的因素不容小觑。在所有深度学习的影响因素中,课堂中师生言语互动是最重要的情境,也是师生感知的最重要变量,师生在课堂中的互动质量直接影响学生是否在课堂中采用深度学习。

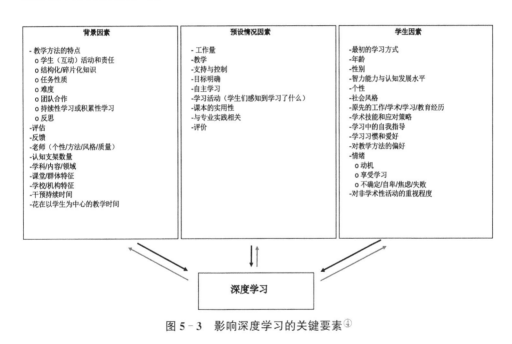

图 5-3　影响深度学习的关键要素④

①　PAPINCZAK T. Are deep strategic learners better suited to PBL? A preliminary study[J]. Advances in Health Sciences Education,2009,14(3):337-353.
②　赵辉,陈劲松.大学课堂中的教学行为、学习投入与学习收获——学生视角的调查[J].高教探索,2018(3).
③　ENTWISTLE N J,RAMSDEN J. Understanding Student Learning[M]. London:Croom Helm,1983.
④　BAETEN M,KYNDT E,STRUYVEN K,et al. Using student-centred learning environments to stimulate deep approaches to learning:Factors encouraging or discouraging their effectiveness[J]. Educational Research Review,2010,5(3):243-260.

学生深度学习其发生机制是建立在学习科学的发展之上，当我们应用行为主义学习理论去观察学生学习过程，我们只能从简单的机械操作上去理解学习，然而随着学习理论不断向前发展，我们可以关注学生的认知过程，使用认知心理学的视角去诠释学生学习过程。但这还不够，学习是一个复杂的过程，钟启泉教授认为，学习是已知世界向未知世界的旅行，也是一种对话的过程，那么这个过程就可以用社会文化理论视角去诠释。在这样的理论观照下，英语深度学习并不仅仅是投入和结果，而是包括前置变量—情境—学生—学习结果的多维互动，为实现学生英语深度学习我们可以对很多要素进行设计，以促进学生英语深度学习的发生。

第三节　促进学生英语深度学习的培养策略

一、促进英语深度学习的设计策略

国际学界在积极探索深度学习的实证研究中，在积极发展学生深度学习的教学实践中发展出以下六种重要的促进深度学习的设计策略[1]。这些策略被认为是促进学生英语深度学习的重要方面，是我们需要进一步实践的方向。

（一）横向连接：创建一个学习者共同体

学习共同体的发展让学生从在教育中扮演被动角色转变为积极的、自我导向的学习者来说至关重要。为了创造一个更具凝聚力、真正协同合作的学习环境，以促进学生深度学习，我们需要建立一个强大的学习共同体。其目的是为了激励学生关心彼此的成功；通过各种全校性活动，传播信息传递和规范，让学生认识"学习"和"自我指导"的价值；让年长的成功学习者发挥模范、引领的作用；建立建设性学习反馈和反思的规范，并设计促进开放和协作的学习环境。同时，深度学习需要有目的地结合技术来增强学习共同体的建设。要使用一定的应用程序培养学生的研究和批判性思维技能；提供设计项目的数字方法，在学校内外进行协作和交流；拓宽学生创造性地展示成果和建立联系的选择。

（二）纵向赋权：激活学生引领自己的学习

积极和有意义的教育经验对于帮助学生达到深度学习的目标至关重要。拥有深度学习目标的学校都强调以探究为基础的学习，并注意让学生在小组中积极有效地协作、创造产品或共同解决问题。教师必须不断在课程设计中转变角色，赋权给学生，让学生引领自己的学习。同时，让学生找到学习的火花，通过主题、想法与项目设计完成学生个性化学习体验。设计学生学习过程以满足个别学生的教育需求和愿望，教师进行咨询和非正式对话与观察，寻求并发展每个学生独特的学习倾向、环境和兴趣。

---

[1]　MONICA R，MARTINEZ. 6 powerful strategies for deeper learning in your classroom.［EB/OL］［2019-07-04］https://www.teachthought.com/learning/6-powerful-strategies-deeper-learning-classroom.

（三）材料情境化：建立材料与生活的联系

已有研究证据支持这样的观点：为了让学习变得更有意义，需要将材料与个人相关的主题进行整合，使学生对材料有更深层次的理解。学生不是孤立地使用文本材料进行传递，而是学习与更大的主题、概念和多个学科相关联，并将他们的学习应用于现实世界的问题解决之中。为了给学生提供更全面的学习体验，作为完美的联络人，教师为学生寻找机会，并利用博物馆和企业等资源，寻找与学生的兴趣和项目相匹配的学习话题，为学生提供更广泛的支持和学习网络，并帮助他们探索潜在的未来生活技能发展。

二、促进英语深度学习的教学策略

对于促进学生英语深度学习有很多教学方法与策略，这些策略都是为了促进学生语言能力、思维品质、文化意识和学习能力的发展，为学生未来升学与生活奠基。

（一）开展项目化学习：探索有意义的问题

在项目化学习环境中，学生在思考有意义的问题、回应复杂的问题，在这个过程中学生的语言能力、思维品质和学习能力得到了培养。一般情况下，项目的驱动性问题具有真实性，将真实世界作为背景，这个驱动性问题同时包含基于课程标准的任务，并为学生提供学习支架。学生通过向同学和其他人解释、展示、呈现来公开分享他们的项目和成果。通过探究驱动性问题，将学生置于探究的学习环境中。学生是他们自己学习的引擎，并通过提问来寻求知识。项目化学习强调学习任务的真实性，受真实性问题解决驱动，与死记硬背、脱离语用情境的英语学习相对，更能帮助学生进行深度学习。

（二）设计工作化学习：将教室连接到现实世界

在考试中获得高分，并获得更好学校的升学机会成为英语学习的唯一目标，那么学生的英语学习就很难有深度。若在基于工作的学习环境中，学生则能将课堂内容和知识应用于现实环境中。学校和当地企业也支持这种学习方法，学校为学生提供严格的学术指导和内容准备，而公司则提供非现场工作实习机会，让学生参与真实的工作，培养其批判性思维、解决问题和协作等技能，则英语深度学习就更有可能实现。在以上的学习情境中通过个性化的学习模式，教师能为每个学生提供有针对性的指导和支持，在课堂内外创建灵活的学习环境，帮助建立每个学生与当地社会生活、工作的联系，那么深度学习才有可能在英语学科中落地。

（三）混合式学习：融合课堂教学和技术

混合式学习将面对面教学与在线和数字教学相结合。这种方法为教师和学生提供实时学习数据，以支持个性化和以学生为中心的学习。混合式学习使教师能够有效地提供教学、提供反馈，利用学生数据帮助学困生进行学习，给有天赋的学生布置挑战性任务，激励学生尽力而为。互联网学习使用数字媒体来吸引学生的兴趣,并产生深度学习结果,如沟通、协作和批判性思维。互联网学习模型帮助学生实现深度学习,如建立不同学科之间联系,更好地支持问题驱动的意义学习,利用数字网络和在线资源提供多种学习支持。

三、促进英语深度学习的评价策略

评价是让学生在英语学习中实现深度学习的关键要素。在本研究中,评价就是观察学生的学习过程、解释所收集到的资料、制定标准、描述进展、记录反思和表现、发现学生的优点并帮助他们改正缺点的过程。评价的目的是检查学生回忆特定事实的能力,评价学生运用事实进行归纳和推论的能力,确定学生组织事实的能力并确保学生对事实之间关系的理解[1]。为了实现学生深度学习,本节提出三种经过实证研究证实为有效的、促进学生深度学习的评价策略。

（一）表现性评价帮助学生实现深度学习

表现性评价是检验学生在完成真实世界任务时所需技能的情况。它要求学生通过行为表现或制作某种产品来展示其掌握的具体技能和素养,包括呈现真实世界的情景,设计、实施实验,撰写需要反思、整合、应用的论文,与其他同学共同完成任务,展示使用设备、技术时的熟练度;它还要求教师开发、使用档案来记录学生的作业样本、测试结果、进步报告[2]。表现性评价能促进学生深度学习主要是由该评价本身的性质所决定的。表现性评价注重情境、关注整体、注重元认知、要求学生对自己的思考过程进行思考,与所教课程紧密相关,具有灵活性,对知识的呈现和对技能的展示方式多种多样。这些本质特征中都与深度学习的本质有关[3]。表现性评价同时也运用多种多样的方式,要求学生通过自我、同伴,通过参照具体的标准对自己的阶段性成品和成就进行评价和自我反思,因此表现性评价与深度学习的特征非常契合。这种契合使表现性评价与深度学习建立了深层的互动关系。在语言学习的表现性评价中,一般建议采用完形填空、在班级朗读预先准备的材料、录一段原声讲话、录一段模拟访谈、口头翻译一段文字、辩论、讲故事、创造性写作、写诗、齐声朗读、写论文、写日志、完成口头测试、主持一个展示工作的会议、设计个人化的书籍、写日记、回答关于某个主题的问题、在同伴面前演讲、完成口头或书面报告等方式来开展指向深度学习的表现性评价。运用这些方法教师可以指导学生用多种方式去认识了解一个主题[4]。深度学习并不是对学生学习知识的回忆,而是注重知识在情境中的应用,因此表现性评价是与发展学生深度学习相匹配的学

---

① 艾伦·韦伯.怎样评价学生才有效——促进学习的多元化评价策略[M].陶志琼,译.北京:中国轻工业出版社,2017:译者序.

② 刘月霞,郭华.深度学习:走向核心素养[M].北京:教育科学出版社,2018:23.

③ 艾伦·韦伯.怎样评价学生才有效——促进学习的多元化评价策略[M].陶志琼,译.北京:中国轻工业出版社,2017:11-12.

④ 艾伦·韦伯.怎样评价学生才有效——促进学习的多元化评价策略[M].陶志琼,译.北京:中国轻工业出版社,2017:24-27.

习方式。

（二）档案袋评价收集学生深度学习过程的证据

每个学生都是独一无二的。大部分学生对某一个话题都持有一些特别的见解和观点，但他们缺乏同等展示观点和见解的机会。在整齐划一、千人一面的大班课堂教学中，这是非常普遍的现象。为了让每个学生都具有展示自己成长的机会，评价专家建议采用档案袋评价来促进学生深度学习。这个成长档案袋可以让学生认识到，只要努力，就会得到展示和回报。这样的评价让学生可以拥有更多的自主权，教师则更多的是作为一名建议者或指导者，而不仅仅是一个知识传播者。当我们在学生所学英语知识中引入跨学科知识时，档案袋就可以将学习的主题与学生生活建立联系，那么档案袋评价就可以给予学生更多的自由，从而提出问题，检测学生的理解力，促进学生之间的交流，并与教师互动。教师也可以确认学生在完成一项复杂完美的作品中所表现出来的思考过程和学生应用知识的证据[①]。

（三）项目化评价驱动学生通过问题解决来实现深度学习

深度学习强调学生通过探究、设计、创造来学习，因此通过评价学生设计、实施项目和解决问题的能力，可以查验深度学习的效果。项目学习具有真实性、复杂性、整体性、积累性和长期性等特征，这就要求学生应以团体合作的方式完成真实世界的任务。因此，基于项目的评价为学生提供了将知识和技能用于长期的项目学习的机会，并检验其应用的效果，由此不断改进[②]。

---

① 艾伦·韦伯.怎样评价学生才有效——促进学习的多元化评价策略[M].陶志琼，译.北京：中国轻工业出版社，2017：111.
② 刘月霞，郭华.深度学习：走向核心素养[M].北京：教育科学出版社，2018：23-24.

第六章　初中生英语深度学习实证研究

我们描述了深度学习的概念、测评以及影响因素和影响后果,通过对深度学习不同测评工具的整合,我们对深度学习测评工具进行编制和修订。根据本土化验证的结果,学生英语深度学习测评包括两个维度。只有了解我国学生英语深度学习的现实状况,我们才能更好地对促进学生深度学习作出决策,因此本章通过验证英语深度学习测评工具,描述我国英语深度学习的特征。本章研究的研究对象:浙江省杭州、温州、义乌、金华四所中学的初中生。本章研究的数据:由四批某省属重点师范大学的实习学生在实习阶段中调查获得。研究者是该实习研究生、本科生的带队教师,在指导实习生进行教学的过程中让学生进行调查调查,并通过教务处主任获得学生的学业成绩的数据。调查获得的数据如下:杭州市某中学是该市重点中学,获得有效数据 390 份,其中有效问卷 347 份;温州某中学是温州某区的实验学校,只有初中部,学生来源是城乡接合部,问卷调查 552 份,有效问卷是 498 份,义乌某中学是某大学的附属中学,在近年中得到飞速发展,问卷调查 691 份,有效问卷 587 份;金华某中学是较为优秀的中学,非常注重学生成绩,问卷调查 220 份,有效问卷 184 份。本次调查涉及初一、初二、初三三个年级,本次总调查人数达 1800 人以上。

第一节　学生英语深度学习测评工具的编制

一、研究问题陈述

本章的研究目的是了解学生英语深度学习的现状和分布特征,进而为培养学生深度学习方式提供实证数据。鉴于原有测评学生深度学习的工具一般用于大学生或其他学科,基础教育阶段学生英语深度学习还开发出合理有效的测评工具。因此,为了了解学生英语深度学习的现状,本章首先将陈述学生英语深度学习测评工具的开发过程,进而通过数据描述当下学生英语深度学习的现状特征,因此本章主要研究以下两个方面的问题:

第一,基础教育阶段学生英语深度学习的问卷编制及验证;

第二,学生英语深度学习的现状特征分布情况如何。

开展学生英语深度学习测评研究是为培养学生深度学习能力提供重要的证

据。我国目前将英语作为外语研究面临两种情况，一方面是大部分外语类期刊都聚焦于发表高等教育领域的研究成果，很多高校外语领域的学者不太关注基础教育的情况。另一方面是我国大部分基础教育阶段英语教师较缺乏将自己的研究成果公开发表的渠道，对于擅长教学的教师，其成就主要体现于学生在大规模、高利害测试中的学业成绩。因此造成了我国目前基础教育领域英语深度学习研究非常缺乏。从另一个角度看，教育领域的学者往往从大教育的视角去关注学生一般的学习规律，很少从学科的视角去观察学生具体在某个学科中的表现，对基础教育阶段学生英语深度学习的研究，甚至是现状特征的分析都很少。为了能更多了解我国学生英语深度学习的现状，我们需要在已有概念建构和测评工具的基础上，编制英语深度学习测评工具。

二、学生英语深度学习测评工具的编制

（一）学生英语深度学习问卷编制基础

学生英语深度学习最值得参考的理论基础就是澳大利亚比格斯等人关于学生学习方式的研究。一般情况下学生学习方式有两种本质的差异，一种是意义获得取向的，在这个取向下，学生的学习动机是内部的，学习的意图是为了获得意义，而不是为了通过考试或达到教师的要求，因此这种学习方式被称为深度学习；而另一种学习方式属于浅层学习。主要是为了应付考试，完成教师布置的任务等要求，学生的学习动机是外部的，意图是为了达标，而不是为了获得意义或个人满足，学生学习过程中所使用的策略是一种应对策略。这种学习方式与上面一种学习方式相对。综合其他学者对深度学习与浅层学习所做出的阐述，本章研究开始编制学生英语深度学习量表。

（二）英语深度学习测评工具的实证研究

1. 题目分析

根据各题项与问卷总分之间的相关（题总相关系数低于 0.3）系数来判断题目是否保留，根据我们测试的英语深度学习的问卷保留 10 道题目，保留下来的题目与总分的相关系数是在 0.65～0.88 之间，题目之间有较好的区分度。

2. 探索性因子分析

首先该研究对被试的取样情况进行检验，由于调查学校中有一个学校只有八年级的调查数据，为了验证这个问卷在不同地区所有学校中都可以使用，本章研究对每个学校八年级所采集的数据进行检验，通过因子分析发现，巴特利特球形度检验近似卡方值为 5690.615，自由度为 45，KMO 值 0.848（显著性为 0.000），这说明本章研究所选取样本适合进行下一步分析。通过主成分因子分析法对 10 道深度学习测评题目进行分析，结果显示初始负荷矩阵，特征根值大于 1 的因子有 2 个，分别是 3.863 和 3.058。总解释量为 69.218%，其中只有一题的负荷为 0.6～0.7 间，其余题项的负荷大于 0.8。通过对 10 个题项进行斜交旋转，得出旋转后的因子

复合矩阵,并且按照如下标准来确定因子:第一,特征根值大于1;第二,因子至少有3个题目;第三,提取的因子在旋转前应该能解释总变异量的2.0%;第四,因子能符合所预选的名称。碎石图结果显示适合抽取2个因子。用主成分分析法,做极大正交旋转结果显示2个因子的方差解释率为69.218%。探索性因子分析结果如表6-1所示:

表6-1 学生英语深度学习量表的探索性因子分析及各因子

项目	因子1	因子2
v32j	0.874	
v32k	0.846	
v32i	0.846	
v32l	0.830	
v32h	0.813	
v32o		0.857
v32p		0.850
v32n		0.836
v32q		0.830
V32m		0.658
特征根	3.863	3.058
项献率	38.633	30.585
累计项献率	38.633	69.218

　　根据各因子所涵盖的内容,对上述两个因子进行命名。因子1包括5个题目,具体内容包括:个人对英语学习具有满足感、考虑不同方法来解决英语问题、自我检查是否理解英语问题、花很多空余时间主动找有兴趣的话题、认为英语学习很令人兴奋。这5个题项包含的内容与学生英语深度学习的概念非常接近,因此被命名为"深度学习"。因子2主要包括英语学习目标是尽可能用少的功夫来学习、用死记硬背的方法来学习不理解的内容、只完成教师要求完成的内容、学习的意图是为了考试、记忆是学习英语的主要方式。这些内容都指向学生英语的浅层学习,因此,这个因子被命名为"浅层学习"。

　　3.学生英语深度学习测评工具信度分析

　　在以上因子分析之后,我们对上述的测评工具开展同质性信度的检验,信度检验结果如下:

150

表6-2 学生英语深度学习测评工具及各维度信度系数

同质性分析	因子1	因子2	总问卷
克隆巴赫 a	0.899	0.868	0.820

以上结果显示,学生英语深度学习量表在整体上的同质性克隆巴赫系数为0.820,因子1和因子2的克隆巴赫系数分别为0.899和0.868,这两个分量表的系数都是在0.8以上,因此,该测评结果表明问卷的信度良好。

三、结论

本章研究在深度学习测评的理论基础上,编制了针对基础教育阶段学生英语深度学习的测试题目。对学生英语深度学习测评工具的信效度分析发现,学生评价的"学生英语深度学习问卷"评价工具的信效度很好,这说明编制的学生英语深度学习测评工具能有效地测评学生英语深度学习。本测评工具具有良好的信效度的主要原因有以下几点:第一,本问卷主要是在参考了多种深度学习测评工具的基础上研制的,这些测评工具都经过信效度验证,且有些工具在中国香港地区的大学生和高中生都经过验证,为本工具研发提供了很好的样本;第二,本问卷经过很多资深英语教师、教研员和高等教育领域长期从事英语课程与教学论专业的专家的评审,具有很高的可信度;第三,本问卷所调查的数据比较真实可靠,同质性信度检验系数都达到0.8以上。

综合以上分析,"学生英语深度学习测评工具"是合理有效的。可以用于英语深度学习的大规模调查研究之中。当然,这个问卷是扎根在教育学领域的深度学习研究和英语学科规律之上的,因此随着时间的推移,以及学习科学和英语学习理论的不断发展,对学生英语深度学习的理解也可能有所变化,在理论建构上的变化也一定会反应在测评工具之上。因此,我们后续也需要对该测评工具进行验证和修订。

第二节 学生英语深度学习特征分析

一、研究问题描述

对学生英语深度学习的发展特征进行分析主要是为了了解在英语学习上学生到底处于怎样的状态。目前所提倡基于学科核心素养的英语课程改革、任务型教学的提倡、教学方案的设计等都发生了很大的变化。一线英语教师花了很多时间进修,但这些努力是否真的让学生深度学习了? 一方面通过对学生英语深度学习特征分析,让我们了解目前学生英语学习现状,另一方面也让教师知晓自己是否让学生深度学习了。通过对文献分析发现,学生在性别、学校、学段、年级、家庭背景等背景变量上,其深度学习表现都有很大的差异。为了检验这些背景变量是否让学生英语深度学习有所差异,本章对其进行了如下分析。

二、学生英语深度学习特征分析结果

(一)学生英语深度学习的总体状况

为了了解学生英语深度学习的基本情况,本研究调查了在浙江省内的初中生,并让他们自己评价学习情况。这些学生分布在浙江省杭州市、金华市、温州市三个地区。通过对问卷进行整理,收集学生学业成绩,最后通过对学生的各个因子进行平均值和标准差进行统计分析,所得到的具体结果如表 6-3 所示。

表 6-3 学生英语深度学习整体情况分析

	因子 1	因子 2
M	4.530	3.156
SD	1.614	1.643

由表 6-3 分析可知:深度学习的平均值为 4.530,这一数值高于中间值 3.5,这说明学生英语深度学习总体水平处于中等偏上的水平。浅层学习的数值低于中间值 3.5。这说明被调查学生的英语深度学习比较值要远高于浅层学习的水平。因子 1 和因子 2 的标准差都在 1.6 左右,说明学生不管是英语深度学习还是浅层学习的离散程度都比较接近。

(二)学生英语深度学习在学校、年级、性别上的差异

为了判断学生英语深度学习是否存在学校、年级、性别上的分布差异,本章对学生英语深度学习问卷中的各因子在学校、年级、性别因素上的差异进行多元方差分析,具体结果如下表所示:

表 6-4 学生英语深度学习在学校、年级、性别上的差异多元因素方差分析

变异源	因子 1	因子 2	成绩
性别	11.903 **	25.508 **	35.495 **
年级	2.178	10.186 **	22.963 **
性别 * 年级	0.064	1.217	0.946
学校	9.129 ***	0.060	21.862 ***
学校 * 性别	2.125	0.371	3.058 *
学校 * 年级	2.977 *	1.905	2.198
学校 * 性别 * 年级	0.417	0.598	0.108

(注: * 表示 $P<0.05$, ** $P<0.01$ *** $P<0.001$ 下同)

　　由表6-4分析可知,因子1深度学习和因子2浅层学习在性别上主效应显著,因子1深度学习在年级上主效应不显著,但因子2浅层学习在年级上主效应显著。因子1深度学习和因子2浅层学习在学生性别、年级的二阶交互作用主效应不显著,学校对因子1深度学习的主效应显著,对因子2的主效应不显著。学校、性别二阶交互作用的主效应不显著,学校、年级对因子1深度学习的主效应显著,但学校、性别、年级三阶交互作用主效应不显著。

　　上述研究结果表明,学校对学生英语深度学习的作用非常显著。因此,我们对主效应显著的两个因素进行了组内之间的差异分析,结果如下表所示:

表6-5　学生英语深度学习在学校上的差异

	学校	个案数	平均值	标准差	F 值
因子1	OH1	498	4.350	1.645	8.748 ***
	JN2	347	4.391	1.576	
	WW3	184	4.341	1.633	
	YW4	587	4.787	1.592	
因子2	OH1	498	3.172	1.586	0.06
	JN2	347	3.148	1.736	
	WW3	184	3.209	1.629	
	YW4	587	3.161	1.668	

(注:＊表示 P＜0.05,　　＊＊P＜0.01　　＊＊＊P＜0.001 下同)

　　通过观察每个学校中学生英语深度学习的表现,我们发现学生英语深度学习的情况在各个学校中的表现情况,其中深度学习程度最高的是学校4,该校学生的深度学习平均值达到4.787,而学生英语深度学习最弱的是学校3,其平均值为4.341。在学生英语浅层学习中,比较严重的是金华地区学校3,平均值为3.209,最好的是学校2,平均值为3.148。

　　从图6-1可以直观地看出,英语深度学习在学校之间的差异较大,而英语浅层学习在学校之间的差异并不是很明显。

　　上面多元因素方差研究的结果表明,性别对学生英语深度学习和浅层学习的作用非常显著。因此,我们对主效应显著的两个因素进行了组内之间的差异分析,结果如表6-6所示。

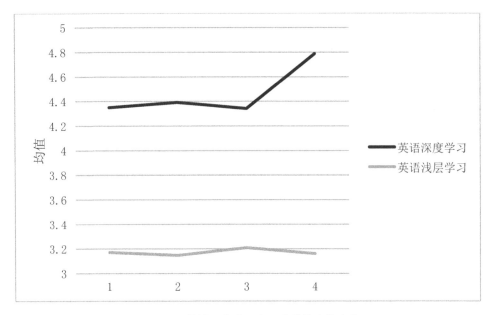

图 6-1　英语深度学习在四个学校上的变化

表 6-6　学生英语深度学习在性别上的差异

		因子 1	因子 2	成绩
平均值（标准差）	男生	4.40(1.708)	3.33(1.653)	3.80(1.290)
	女生	4.66(1.509)	2.98(1.633)	4.13(1.030)
T 值		− 3.285 ***	4.267 ***	− 5.776 ***

　　由表 6-6 所展示的分析结果可以看出,学生英语深度学习在性别上具有显著差异。这个差异说明,男生在英语深度学习因子 1 上的表现不如女生高,男生的平均值为 4.40,女生的平均值为 4.66。浅层学习的平均值反而男生比女生来得高,男生为 3.33,女生为 2.98。男生在英语学习上更容易投机取巧,更不会出现深度学习的情况,这也可以解释为何高校中英语专业的学生大部分都是女生,因为女生在基础教育阶段所经历的深度学习更多,且学业成绩也更好。
　　上述分析表明年级对因子 2 浅层学习的主效应显著,我们对主效应显著的两个因素进行了组内之间的差异分析,分析结果如表 6-7 所示:

表 6-7　学生英语深度学习在年级上的差异

	年级	个案数	平均值	标准差	F 值
因子 1	7	545	4.627	1.562	
	8	964	4.469	1.643	2.046
	9	107	4.383	1.701	
因子 2	7	545	2.930	1.403	
	8	964	3.277	1.686	8.739 ***
	9	107	3.381	2.288	

　　从表 6-7 分析可以看出年级在因子 2 上的差异。三个年级的均值分别为：7 年级的学生为 2.930,8 年级的学生为 3.277,9 年级的学生为 3.381。随着年级越高,学生英语浅层学习的现象越严重,这可能是因为学生到了初中高年级阶段,为了参与中考准备而采用更多死记硬背的学习方式。相反,学生在英语深度学习上的表现是随着年级的增长而有所下降。

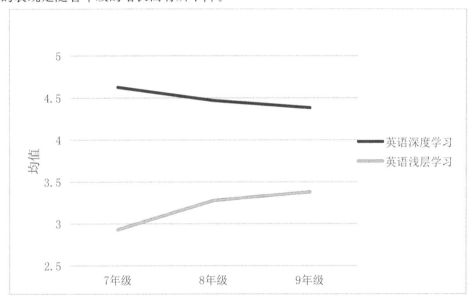

图 6-2　学生英语深度学习在年级上的差异

　　图 6-2 显示,学生英语深度学习随着年级的增加而下降,而学生英语浅层学习随着年级的增加而有所上升。这说明年级是学生英语深度学习的关键影响因素。

（三）学生英语深度学习在父母教育水平、提供帮助上的差异

通过已有文献分析发现，学生是否进行英语深度学习与学生家庭背景、个人特征以及父母受教育程度都有一定的关联性。因此我们有必要对学生是否进行深度学习、深度学习与父母教育水平之间的关系、家庭对学生英语学习的协助程度等变量的关系进行分析。经过对父母/监护人对英语学习提供的帮助、父亲教育水平、母亲教育水平、父母/监护人对英语学习提供的帮助＊父亲教育水平、父母/监护人对英语学习提供的帮助＊母亲教育水平、父母/监护人对英语学习提供的帮助＊父亲教育水平＊母亲教育水平的多元因素方差分析，结果如表6-8所示：

表6-8　学生英语深度学习在父母提供帮助，父母教育水平上的多元因素方差分析

变异源	因子1	因子2
父母/监护人对英语学习提供的帮助	5.441＊＊	1.985
父亲教育水平	1.595	1.525
母亲教育水平	0.827	0.635
父母/监护人对英语学习提供的帮助＊父亲教育水平	1.041	1.773＊
父母/监护人对英语学习提供的帮助＊母亲教育水平	1.074	1.127
父亲教育水平＊母亲教育水平	1.176	1.846＊＊
父母/监护人对英语学习提供的帮助＊父亲教育水平＊母亲教育水平	1.021	0.971

由表6-8可知，父母/监护人对英语学习提供的帮助对因子1深度学习存在显著相关性，父亲教育水平、母亲教育水平与深度学习和浅层学习并无显著相关性，但父母/监护人对英语学习提供的帮助＊父亲教育水平与因子2浅层学习具有显著相关性，父母/监护人对英语学习提供的帮助＊母亲教育水平与因子2浅层学习存在显著相关性。

以上分析说明父母/监护人对英语学习提供的帮助对因子1深度学习存在显著相关，而父母/监护人对英语学习提供的帮助＊父亲教育水平，父母/监护人对英语学习提供的帮助＊母亲教育水平，与因子2存在显著相关，因此我们对这几个变量做了差异分析。

鉴于学生英语深度学习在父母/监护人对英语学习提供帮助上存在显著差异，因此，我们对这个变量做了均值和标准差的组内差异分析，分析结果如表6-9所示。

表 6-9 学生英语深度学习在父母/监护人对英语学习提供帮助上的差异

	父母/监护人对英语学习提供的帮助	个案数	平均值	标准差	F 值
	从不 1	193	3.696	1.872	
	很少 2	430	4.220	1.591	
因子 1	有时 3	558	4.492	1.397	43.152 ***
	经常 4	287	5.023	1.452	
	总是 5	148	5.554	1.636	

这个结果显示,学生英语深度学习在"从不"这个频率上均值为 3.696,在"总是"这个频率上均值为 5.554,说明学生英语深度学习随着父母/监护人对学生英语学习的支持和帮助的增加而增加。

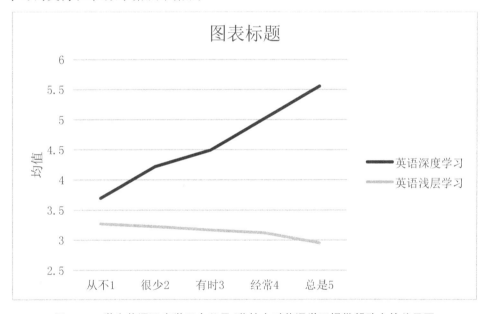

图 6-3 学生英语深度学习在父母/监护人对英语学习提供帮助上的差异图

从图 6-3 可以明显看出英语深度学习随着父母/监护人对英语学习提供帮助上的增加而增加。因此让父母等监护人对学生英语学习提供帮助是促进学生英语深度学习很有效的路径。

通过对父、母学历与学生英语深度学习多元素方差分析可以获知,学生英语深度学习与学生父母学历并无显著相关性。

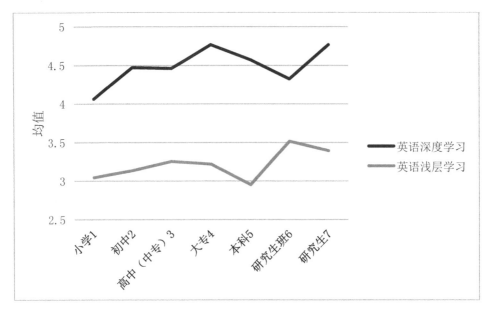

图 6-4　学生英语深度学习在父亲学历上的差异

由图 6-4 可以获得这样的信息,学生英语不管是深度学习还是浅层学习都与学生父亲的学历没有显著相关性,并不是随着父亲学历的提高而体现出深度学习的提高。

(四)学生对英语学习态度与学生英语深度学习的关系

已有文献分析发现,学生对英语的学习态度和感知与学生深度学习存在显著相关性。因此,我们对两者之间的关系作了方差分析。也对父母/监护人对英语学习提供的帮助 * 父亲教育水平 * 英语学习态度、父母/监护人对英语学习提供的帮助 * 母亲教育水平 * 英语学习态度、父亲教育水平 * 母亲教育水平 * 英语学习态度、父母/监护人对英语学习提供的帮助 * 父亲教育水平 * 母亲教育水平 * 英语学习态度、父母/监护人对英语学习提供的帮助 * 父亲教育水平 * 英语学习态度与学生深度学习的关系做了多元因素方差分析,分析结果如表 6-10 所示:

表 6-10　学生英语深度学习在英语学习态度上的多元因素方差分析

变异源	因子 1	因子 2
学生对英语学习的态度	25.838 **	3.308 **
父母/监护人对英语学习提供的帮助 * 父亲教育水平 * 英语学习态度	1.80 *	1.08

变异源	因子1	因子2
父母/监护人对英语学习提供的帮助 母亲教育水平 英语学习态度	1.261	1.841 *
父亲教育水平 * 母亲教育水平 * 英语学习态度	1.341	0.803
父母/监护人对英语学习提供的帮助 * 父亲教育水平 * 母亲教育水平 * 英语学习态度	2.635 *	1.563

（注：* 表示 P＜0.05， ** P＜0.01 *** P＜0.001 下同）

由表 6-10 所示，学生对英语学习的态度与因子 1 和因子 2 都存在显著相关性，父母/监护人对英语学习提供的帮助 * 父亲教育水平 * 英语学习态度与学生深度学习因子 1 存在显著相关性，父母/监护人对英语学习提供的帮助 * 母亲教育水平 * 英语学习态度与学生浅层学习因子 2 存在显著相关性，父亲教育水平 * 母亲教育水平 * 英语学习态度与两者并没有相关性，父母/监护人对英语学习提供的帮助 * 父亲教育水平 * 母亲教育水平 * 英语学习态度与学生深度学习因子 2 存在显著相关。

三、结论

本章研究以经过验证的学生英语深度学习问卷为基础，对我国沿海浙江省三个地市级城市四所学校的学生英语深度学习现状进行调查研究，通过对调查数据进行分析，归纳出学生英语深度学习的分布特征。

（一）学校类型对学生英语深度学习有显著影响，并不是英语成绩好的学校学生越能深度学习

详细分析这四个学校的特征能为发展学校和学生英语深度学习提供非常重要的信息。从学校类型上看，学校 1 是位于 Z 省 W 市一个区的实验学校，学生的生源构成和学生家长学历结构都不占优势，因此学生英语深度学习情况也不占优势，处于四个学校中第三位。学生英语深度学习最差的学校是属于该省师范大学附属学校，位于 Z 省 J 市的市区，与该省师范大学毗邻，且该校校长是英语特级教师，这个学校的英语学业成绩最高，但学生英语深度学习的均值却较差。学校 2 位于 Z 省省会，是生源最好的学校，也是重点学校，但学生的英语深度学习水平并不是第一位，而是第二位。另一所学校是与 Z 省师范大学附属的学校，位于该省非常发达的城市，这所学校与该师范大学外国语学院有合作关系，不是挂名的附属学院，该校发展出学生英语学习特色，对学生英语学习非常重视。

总结归纳上述特征，我们发现，英语成绩最好的学校或者有英语特级教师作为校长的学校并不一定能促进学生英语深度学习，而是与大学长期亲密合作真正能得到高校研究者指导的学校才能真正促进学生英语深度学习。这一点与学校的规

划发展、教师专业发展、以学生为中心的理念的落实相关。这也得到以往很多研究的呼应和证实。

（二）学生英语深度学习随着年级的增加而降低

这个研究结论与以往的研究结论相反。很多以往的研究发现，学生年级越高、年龄越大的学生，深度学习水平越高。但以往研究通常以大学生为研究对象，或者以高中生为研究对象，且研究的并不是英语学科。对于英语学习，本章的研究发现，学生英语深度学习从初一到初三的变化是非常明显的，随着年级的增加深度学习逐渐减少，相反英语浅层学习随着年级的增加也不断增加。通过详细了解初中学生的情况，我们发现，学生在初一的时候可以做很多活动，但到了初二下学期学生已经开始准备中考，学习英语完全是为了考试。因此以考试为导向的、做练习为主的初中英语学习，基本上让学生处于浅层学习的状态。英语深度学习随着考试的到来而停止。

（三）父母的学历对学生英语深度学习并无显著相关性，而父母/监护人对学生英语学习的帮助是最重要的因素

父母学历程度对学生英语深度学习并无显著影响，而父母/监护人对学生英语学习的帮助是最重要的影响因素之一。很多以往的研究表明，家庭经济背景和收入对学生学习有重要的影响，父母教育程度越高学生学业成绩越好。但学生英语深度学习并不受父母教育程度的影响，因为英语深度学习并不是与学生当下的考试成绩相关的，学生英语深度学习涉及学生学习英语的动机、策略、意图、方式和结果，包括学生英语学习过程和学习结果。学生在英语学习过程中是否采取深度学习的方式是情境依赖型的，需要父母真实地介入学生的学习过程中，父母介入越多、越频繁，学生越能处于深度学习的状态。鉴于此，本章建议，父母/监护人在有能力的情况下，尽可能多地陪伴陪伴学生学习英语，让学生更多地投入学习当中。

（四）学生英语学习态度与学生英语深度学习呈显著相关

学生英语深度学习与学生英语学习态度相关，这个与学生自我效能感有关，学生英语学习态度主要是通过检测学生对英语的兴趣、英语自我效能感等因素来确定的。以往研究表明学生英语自我效能感越高，就越能处于深度学习的状态，而学生学习兴趣也能促进学生深度学习。因此，本章研究所获得的结论与以往研究相似，学生英语学习态度能促进学生英语深度学习，改变学生英语学习态度是促进学生英语深度学习的关键。

第三节　学生英语深度学习对学生英语学习结果的影响研究

一、研究问题描述

深度学习是英语学习的关键，且对学生学习结果存在很大的相关性。已有研

究发现,深度学习不仅影响学生的学业成绩,且对学生的非学业成绩具有显著影响。对于英语学习来说,我们除了了解学生是否在深度学习之外,还要分析学生深度学习和浅层学习与学生英语学业成绩、非学业成绩的关系。这对于重视学生学习结果评估的基础教育来说,一方面可以洞察英语终结性考试是否注重学生的学业成绩,另一方面也可以洞察教师为何重视深度学习,为何不重视学生的深度学习。本节也通过中考英语考试成绩来分析考试与深度学习之间的关系。

二、学生英语深度学习对学生英语学习结果的影响

(一)学生英语深度学习对学生英语成绩的影响效应分析

针对学生英语深度学习、浅层学习对学生英语学业成绩的影响,我们采用回归分析,得出的结论如表 6-11 所示。学生英语深度学习对学生英语学业成绩具有正向影响,而学生浅层学习对学生英语学业成绩具有负向影响。这说明要提高学生英语学业成绩,就需要鼓励学生采用深度学习的方式,即学生深度学习是提高学生英语学业成绩的重要方式和途径。

表 6-11　学生英语深度学习对学生英语学业成绩影响的回归分析

	深度学习	浅层学习
成绩	0.241 ***	- 0.189 ***

(二)背景变量对学生英语深度学习的影响效应分析

通过对性别、学校、年级和班级与学生深度学习和浅层学习的回归分析,如表 6-12 所示,我们发现,性别对学生英语深度学习具有显著的正向影响,对浅层学习具有显著的负向影响。学校对学生英语深度学习具有显著的正向影响,年级和班级对学生英语深度学习和浅层学习没有影响效应。

表 6-12　背景变量对学生英语深度学习影响的回归分析

	性别	学校	年级	班级
深度学习	0.093 ***	0.107 ***	0.143	- 0.179
浅层学习	- 0.124 ***	0.020	- 0.008	0.118

由于性别对学生深度学习和浅层学习都具有显著影响,因此,我们对男生学业成绩与女生学业成绩与学生浅层学习/深度学习之间的关系作了回归分析。表 6-13 显示深度学习对男生的英语学业成绩呈显著的正向影响,浅层学习对男生的英语学业成绩呈显著的负向影响。

表 6-13　男生深度学习和浅层学习对成绩影响的回归系数

	深度学习	浅层学习
成绩	0.236 ***	− 0.157 ***

表 6-14 显示,深度学习对女生英语学业成绩具有显著的正向影响,浅层学习对女生的英语学业成绩具有显著的负向影响。通过比较表 6-13 与表 6-14 的结果,我们可以发现学生英语深度学习对学生学业成绩的正向影响中,系数高的是男生,而浅层学习对学生英语学业成绩的负向影响中,女生的系数较高。从这个分析中,我们发现女生在英语学习中更倾向于浅层学习,而男生更倾向于深度学习。

表 6-14　女生深度学习和浅层学习对成绩影响的回归系数

	深度学习	浅层学习
成绩	0.227 ***	− 0.211 ***

（三）学生英语深度学习对英语学业成绩与非学业成就的学习结果影响效应

从表 6-15 来看,学生英语深度学习对学生英语学习态度具有显著的正向影响,英语浅层学习对学生英语学习态度具有显著的负向影响,且英语学习成绩对英语学习态度也具有显著的正向影响。这个结果说明,学生英语深度学习对学生英语非学业成绩的学习结果具有显著的正向影响。研究学生深度学习对促进学生非学业成绩的学习结果的提高具有重要意义。

从表 6-15 也可以看出,父母对学生英语学习的帮助对学生深度学习具有正向影响,且非常显著。父母教育水平对学生的深度学习或浅层学习都没有显著作用。这说明,父母仅仅具有高学历对学生的深度学习并没有太大作用,其实质性的支持才能对学生深度学习起重要作用,且对学生的学业成绩具有显著影响。

表 6-15　深度学习与浅层学习对英语非学业成绩的影响效应

	父母帮助频率	父亲教育水平	母亲教育水平	英语学习态度
深度学习	0.244 ***	− 0.030	0.003	0.419 ***
浅层学习	− 0.035	− 0.029	0.065	− 0.126 ***
成绩	− 0.082 ***	0.109 ***	0.057	0.513 ***

三、结论

（一）设计学生英语学习过程,促进学生英语深度学习,提高学生英语学业

成绩

从以上的研究结论来看,学生英语深度学习对学生英语学业成绩具有显著影响,而这并不受学生年龄段的影响。不管是小学生、初中生、高中生、还是大学生,只要是学生在深度学习,学生的学业成绩就很高。同时这个结论也并不受哪个学科的影响,不管是数学、语文还是英语,只要学生在深度学习,那么学生的学业成绩就高。这已经成为普遍的研究结论。因此促进学生深度学习,是提高学生英语学业成绩的关键手段。

(二)设计学生英语深度学习,促进学生英语学习态度的转变

通过以上结论,我们可以发现学生英语深度学习与学生英语学习态度之间存在显著的正向影响,而学生英语浅层学习与学生英语学习态度之间存在显著的负向影响。这个结论与以往的研究结论相符合。学生深度学习对提高学生高质量的学习结果具有显著的正向影响。深度学习的学生具有强烈的内部学习动机,具有意义取向的学习策略和获得意义的学习结果,浅层学习的学生只有外部动机,主要采用机械记忆的学习策略。因此学生深度学习对于非认知能力的提高具有重要作用,而浅层学习对于发展学生的非认知能力具有负向作用。

(三)验证比格斯的深度学习过程理论,关注促进学生深度学习的前置变量

比格斯通过大量的实证研究发现了学生深度学习的 3P 模型,即学生深度学习的前置变量、深度学习过程和学习结果之间的关系。在分析学生深度学习与学习结果的关系上,本章的研究拓展了学生深度学习与学业成绩的关系,验证了学生深度学习与学生的学习态度等非学业成绩的学习结果变量存在因果关系。更重要的是,该回归模型发现,学生在英语学习中其深度学习受到一些前置变量的影响,特别是学校层面的变量和家长层面的变量的影响。不管学生处于哪个年龄段或者哪个年级,学生英语深度学习和浅层学习都不受影响,但学生家长的辅导、学校管理等动态变量与学生英语深度学习存在因果关系。从这些研究可以看出,学习作为一种动态的过程,更多地与行动中的变量相关,而非与静态的家长学历、年龄段等变量相关。为促进学生英语深度学习,有必要关注动态变量,并采取相关行动,如加强对学生的辅导帮助学生实现深度学习。

第七章 高中生英语深度学习的实证研究

深度学习是素养时代所追求的学习方式,专家型教师是落实学科核心素养,在课堂中转化素养的攻坚力量。本章通过对浙江省某重点中学高一年级三个专家型教师与三个新手型教师的英语课堂中学生深度学习情况的调查研究发现:从整体上看,专家型教师课堂中学生的深度学习动机与策略均高于新手型教师;专家型教师与新手型教师所授学生的课堂中,学生深度学习动机都比较高,而深度学习策略都比较低;从单个教师之间的差异来看,专家型教师之间在学生深度学习水平上存在差异,并非所有专家型教师都高于新手型教师所授的课堂。该研究建议,高中生英语课堂都需要加强学习策略培训,新手型教师需要向专家型教师学习如何调动学生内部学习动机,而专家型教师也需要加强专业技能培训以促进学生英语课堂的深度学习。

第一节 高中生英语深度学习的测评框架及工具的建立

核心素养的提出是对"培养什么样的人"这一问题的最新探索,它对学生所应具备的必备品格和关键能力作了具体的阐释。自核心素养颁布以来,如何将其落实到具体的课堂教学中一直是教育改革的重点和难点,世界各国也都在纷纷寻找培养学生面对未来生活所需的核心素养的途径。深度学习作为一种与学生发展核心素养相适宜的学习方式是当下课堂转型的目标①。作为教育改革与课堂转型的攻坚力量,专家型教师一直起着非常重要的模范与引领作用。那么,目前在专家型教师的课堂中学生深度学习的情况如何? 在专家型教师与新手型教师的课堂中学生在深度学习上是否存在差异? 本章通过对这两个问题的探索为将来开展促进深度学习的研究提供经验基础。

一、高中生英语深度学习概念的由来与发展

(一)高中生英语深度学习概念的由来

深度学习概念在教育界的形成与发展主要归功于国外的几个研究团队,他们分别是由恩特韦斯特尔领导的兰开斯特团队、由比格斯领导的澳大利亚团队、由马

---

① 曾家延,董泽华.学生深度学习的内涵与培养路径研究[J].基础教育,2017,14(4):59-67.

顿领导的瑞典团队以及由帕斯克领导的理查曼德团队。兰开斯特团队研究的主要目标是确认学生的特征（如性格、动机和学习方法）能够预测学生学业成就。他们对 1087 位大一学生的成绩进行聚类分析，根据其学业成就、动机、学习方法和社交生活将这些学生分为四类，以此来探索学生的性格与其所采用的学习方式的关系[1]，在实验过程中发现学生使用浅层学习、深度学习和策略学习三种学习方式。

比格斯所带领的团队创造性地提出了一个 3P 学习模型理论。在该模型中，学习过程受到前置因素如个人特征和教学特征的影响。前置因素对结果要素包括主观及客观学业成就受到学习过程的协调作用。比格斯认为影响因子能够通过改变学生的动机和在学习过程中所采用的学习策略而改变学生的学业成就。在 3P 模型的基础之上，比格斯开发了一个学习过程问卷并受到了广泛关注，它描述了浅层学习方式、深层学习方式以及成就学习方式的具体特征。

马顿与他所带领的瑞典团队主要是通过让受试者阅读学术文章来分析其学习方法和学习结果。在阅读完文章后，对受试者进行阅读目的、学习方法、对任务的理解以及他们所记所学的有关内容访谈[2]。对访谈材料进行分析后，可以看出学生的学习方法与学习结果具有规律性。深度学习方法可以引起高层次的理解水平，相应地，浅层学习方法只能引起较低层次的理解水平。该团队强调学生意图的重要性，因为学生想要从学习中获得什么决定了他们是使用深度方法还是浅层方法，而其所选用的方法又反过来影响结果的层次。由帕斯克领导的理查曼德团队研究学生如何学习新领域的复杂知识，如学生如何掌握在文章或课本里的陌生知识点[3]。在该团队所做的实验中，学生被明确要求需要达到高层次的理解水平。在此过程中，他们归纳出顺序法（serialist）和整体法（holist）两类学习方法。顺序法关注细节的比较，按文本顺序的各个部分（而不是重要部分）记忆细节和直接信息，缺乏对文本的整体把握；整体法即理解文章的整体意义，寻找作者的观点，能够结合更广泛的情境，识别作者论点和论据部分。

尽管这些研究团队的研究起因和结果不尽相同，但从他们的研究结果中都可以看出学生在学习过程中会使用两种不同质的学习方式，即浅层学习和深度学习。随着深度学习研究不断推进，之后的学者们逐渐把方向聚焦于如何测评和如何促进学生深度学习上。

（二）高中生英语深度学习概念的发展

马顿和萨尔约是深度学习的先行者，自他们起，深度学习的概念在教育研究领域深入人心。起初，马顿和萨尔约使用现象描述分析法（Phenomenography）揭示

① ENTWISTLE N J，RAMSDEN. Understanding Student Learning[M]. London：Croom Helm，1983.

② MARTON F，SÄLJÖ R. On qualitative differences in learning：I—outcome and process [J]. British Journal of Educational Psychology，1976，46(1)：4－11.

③ PASK G，SCOTT B. Learning Strategies and Individual Competence [J]. International Journal of Man-Machine Studies，1972，4(3)：217－253.

了学生在完成一项具体的阅读任务时会使用不同的学习方法和策略。一些学生使用带着明确意图去理解的深度学习,而另一些学生则采用对学习材料进行简单记忆的浅层学习。随着研究的逐步推进,他们认为学生的学习过程与学习结果存在一定的联系:使用深度学习的学生能够理解文章的整体内容,将阅读重点放在作者的主要倾向和整体意图上;而采用浅层学习的学生关注细节的比较,将重点放在文章的具体内容上,并按文本顺序的各个部分(而不是重要部分)记忆细节和直接信息,缺乏对文本的整体把握。在此之后,比格斯、恩特韦斯特尔、兰斯登等学者纷纷加入此话题的研究。在比格斯、恩特韦斯特尔、马顿和帕斯克领导的研究深度学习的四大团队的研究成果的基础上,贝蒂等人从学习目的、学习风格、学习方法和结果几个方面详细区分了深度学习与浅层学习。他们认为深度学习方式是指学生是为了理解而学习,使用此方式学生能够利用已有经验对所学知识进行批判性的思考,并使用逻辑思维能力判断结论的正确与否;而浅层学习者则仅仅是为了记住事实性知识而学习,他们试图简单地记住教学材料的部分内容并且全盘接受其中的观点与信息,同时容易受到评价要求的影响①。

随着研究的继续推进,学者不再把注意力聚焦于深度学习与浅层学习之间的区别上,转而关注在当前快速发展的时代背景下,学生所应具备的适应社会发展的能力。在由美国威廉和弗洛拉·休利特基金会倡议的《深度学习研究:机会与结果》项目中,威廉和弗洛拉·休利特基金会把深度学习界定为学生胜任21世纪工作和生活所必须具备的能力。这些能力主要包括掌握学术知识、批判性思维和问题解决能力、团队合作、有效沟通、学会学习、学习思维六个维度②。而美国国家研究委员会(National Research Council Panel,简称NRC)将深度学习划分为认知、人际和个人三个领域,并将深度学习定义为可迁移能力。随着深度学习研究的逐渐深入,我们可以发现深度学习不再局限于学习过程,学习结果也逐渐融入其中。

国外学者对于深度学习的研究主要集中在高等教育领域,围绕深度学习的过程与结果、影响因素及有效性展开③,且注重在教学实践中探索和总结促进深度学习的策略及模型。随着深度学习在教育领域逐渐受到重视,近年来国外学者开始关注深度学习在各个学科领域中的应用研究。而国内对深度学习的研究起步于2004年美国教育传播与技术协会(AECT)在对教育技术的定义中突出的深度学习的理念。次年,黎加厚和何玲首先阐述了深度学习是指学生能够在理解的基础之上,对知识进行批判性的学习并将它们融入原有的认知结构中,并且学习者能够充

① BEATTIE V, COLLINS B, MCLNNES V. Deep and surface learning: A simple or simplistic dichotomy? [J]. Accounting Education, 1997, 6(1): 1-12.
② William and Flora Hewlett Foundation. Deeper learning competencies [DB/OL]. [2016-04-15]. http://www.hewlett.org/uploads/documents/Deeper_Learning_Defined__April_2013.pdf.
③ 张思琦,张文兰,李宝.国外近十年深度学习的研究现状与发展趋势——基于引文分析及共词矩阵的知识图谱分析[J].远程教育杂志,2016,35(2):64-72.

分联系所学知识,将已有的知识迁移到新的情境中以解决实际问题①。自 2010 年颁布的《国家中长期教育改革和发展规划纲要(2010—2020 年)》强调课堂教学要注重培养学生的自主学习能力,以及学习的主动性、独立性、体验性和问题性起②,深度学习愈来愈受到研究者们的青睐。

总之,深度学习是指学生在理解的基础上,采用批判、反思、整合、应用等方式对知识进行深度加工的学习活动。此过程需要学生的全身心参与,且最终会使学习发生质变。另外,深度学习不仅仅是一种学习方式(仅包括学习动机和学习策略),而是培养学生的核心素养、促进学生全面发展、锻炼学生高阶思维、批判性思维与情境迁移能力的积极的、有意义的学习。

二、英语深度学习测评与教师评价的影响

(一)高中生英语深度学习的测评

深度学习的测量一直是研究者重点关注的领域。不同的研究者针对深度学习的特性提出了不同的测量方法,而其中以比格斯提出的各类评价方法最受关注。现将比格斯有关深度学习测量的研究梳理如下:

比格斯最早提出了一个 3P(Presage-Process-Product)学习过程模型,如图 7-1 所示。前提、过程、结果的学习模型描述了在课堂教学中,学生根据已有的背景知识和学习动机来解读课堂环境③。由于学生学习的动机和原因是各不相同的,这就造成了学生的学习过程也是不一样的,因此,学生的学习结果也各不相同的。由此可见,学生自身的预备条件会对学习结果产生影响,但更重要的是,学习过程也会影响学习结果。这三个因素相互联系并相互作用着。

在 3P 模型的基础之上,比格斯和肯博继而提出了修订后的中学生学习过程问卷(R-LPQ-2F)④,如表 7-1 所示。他们认为每一种学习方式都可以分为学习动机和学习策略两个部分。此外,学习方式包括两个维度,分别是浅层学习方式和深层学习方式。将学生在两个维度上的分数进行对比,可以得出学生在学习过程中以何种学习方式为主。R-LPQ-2F 采用问卷调查的形式能够大范围地对学生的学习过程加以评估,从总体上把握学生的学习方式及其对学习结果的影响,是比格斯等人开创的对于学习方式的量化研究⑤。

---

① 何玲,黎加厚.促进学生深度学习[J].现代教学,2005(5):29-30.

② 樊雅琴,王炳皓,王伟,等.深度学习国内研究综述[J].中国远程教育,2015(6):27-33.

③ 占丰菊.比格斯教学理论述评[J].外国教育研究,2002(9):20-23.

④ KEMBER D,BIGGS J,LEUNG D. Examining the multidimensionality of approaches to learning through the development of a revised version of the Learning Process Questionnaire [J]. The British Psychological Society,2004,74(2):261-280.

⑤ 吴维宁,高凌飚,李佳.学习过程研究与学习方式评测[J].教育测量与评价:理论版,2008(5):4-7.

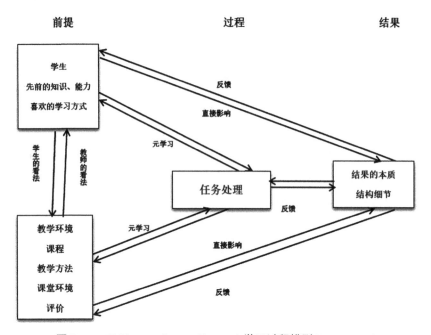

图 7 - 1　3P(Presage-Process-Product)学习过程模型(Biggs,1978)

表 7 - 1　修订后的中学生学习过程问卷(R-LPQ-2F)

学习方式	学习动机	学习策略
浅层式学习方式	内在兴趣;学习投入	关联;理解
深层式学习方式	害怕失败;获得证书为目标	学习范围最小化;记忆

　　在皮亚杰认知发展理论的基础上,比格斯提出了可观察的学习结果测量模型 SOLO(Structure of the Observed Learning Outcome)。他将对学生个体思维发展水平的测量聚焦在对特定学习任务的学习结果上面[1],按照能力(capacity)、思维操作(operation of thinking)、一致性与收敛(consistency and closure)、回答结构(reply structure)四个方面对学生的思维理解水平由低到高分为前结构、单点结构、多点结构、关联结构和抽象扩展结构水平。已有研究普遍认为 SOLO 的前三个层级只涉及知识数量的变化,是浅层学习的结果,而后两层是在知识的质上发生改变,属于深度学习。作为可观察的学习结果测量模型,SOLO 对理解层级以及具体表征进行详细划分,使得学习者的理解变得可见并且可评。因此,SOLO 能够根据学习结果对学习质量进行质性评价。
　　深度学习测量的方法多种多样,吴亚婕通过归纳国外深度学习的测量方式,得

_____

① 刘丽丽. 基于 SOLO 分类理论的小学生深度学习评价研究[D].上海:华东师范大学,2017:40.

出深度学习方法的测量一般都包含个体、行为、环境三个维度[①]。目前,深度学习的测量主要是以问卷的方式进行,此种方式能以较高的效率调查出学生的学习情况,考查学生在学习过程中是否运用了深度学习的方法。在测评高中生的深度学习水平时,一般采用 R-LPQ-2F 作为测量学生深度学习的工具。

（二）教师对学生深度学习的影响

为了探索如何促进学生深度学习,学者们开始研究深度学习的影响要素。根据已有研究可以归纳为情境、学生认知的情境以及学生本身三种影响因素。情境,即包围在学生身边的环境因素。学界主要从评价、教师、学科这几个层面研究情境对深度学习的影响。在这些情境因素中,教师在课堂中采用的评价方式、教师对学生的认知,以及教师本身的教学行为是影响学生深度学习最为关键的要素。

第一,教师在课堂中采用的评价方式是影响学生深度学习的关键要素之一。卡恩等人认为以任务为导向的学习历程档案评价能够有效驱动学生深度学习,激励学生达到给定目标并运用他们的想象与兴趣去完成更高的目标[②]。佩奇恩教授强调表现性评价的评分规则能够帮助学习者反思自己的学习行为,为学生提供有效提高学习效果的反馈,进而引导学生学会学习[③]。第二,教师的教学方式与教学行为是影响学生深度学习的另一个关键要素。兰斯登提出,若教师对他的教学对象没有热情,那么学生的学习效果也会不佳,反之,如果教师对他所从事的事业充满激情,学生也会感受到相应的情感并投入相应的努力[④]。恩特韦斯特尔也强调学生学习方法受教师教育理念和教学方式的影响[⑤]。通过大量研究和观察,比格斯发现教师的教学方式会影响学生对学习任务的参与水平[⑥]。在消极的教学方式之下,学术型和非学术型学生在参与度上差距较大;而在积极的教学方式之下,两者的差距缩小。因此,若调整教师的教学方式,那么学生就会更加倾向于使用高阶思维模式。由此,比格斯提出了基于问题的教学（Problem-Based Learning）和学习历程档案（Learning Portfolio）两种有利于促进学生深度学习的教学方式。从教师的教学理念看,柏顿强调若教师以学生为导向,且教学理念与时俱进,那么学生

---

① 吴亚婕. 影响学习者在线深度学习的因素及其测量研究[J]. 电化教育研究,2017(9):57-63.

② CAIN A,GRUNDY J,WOODWARD C. Focusing on learning through constructive alignment with task-oriented portfolio assessment [J]. European Journal of Engineering Education,2017(1):1-16.

③ 周文叶、陈铭洲. 指向深度学习的表现性评价——访斯坦福大学评价、学习与公平中心主任 Ray Pecheone 教授[J]. 全球教育展望,2017,46(7):3-9.

④ RAMSDEN P. Student learning and perceptions of the academic environment [J]. Higher Education,1979,8(4):411-427.

⑤ ENTWISTLE N J. Approaches to learning and perceptions of the learning environment:Introduction to the special issue [J]. Higher Education,1991,22(3):201-204.

⑥ BIGGS J. What the student does:Teaching for enhanced learning[J]. Higher Education Research & Development,1999,18(1):57-75.

更倾向于深度学习①。同时,学生所学科目也会影响学习者的深度学习。肯博等人认为艺术和社会科学的典型教学和学习环境比科学和经济学科更有助于学生采用深度学习②。柏顿则认为普通人类科学专业的学生采用深度学习方法的效果最好。

由上分析可以获知,教师是影响学生深度学习的关键因素,而教师若在评价素养、教学方式、教学行为上都属于专家型,那么学生更可能处于深度学习发展状态。因此,本章研究形成这样的假设,即如将专家型教师与新手型教师的英语课堂相比较,专家型教师课堂的学生深度学习水平较高。

第二节 研究设计

一、研究对象

本章研究是对浙江省温州市某重点中学高一年级三位专家型英语教师与三位新手型英语教师所对应班级学生的调查。所调查教师与班级的信息如表7-2所示。专家型教师教龄均为10年以上且具有学科带头人和省优秀教师的荣誉称号,学历都为本科。新手型教师的教龄均为1-2年,有些教师并没有评完职称,但均获得硕士学位。被调查的学生来自6个班级,每个班级人数为34-39人不等,学生学习能力与水平分配比较均衡,并不涉及重点班与非重点班的差异。

表7-2 教师基本信息

教师	教龄	职称	荣誉称号	学历学位	班级学生数
专家1	18年	高级	省级优秀教师	本科	39
新手1	1年	未定级	无	硕士	34
专家2	15年	高级	学校学科带头人	本科	38
新手2	1年	未定级	无	硕士	35
专家3	10年	高级	省级优秀教师	本科	36
新手3	2年	中学一级	无	硕士	38

① BAETEN M, KYNDT E, STRUYVEN K, DOCHY F. Using student-centered learning environments to stimulate deep approaches to learning: Factors encouraging or discouraging their effectiveness [J]. Educational Research Review, 2010, (3): 243 - 260.

② KEMBER D, LEUNG D, MCNAUGHT C. A Workshop activity to demonstrate that approaches to learning are influenced by the teaching and learning environment [J]. Active Learning in Higher Education, 2008, 9(1): 43 - 56.

二、研究工具

本研究采用由肯博和比格斯设计的"中学生学习过程问卷修订版"(R-LPQ-2F)来测量六位教师所授班级学生的深度学习情况。该问卷共有 22 道题,它将学生的学习方式分为深度学习和浅层学习两种类型,且每种学习方式又由学习动机和学习策略构成。问卷的具体结构和题目设置情况见表 7-3。学生根据问卷题目的表述选择符合自己情况的选项,选项分别有完全不符合、基本不符合、一半符合、基本符合、完全符合,依次计为 1-5 分。将各个维度所对应的问卷中的题目的分数相加为该维度所得的分数。

表 7-3 R-LPQ-2F 具体维度表

各维度	题目项数	题目举例
深度学习		
深层动机		
内在兴趣	1	我发现英语学习有时能使我感到高兴和满足。
学习投入	5	我发现只要自己肯钻研,很多知识都会变得非常有趣。
深层策略		
关联	2	我尝试着把从英语中学到的知识与其他学科的知识联系起来。
理解	14	当我阅读课本的时候,我尝试理解作者的意图。
浅层学习		
浅层动机		
害怕失败	7	即使我已经努力为考试做准备,但我仍担心会发挥不好。
获得证书为目标	11	无论我是否喜欢,我承认在学校中表现好是取得高薪工作的有力保证。
浅层策略		
学习范围最小化	12	我只学习老师规定的内容,因为我觉得做一些额外的功课没有必要。
记忆	20	我发现通过考试的最好方式是尽量记住相似问题的答案。

三、分析过程

使用 R-LPQ-2F 来测量专家型教师与新手型教师的英语课堂中学生的深度学习水平,并通过 SPSS22.0 来计算不同教师所对应的学生深度学习上的差异。

第三节　研究结果

一、专家型教师与新手型教师英语课堂中学生深度学习的整体特征与差异

（一）专家型教师英语课堂中学生深度学习特征分析

表7-4　专家型教师英语课堂中学生深度学习描述性统计分析

维度	因素	题目数	平均数	标准差	样本数
深度学习	深层动机	7	20.49	5.37	108
	深层策略	4	13.50	3.11	108
浅层学习	浅层动机	4	14.98	3.30	108
	浅层策略	7	17.11	4.20	108

表7-4的数据反映出，在专家型教师课堂中的108名学生中，学生的深度学习动机总分的平均数为20.49，而浅层学习动机总分的平均数为14.98，这表明在学习动机方面，专家型教师指导下的学生在英语课堂上更加倾向于深度学习动机，学生对所学的内容有兴趣，为弄懂和掌握知识而进行学习，有着强烈的积极学习动机；从学习策略角度来看，专家型教师指导下的学生的深度策略总分的平均数为13.50，浅层策略总分的平均数为17.11，这表明学生在专家型教师的教导下使用浅层学习策略的情况仍然十分普遍。

（二）新手型教师英语课堂中学生深度学习整体特征分析

表7-5　新手型教师英语课堂中学生深度学习描述性统计分析

维度	因素	题目数	平均数	标准差	样本数
深度学习	深层动机	7	19.11	4.91	100
	深层策略	4	13.05	3.37	100
浅层学习	浅层动机	4	14.36	2.95	100
	浅层策略	7	16.56	4.18	100

正如表7-5中数据所反映的，在新手型教师课堂中的100名学生中，学生的深层学习动机总平均数为19.11，而浅层学习动机总平均数为14.36，这表明在学习动机方面，新手型教师指导下的学生在英语课堂上也倾向于深层学习动机，不仅仅停留于浅层动机；从学习策略角度看，新手型教师指导下的学生的深层策略总平均数为13.05，浅层策略总平均数为16.56，这表明学生在新手型教师的教导下使用浅层学习策略的情况仍经常出现。

（三）专家型教师与新手型教师英语课堂中学生深度学习整体特征差异

专家型教师的英语课堂中深层学习动机和深层学习策略平均数分别为 20.49 和 13.50,新手教师英语课堂中深层学习动机和深层学习策略的平均数分别为 19.11 和 13.05。这表明在深度学习这一维度上,专家型教师要优于新手教师,学生们对在专家型教师英语课堂上所学习的内容更感兴趣,是为了弄懂和掌握知识而进行学习的。在学习策略上,在专家型教师课堂中学生们习惯独立思考,注重知识的理解和应用,具有较强的求知欲。相对而言,在新手教师的课堂中,两者得分均较低,这一定程度上表明在新手教师课堂中,学生的学习动机更侧重于考试或外在的奖励,且学习策略上较为侧重机械记忆,不注重知识的理解和应用。数据分析显示,在专家型教师英语课堂中学生倾向于选择深度学习,在新手教师英语课堂中学生则倾向于选择浅层学习。

二、个体专家型教师与个体新手型教师英语课堂中学生深度学习差异比较

表 7 - 6　六位教师英语课堂深度学习描述性统计分析

教师类型	深度学习		浅层学习		深度动机		浅层动机		深度策略		浅层策略	
	平均值	标准差	平均值	标准差	平均值	标准差	平均值	标准差	平均值	标准差	平均值	标准差
专家 1	34.2	7.4	31.4	6.2	20.9	5.1	14.1	3.5	13.4	3.1	17.3	4.2
专家 2	35.7	7.4	31.8	5.1	21.4	5.2	15.3	3.2	14.3	2.9	16.5	3.9
专家 3	31.7	8.4	33.2	6.5	19.0	5.7	15.6	3.0	12.7	3.2	17.6	4.5
新手 1	31.4	9.2	32.3	6.1	18.8	5.6	14.3	3.5	12.6	3.2	18.0	4.8
新手 2	33.5	5.8	30.4	4.2	19.8	3.9	14.7	2.3	13.6	2.7	15.7	3.6
新手 3	31.8	8.0	30.0	4.7	18.8	5.6	14.1	3.0	13.0	3.5	15.8	3.7

（一）深度学习与浅层学习在教师个体层面上的差异

从深度学习层面来看,专家 2 教师带领下的学生深度学习方式的数值的平均值最高,达到 35.7,其次为专家 1 教师的 34.2。在新手教师带领的学生中,新手 2 教师的学生的深度学习方式的数值最高,达到 33.5,高于专家型教师专家 3 的 31.4。由此可见,并不是专家型教师指导的学生在学习方式层面就一定能优于新手教师指导的学生。从标准差角度来看,新手 1 的标准差达到 9.2,为六个教师中的最高值,这说明新手 1 指导的学生的深度学习方式具有很大的差异性。

从浅层学习层面来看,专家 3 教师学生的浅层学习方式的数值的平均值最高,达到 33.2,其后依次为新手 1,专家 2,专家 1,新手 2,新手 3。这说明专家型教师指导的学生不一定就会摒弃浅层学习方式,且不能因教师的不同而断定学生学习方式的不同。从标准差角度来看,专家 3 的标准差最高,为 6.5,可见该教师指导的学生在浅层学习方式层面差异较大。这从另一个方面反映出仅有 10 年教龄的专家 3

教师与分别具有 15 年和 18 年教龄的专家 2 和专家 1 教师相比,在指导学生深度学习上存在差异。

(二)深度动机与浅层动机在教师个体层面上的差异

从深度动机层面来看,专家 2 教师带领下的学生深度动机的数值的平均值最高,达到 21.4,其后依次为专家 1,新手 2,专家 3,新手 1,新手 3。从总体上来看,专家型教师指导的学生更倾向于深度动机。从标准差角度来看,标准差最高的两位教师是专家 3 和新手 1,他们的标准差分别为 5.7 和 5.6,说明专家 3 和新手 1 指导的学生的深度动机具有很大的差异性。

从浅层动机层面来看,专家 3 教师带领下的学生浅层动机的数值的平均值最高,达到 15.6,其后依次为专家 2,新手 2,新手 1,专家 1,新手 3。由此可见,专家型教师指导的学生的浅层动机也较高,并不是所有专家型教师带领的学生就一定能获得深度动机。专家 3 教龄仅为 10 年,与专家 1 的 18 年、专家 2 的 15 年教龄相比较,从标准差角度来看,专家 1 和新手 1 的标准差最高,为 3.5,说明这两位教师带领的学生的浅层动机参差不齐。

(三)深度策略与浅层策略在教师个体层面上的差异

从深度策略层面来看,专家 2 教师带领下的学生深度策略的数值的平均值最高,达到 14.3,其后依次为专家 1,新手 2,专家 3,新手 1,新手 3。可见从总体上看,专家型教师指导的学生在英语学习过程中更倾向于深度策略。从标准差来看,新手 1 的标准差最高,为 3.8,这说明该教师指导的学生在深度策略的使用上存在较大的差异。

从浅层策略层面来看,新手 1 教师指导下的学生浅层策略的数值的平均值最高,达到 18.0,其后依次为专家 3,专家 1,专家 2,新手 3,新手 2,后两位新手型教师的浅层策略的数值最低。可见学生对于学习策略的选择并不受教师专业水平的影响。专业水平高的教师带领的学生不一定更倾向于深度策略,专业水平低的教师带领的学生也不一定会更多地选择浅层策略。从标准差角度来看,新手 1 的标准差达到 4.8,为六个教师中的最高值,说明新手 1 指导的学生的浅层策略具有很大的差异性。

第四节 讨论与启示

一、学生深度学习策略指导在专家型与新手型教师课堂中均有待加强

六位教师中有四位教师的学生的深度学习平均值高于浅层学习方式的平均值,该校高一段学生都更倾向于深度学习方式的使用。六位教师所指导学生的深度动机均高于浅层动机。随着社会的不断发展,学生对于自身的学习以及今后的职业发展有着更加清晰的认识,不再停留于以往仅仅为取得高分的目的。从学习

策略角度来看,六位教师的学生的浅层策略的平均值也均高于深度策略的平均值,这说明尽管学生具有强烈的学习动机,但是在具体的学习过程中,他们对于学习策略的选择仍具有不确定性,无法辨别学习策略的有效性。

二、新手型教师需要学习如何调动学生内部学习动机以促进学生深度学习

通过对比专家型教师和新手型教师的英语课堂,可以发现学生在专家型教师的英语课堂中更倾向于深度学习,而在新手型教师的英语课堂中则倾向于浅层学习。专家型教师善于挖掘学生的内在学习动机,并引导学生积极采用各种学习策略以实现对文本内容以及作者意图的理解。而新手型教师由于缺乏教学经验,导致他们在讲台上不足以吸引学生,使得学生的学习动机和学习策略都趋向于浅层。教师专业水平的差异导致学生选择不同的学习方式,因此,新手型教师在日常的工作中应积极地向专家型教师学习,学会通过各种方式激发学生的内在动机,让学生在课堂中享受到学习知识的乐趣,懂得探索知识的意义所在。

三、专家型教师需要得到专家支持以更好地促进学生深度学习

虽然学生在专家型教师的课堂中更容易获得深度学习方式,但这并不意味着学生会摒弃浅层学习。一方面,学生在学习英语过程中,记忆和背诵等学习方式无法避免,学生往往需要先对文本知识进行浅层梳理再继而转向深层次的认知。深度学习是建立在记忆与背诵等浅层学习之上的。在英语课堂学习中,记忆并不是区分深度学习与浅层学习分界浅线,深度学习也可以有记忆,但学生不能把记忆等浅层学习当作最终的学习目标。在短暂的课堂教学中,教师应做到快速梳理基本知识点,给予学生充分的深度学习时间,让学生在固定的课堂时间中获得最大的学习效益。另一方面,专家型教师之间在促进学生深度学习上也存在着显著差异,并不是所有专家型教师所授学生的深度学习水平都高于新手型教师。因此,专家型教师也需要获得指向深度学习的专业发展培训,特别是在评价方式、教学方式与教学行为上得到专业培训,否则也不能确保其学生能有优于新手型教师的深度学习水平。

参 考 文 献

中文文献

[1] 陈蓓蕾,张屹,杨兵,熊婕,林利.智慧教室中的教学交互促进大学生深度学习研究[J].电化教育研究,2019,40(3):90-97.

[2] 陈超美.CiteSpace Ⅱ:科学文献中新趋势与新动态的识别与可视化[J].情报科学,2009(3):401-421.

[3] 陈坚林,贾振霞.大数据时代的信息化外语学习方式探索研究[J].外语电化教学,2017(4):3-9.

[4] 陈美华,陈信宪,龚建吉.大学学生学习取向与教学环境设计关联性评估——以合作学习教学法为例[J].课程与教学,2009,12(4):141-168.

[5] 陈明选,张康莉.促进研究生深度学习的翻转课堂设计与实施[J].现代远程教育研究,2016(05):68-78.

[6] 陈佑清.学习中心教学论[M].北京:教育科学出版社,2018:33-34.

[7] 陈则航,王蔷,钱小芳.论英语学科核心素养中的思维品质及其发展途径[J].课程·教材·教法,2019,39(1):91-98.

[8] 崔允漷.指向深度学习的学历案[J].人民教育,2017,20:43-48.

[9] 戴歆紫,王祖浩.国外深度学习的分析视角及评价方法[J].外国教育研究,2017,44(10):45-58.

[10] 樊雅琴,王炳皓,王伟,唐烨伟.深度学习国内研究综述[J].中国远程教育,2015(6):27-33+79.

[11] 艾伦·韦伯.怎样评价学生才有效——促进学习的多元化评价策略[M].陶志琼,译.北京:中国轻工业出版社,2017.

[12] 耿庆席.转变教师课堂角色,推进学生深度学习——以初中英语教学为例[J].江苏教育,2018(83):43-44.

[13] 龚亚夫.交际语言教学的第三种途径——我国中小学英语教育的交际语言教学之路[J].中国外语,2011,8(5):70-77.

[14] 何克抗.深度学习:网络时代学习方式的变革[J].教育研究,2018,39(5):111-115.

[15] 何晓萍,沈雅云.深度学习的研究现状与发展[J].现代情报,2017,37(2):163-170.

[16] 洪晓翠，罗晓杰.2009—2018年高考英语全国卷Ⅰ阅读理解试题的思维层次探析[J].教育测量与评价,2018(12):49-56.

[17] 侯剑华.工商管理学科演进与前沿热点的可视化分析[D].大连:大连理工大学:2014.

[18] 胡航,董玉琦.深度学习内容及其资源表征的实证研究[J].中国远程教育,2017(08):57-63.

[19] 胡航,董玉琦.深度学习数字化资源表征方法与开发模式[J].中国远程教育,2017(12):5-11+20+79.

[20] 胡久华,罗滨,陈颖.深度学习:走向核心素养(学科教学指南 初中化学)[M].北京:教育科学出版社,2019.

[21] 金慧.在线学习的理论与实践:课程设计的视角[M].北京:清华大学出版社,2018.

[22] 康淑敏.基于学科素养培育的深度学习研究[J].教育研究,2016,37(7):111-118.

[23] 黎士鸣,杨尧翔,陈秋君,等.学习策略与学科兴趣——以通识课心理学为例[J].通识研究集刊,2005(8):197-207.

[24] 李杰,陈超美.CiteSpace:科技文本挖掘及可视化[M].北京:首都经济贸易大学出版社,2015.

[25] 李妍,朱永海,丁智.混合学习中基于雨课堂的深度学习探究——以"多媒体创作基础及应用"课程为例[J].现代教育技术,2018,28(11):33-39.

[26] 李玉斌,苏丹蕊,李秋雨,任永功.面向混合学习环境的大学生深度学习量表编制[J].电化教育研究,2018,39(12):94-101.

[27] 李志河,刘丹,李宁,李粉琴,杨玉霞.翻转课堂模式下的深度学习影响因素研究[J].现代教育技术,2018,28(12):55-61.

[28] 刘丽丽.基于SOLO分类理论的小学生深度学习评价研究[D].上海:华东师范大学,2017.

[29] 刘月霞,郭华.深度学习:走向核心素养[M].北京:教育科学出版社,2018.

[30] 刘震,陈东.指向深度学习的混合式慕课教学模式探究——以"马克思主义基本原理"慕课为例[J].现代教育技术,2019,29(5):85-91.

[31] 马忠香.中国大学生英语词汇深度知识和词汇学习策略的调查[D].芜湖:安徽师范大学,2005.

[32] 倪晗,罗晓杰.2004—2016年浙江省高考英语阅读理解试题思维能力层次探析[J].基础外语教育,2017,19(2):91-99.

[33] 彭燕,王琦,余胜泉.翻转课堂中促进深度学习的教育内容策展模式[J].现代教育技术,2019,29(03):46-52.

[34] 彭耀平,陈荣政,何希慧.大学生学习模式与学习成效间关联之研究:深度取向学习投入为中介变项[J].课程与教学,2018,21(1):133-157.

[35] 邱均平.文献信息印证规律和引文分析法[J].情报理论与实践,2001,4(3):236-240

[36] 邱均平,等.信息计量学[M].武汉:武汉大学出版社,2007.

[37] 沈霞娟,张宝辉,曾宁.国外近十年深度学习实证研究综述—主题、情境、方法及结果[J].电化教育研究,2019,40(5):111-119.

[38] 沈雅芬.基于深度学习理论的初中英语词汇深度教学研究[J].英语教师,2018,18(20):113-117.

[39] 孙妍妍,祝智庭.以深度学习培养21世纪技能—美国《为了生活和工作的学习:在21世纪发展可迁移的知识与技能》的启示[J].现代远程教育研究,2018(3):9-18.

[40] 谭晓晨.英语学习者产出性词汇深度知识发展的研究[J].外语教学,2007(2):52-56.

[41] 王怀波,李冀红,杨现民.高校混合式教学中深浅层学习者行为差异研究[J].电化教育研究,2017,38(12):44-50.

[42] 王蔷,胡亚琳.英语学科能力及其表现研究[J].教育学报,2017,13(2):61-70.

[43] 王青.中学生词汇深度知识与词汇学习策略的相关性研究[D].北京:首都师范大学,2007.

[44] 温雪.深度学习研究述评:内涵、教学与评价[J].全球教育展望,2017,46(11):39-54.

[45] 吴秀娟,张浩.基于反思的深度学习实验研究[J].远程教育杂志,2015,33(04):67-74.

[46] 吴永军.关于深度学习的再认识[J].课程.教材.教法,2019,39(02):51-58+36.

[47] 杨小微,等.从被动接受到主动学习——教学改革发展之路[M].上海:华东师范大学出版社,2018

[48] 姚巧红,修誉晏,李玉斌,陈小格.整合网络学习空间和学习支架的翻转课堂研究——面向深度学习的设计与实践[J].中国远程教育,2018(11):25-33.

[49] 于翠红,蔡金亭.中国英语学习者心理词汇量、组织模式和词汇知识深度的关系[J].中国外语,2014,11(05):56-65.

[50] 约翰·哈蒂,格雷戈里·C.R.耶茨.可见学习与学习科学[M].彭正梅,邓莉,伍绍杨,等,译.北京:教育科学出版社,2018:124-129.

[51] 曾家延,董泽华.学生深度学习的内涵与培养路径研究[J].基础教育,2017,14(4):59-67.

[52] 张国荣.基于深度学习的翻转课堂教学模式实践[J].高教探索,2016(3):87-92.

[53] 张浩,吴秀娟,王静.深度学习的目标与评价体系构建[J].中国电化教育,2014,(7):51-55.

[54] 张家华,邹琴,祝智庭.基于 Moodle 平台的在线学习深度分析研究[J].电化教育研究,2016,37(12):46-51.

[55] 张思琦,张文兰,李宝.国外近十年深度学习的研究现状与发展趋势——基于引文分析及共词矩阵的知识图谱分析[J].远程教育杂志,2016,35(2):64-72.

[56] 郑博真,黄静君.五专护理学生学习取向与学习成效之相关研究[J].国立虎尾科技大学学报,2017,33(4):125-135.

[57] 中华人民共和国教育部.普通高中英语课程标准(2017 年版)[M].北京:人民教育出版社,2018.

[58] 祝智庭,彭红超.深度学习:智慧教育的核心支柱[J].中国教育学刊,2017(5):36-45.

[59] 邹晓燕.大学生英语深度学习方式探析[J].黑龙江高教研究,2012,30(12):181-183.

外文文献

[1] ABRAHAM R R，VINOD P，KAMATH M G，et al. Learning approaches of undergraduate medical students to physiology in a non-PBL-and partially PBL-oriented curriculum[J]. Advances in Physiology Education，2008，32(1)：35-37.

[2] AHARONY N. The use of deep and surface learning strategies among students learning English as a foreign language in an Internet environment [J]. British Journal of Educational Psychology，2006，76(4)：851-866.

[3] AKYOL Z，GARRISON D R. Understanding cognitive presence in an online and blended community of inquiry：Assessing outcomes and processes for deep approaches to learning [J]. British Journal of Educational Technology，2011，42(2)：233-250.

[4] ALLINSON L. Learning styles and computer-based learning environments [C]//International Conference on Computer Assisted Learning. Springer，Berlin，Heidelberg，1992：61-73.

[5] ALMEIDA P A，TEIXEIRA-DIAS J J，MARTINHO M，et al. The interplay between students' perceptions of context and approaches to learning [J]. Research Papers in Education，2011，26(2)：149-169.

[6] AMES C，ARCHER J. Achievement goals in the classroom：Students' learning strategies and motivation processes [J]. Journal of Educational Psychology，1988，80(3)：260.

[7] ATHANASSIOU N，MCNETT J M，HARVEY C. Critical thinking in the management classroom：Bloom's taxonomy as a learning tool [J]. Journal of

Management Education，2003，27(5)：533－555.

[8] BAETEN M，DOCHY F，STRUYVEN K. Students' approaches to learning and assessment preferences in a portfolio-based learning environment [J]. Instructional Science，2008，36(5－6)：359－374.

[9] BAETEN M，KYNDT E，STRUYVEN K，et al. Using student-centred learning environments to stimulate deep approaches to learning：Factors encouraging or discouraging their effectiveness [J]. Educational Research Review，2010，5(3)：243－260.

[10] BAETEN M，STRUYVEN K，DOCHY F. Student-centered teaching methods：Can they optimize students' approaches to learning in professional higher education? [J]. Studies in Educational Evaluation，2013，39(1)：14－22.

[11] BAETEN M，STRUYVEN K，DOCHY F. Student-centred teaching methods：Can they optimise students' approaches to learning in professional higher education? [J]. Studies in Educational Evaluation，2013，39(1)：14－22.

[12] BARROS R，MONTEIRO A，NEJMEDINNE F，et al. The relationship between students' approach to learning and lifelong learning [J]. Psychology，2013：792－797.

[13] BATI A H，TETIK C，GURPINAR E. Öğrenme yaklaımları ölçeği yeni eklini Türkçeye uyarlama ve geçerlilik güvenirlilik çalıması（Assessment of the validity and reliability of the Turkish adaptation of the Study Process Questionnaire（R-SPQ-2F））[J]. Turkiye Klinikleri Journal of Medical Sciences，2010，30(5)：1639－1646.

[14] BEAUSAERT S A J，SEGGERS M S R，WILTINK D P A. The influence of teachers' teaching approaches on students' learning approaches：The student perspective [J]. Educational Research，2013，55(1)：1－15.

[15] BEISHUIZEN J J，STOUTJESDIJK E T. Study strategies in a computer assisted study environment [J]. Learning and Instruction，1999，9(3)：281－301.

[16] BEN-ELIYAHU A，LINNENBRINK-GARCIA L. Integrating the regulation of affect，behavior，and cognition into self-regulated learning paradigms among secondary and post-secondary students [J]. Metacognition and Learning，2015，10(1)：15－42.

[17] BERNARDO A B I. Approaches to learning and academic achievement of Filipino students [J]. The Journal of Genetic Psychology，2003，164(1)：101－114.

[18] BEVAN S J，CHAN C W L，TANNER J A. Diverse assessment and active

student engagement sustain deep learning: A comparative study of outcomes in two parallel introductory biochemistry courses [J]. Biochemistry and Molecular Biology Education, 2014, 42(6): 474 – 479.

[19] BIGGS J, KEMBER D, LEUNG D Y P. The revised two-factor study process questionnaire: R-SPQ-2F [J]. British Journal of Educational Psychology, 2001, 71(1): 133 – 149.

[20] BIGGS J. Individual differences in study processes and the quality of learning outcomes [J]. Higher Education, 1979, 8(4): 381 – 394.

[21] BIGGS J. What do inventories of students' learning processes really measure? A theoretical review and clarification [J]. British Journal of Educational Psychology, 1993, 63(1): 3 – 19.

[22] BIGGS J. What the student does: Teaching for enhanced learning[J]. Higher Education Research & Development, 1999, 18(1): 57 – 75.

[23] BLIUC A M, ELLIS R A, GOODYEAR P, et al. The role of social identification as university student in learning: Relationships between students' social identity, approaches to learning, and academic achievement [J]. Educational Psychology, 2011, 31(5): 559 – 574.

[24] BLIUC A M, ELLIS R A, GOODYEAR P, et al. Understanding student learning in context: Relationships between university students' social identity, approaches to learning, and academic performance[J]. European Journal of Psychology of Education, 2011, 26(3): 417 – 433.

[25] BLOCK D. Review of Rod Ellis's Task-based Language Learning and Teaching [J]. Language Learning Journal, 2004, 29(1):18 – 22.

[26] BOOTH P, LUCKETT P, MLADENOVIC R. The quality of learning in accounting education: the impact of approaches to learning on academic performance [J]. Accounting Education, 1999, 8(4): 277 – 300.

[27] BOUWMEESTER R A M, DE KLEIJN R A M, VAN RIJEN H V M. Peer-instructed seminar attendance is associated with improved preparation, deeper learning and higher exam scores: a survey study[J]. BMC Medical Education, 2016, 16(1): 200.

[28] BOWDEN M P, ABHAYAWANSA S, MANZIN G. A multiple cross-cultural comparison of approaches to learning [J]. Compare: A Journal of Comparative and International Education, 2015, 45(2): 272 – 294.

[29] BOYD H, COWAN J. A case for self-assessment based on recent studies of student learning[J]. Assessment and Evaluation in Higher Education, 1985, 10(3): 225 – 235.

[30] BOYLE T, RAVENSCROFT A. Context and deep learning design [J].

Computers & Education，2012，59(4)：1224 - 1233.

[31] BRAMWELL-LALOR S，RAINFORD M. The effects of using concept mapping for improving advanced level biology students' lower-and higher-order Cognitive skills[J]. International Journal of Science Education，2014，36(5)：839 - 864.

[32] BRUCH M A，PEARL L，GIORDANO S. Differences in the cognitive processes of academically successful and unsuccessful test-anxious students [J]. Journal of Counseling Psychology，1986，33(2)：217.

[33] CANO F. Approaches to learning and study orchestrations in high school students[J]. European Journal of Psychology of Education，2007，22(2)：131 - 151.

[34] CHARMORRO-PREMUZIC T，FURNHAM A. Personality，intelligence and approaches to learning as predictors of academic performance [J]. Personality and Individual Differences，2008，44(7)：1596 - 1603.

[35] CHAN Y K. Investigating the relationship among extracurricular activities，learning approach and academic outcomes：A case study [J]. Active Learning in Higher Education，2016，17(3)：223 - 233.

[36] CHEN S L，LIANG T，LEE M L，et al. Effects of concept map teaching on students' critical thinking and approach to learning and studying [J]. Journal of Nursing Education，2011，50(8)：466 - 469.

[37] CHEUNG D. The combined effects of classroom teaching and learning strategy use on students' chemistry self-efficacy [J]. Research in Science Education，2015，45(1)：101 - 116.

[38] CHIN C，BROWN D E. Learning in science：A comparison of deep and surface approaches [J]. Journal of Research in Science Teaching：The Official Journal of the National Association for Research in Science Teaching，2000，37(2)：109 - 138.

[39] CHOI G W，LAND S M，ZIMMERMAN H T. Investigating children's deep learning of the tree life cycle using mobile technologies [J]. Computers in Human Behavior，2018，87：470 - 479.

[40] CHUNG J C C，CHOW S M K. Promoting student learning through a student-centered problem-based learning subject curriculum [J]. Innovations in Education and Teaching International，2004，41(2)：157 - 168.

[41] COPE C，STAEHR L. Improving students' learning approaches through intervention in an information systems learning environment [J]. Studies in Higher Education，2005，30(2)：181 - 197.

[42] DAN Y, TODD R. Examining the mediating effect of learning strategies on the relationship between students' history interest and achievement [J]. Educational Psychology, 2014, 34(7): 799 - 817.

[43] DART B C, BURNETT P C, PURDIE N, et al. Students' conceptions of learning, the classroom environment, and approaches to learning [J]. The Journal of Educational Research, 2000, 93(4): 262 - 270.

[44] DE BONDT N, VAN PETEGEM P. Emphasis on emotions in student learning: Analyzing relationships between overexcitabilities and the learning approach using Bayesian MIMIC modeling [J]. High Ability Studies, 2017, 28(2): 225 - 248.

[45] DE LA FUENTE J, FERNANDEZ-CABEZAS M, CAMBIL M, et al. Linear relationship between resilience, learning approaches, and coping strategies to predict achievement in undergraduate students[J]. Frontiers in Psychology, 2017, 8: 1039.

[46] DELGADO Á H A, ALMEIDA J P R, MENDES L S B, et al. Are surface and deep learning approaches associated with study patterns and choices among medical students? A cross-sectional study [J]. Sao Paulo Medical Journal, 2018, 136(5): 414 - 420.

[47] Depth of Knowledge (DOK)Overview Chart[EB/OL].(2010 - 01 - 03) [2019 - 07 - 10]. http://www.niesc.k12.in. us/index.cfm/staff-development/ public-consulting-group-co-teaching-session/depthofknowledgechart-pdf.

[48] DISETH Å. Approaches to learning, course experience and examination grade among undergraduate psychology students: Testing of mediator effects and construct validity [J]. Studies in Higher Education, 2007, 32 (3): 373 - 388.

[49] DISETH Å. Validation of a Norwegian version of the Approaches and Study Skills Inventory for Students (ASSIST): application of structural equation modelling [J]. Scandinavian Journal of Educational Research, 2001, 45(4): 381 - 394.

[50] DOLMANS D H J M, LOYENS S M M, MARCQ H, et al. Deep and surface learning in problem-based learning: a review of the literature [J]. Advances in Health Sciences Education, 2016, 21(5): 1087 - 1112.

[51] ELEY M G. Differential adoption of study approaches within individual students [J]. Higher Education, 1992, 23(3): 231 - 254.

[52] ENTWISTLE N J, THOMPSONJ, WILSON J D. Motivation and study habits [J]. Higher Education, 1974, 3(4): 379 - 396.

[53] ENTWISTLE N J. Approaches to learning and perceptions of the learning

environment [J]. Higher Education，1991，22(3)：201 - 204.

[54] ENTWISTLE N，HANLEY M，HOUNSELL D. Identifying distinctive approaches to studying [J]. Higher Education，1979，8(4)：365 - 380.

[55] ENTWISTLE N，TAIT H. Approaches to learning，evaluations of teaching，and preferences for contrasting academic environments [J]. Higher Education，1990，19(2)：169 - 194.

[56] ENTWISTLE N. Strategies of learning and studying：Regent research findings [J]. British Journal of Educational Studies，1977，25(3)：225 - 238.

[57] EVANS C J，KIRBY J R，FABRIGAR L R. Approaches to learning，need for cognition，and strategic flexibility among university students [J]. British Journal of Educational Psychology，2003，73(4)：507 - 528.

[58] FILIUS R M，KLEIJN R A M D，UIJL S G，et al. Strengthening dialogic peer feedback aiming for deep learning in SPOCs [J]. Computers & Education，2018，125：86 - 100.

[59] FILIUS R M，KLEIJN R A M D，UIJL S G，et al. Challenges concerning deep learning in SPOCs [J]. International Journal of Technology Enhanced Learning，2018，10(1 - 2)：111 - 127.

[60] FRANSSON A. On qualitative differences in learning：IV—Effects of intrinsic motivation and extrinsic test anxiety on process and outcome [J]. British Journal of Educational Psychology，1977，47(3)：244 - 257.

[61] FREEMAN L C. Centrality in social networks：Conceptual clarification [M]. Social Networks，1979，1：215 - 239.

[62] FUJINUMA R，WENDLING L A. Repeating knowledge application practice to improve student performance in a large，introductory science course [J]. International Journal of Science Education，2015，37(17)：2906 - 2922.

[63] GEITZ G，BRINKE D J，KIRSCHNER P A. Goal orientation，deep learning，and sustainable feedback in higher business education[J]. Journal of Teaching in International Business，2015，26(4)：273 - 292.

[64] GIJBELS D，SEGERS M，STRUYF E. Constructivist learning environments and the (im)possibility to change students' perceptions of assessment demands and approaches to learning[J]. Instructional Science，2008，36 (5 - 6)：431.

[65] GOODENOUGH D R. The role of individual differences in field dependence as a factor in learning and memory [J]. Psychological Bulletin，1976，83(4)：675.

[66] GRIFFIN P, COATES H, MCINNIS C, et al. The development of an extended course experience questionnaire [J]. Quality in Higher Education, 2003, 9(3): 259 – 266.

[67] GROVES M. Problem-based learning and learning approach: Is there a relationship? [J]. Advances in Health Sciences Education, 2005, 10(4): 315 – 325.

[68] GUSTIN M P, ABBIATI M, BONVIN R, et al. Integrated problem-based learning versus lectures: a path analysis modelling of the relationships between educational context and learning approaches [J]. Medical Education Online, 2018, 23(1): 1 – 12.

[69] HALL M, RAMSAY A, RAVEN J. Changing the learning environment to promote deep learning approaches in first-year accounting students[J]. Accounting Education, 2004, 13(4): 489 – 505.

[70] HAY D B. Using concept maps to measure deep, surface and non-learning outcomes [J]. Studies in Higher Education, 2007, 32(1): 39 – 57.

[71] HAYES K, RICHARDSON J E. Gender, subject and context as determinants of approaches to studying in higher education [J]. Studies in Higher Education, 1995, 20(2): 215 – 221.

[72] HEIJNE-PENNINGA M, KUKS J B M, HOFMAN W H A, et al. Directing students to profound open-book test preparation: The relationship between deep learning and open-book test time [J]. Medical Teacher, 2011, 33(1): e16-e21.

[73] HEIJNE-PENNINGA M, KUKS J B M, HOFMAN W H A, et al. Influence of open-and closed-book tests on medical students' learning approaches[J]. Medical Education, 2008, 42(10): 967 – 974.

[74] HEIJNE-PENNINGA M, KUKS J B M, HOFMAN W H A, et al. Influences of deep learning, need for cognition and preparation time on open-and closed-book test performance[J]. Medical Education, 2010, 44 (9): 884 – 891.

[75] HERINGTON C, WEAVEN S. Action research and reflection on student approaches to learning in large first year university classes [J]. The Australian Educational Researcher, 2008, 35(3): 111 – 134.

[76] HO L A, LIN C Y, KUO T H, et al. Applying deeper learning and Confucian values in enhancing school effectiveness: Empirical results and findings [J]. Urban Education, 2008, 43(5): 561 – 586.

[77] HOWELL A J, WATSON D C. Procrastination: Associations with achievement goal orientation and learning strategies [J]. Personality and

Individual Differences，2007，43(1)：167 - 178.

[78] HUANG J. Phenomenography-based study on MOOC deep learning mode [J]. Eurasia Journal of Mathematics，Science and Technology Education，2017，13(11)：7599 - 7604.

[79] JENSEN E，NICKELSON L A. Deeper learning：7 powerful strategies for in-depth and longer-lasting learning [M]. New York：Corwin Press，2008.

[80] JESSOP T，MALECKAR B. The influence of disciplinary assessment patterns on student learning：A comparative study [J]. Studies in Higher Education，2016，41(4)：696 - 711.

[81] KE F，XIE K. Toward deep learning for adult students in online courses [J]. The Internet and Higher Education，2009，12(3 - 4)：136 - 145.

[82] KEMBER D，LEUNG D Y P. The dimensionality of approaches to learning：An investigation with confirmatory factor analysis on the structure of the SPQ and LPQ [J]. British Journal of Educational Psychology，1998，68(3)：395 - 407.

[83] KHOSA D K，VOLET S E，BOLTON J R. An instructional intervention to encourage effective deep collaborative learning in undergraduate veterinary students [J]. Journal of Veterinary Medical Education，2010，37(4)：369 - 376.

[84] KLUG J，LUFTENEGGER M，BERGSMANN E，et al. Secondary school students' LLL competencies，and their relation with classroom structure and achievement[J]. Frontiers in psychology，2016，7：680.

[85] KYNDT E，DOCHY F，STRUYVEN K，et al. The perception of workload and task complexity and its influence on students' approaches to learning：A study in higher education [J]. European Journal of Psychology of Education，2011，26(3)：393 - 415.

[86] LAIRD T F N，SHOUP R，KUH G D，et al. The effects of discipline on deep approaches to student learning and college outcomes [J]. Research in Higher Education，2008，49(6)：469 - 494.

[87] LAKE W，BOYD W. Age，maturity and gender，and the propensity towards surface and deep learning approaches amongst university students [J]. Creative Education，2015，6(22)：2361.

[88] LAM R，MULDNER K. Manipulating cognitive engagement in preparation-to-collaborate tasks and the effects on learning [J]. Learning and Instruction，2017，52：90 - 101.

[89] LEE J，CHOI H. What affects learner's higher-order thinking in technology-enhanced learning environments? The effects of learner factors

[J]. Computers & Education，2017，115：143 – 152.

[90] LIEM A D，LAU S，NIE Y. The role of self-efficacy，task value，and achievement goals in predicting learning strategies，task disengagement，peer relationship，and achievement outcome ［J］. Contemporary Educational Psychology，2008，33（4）：486 – 512.

[91] LIEM G A D，GINNS P，MARTIN A J，et al. Personal best goals and academic and social functioning：A longitudinal perspective[J]. Learning and Instruction，2012，22（3）：222 – 230.

[92] LIZZIO A，WILSON K，SIMSONS R. University students' perceptions of the learning environment and academic outcomes：Implications for theory and practice ［J］. Studies in Higher Education，2002，27（1）：27 – 52.

[93] LOYENS S M M，GIJBELS D，COERTJENS L，et al. Students' approaches to learning in problem-based learning：Taking into account professional behavior in the tutorial groups，self-study time，and different assessment aspects ［J］. Studies in Educational Evaluation，2013，39（1）：23 – 32.

[94] MARK P BOWDEN，ABHAYAWANSA S，MANZIN G. A multiple cross-cultural comparison of approaches to learning［J］. Compare：A Journal of Comparative and International Education，2015，45（2）：272 – 294.

[95] MARMOLEJ-RAMOS F，MILLER J，HABEL C. The influence of question type，text availability，answer confidence and language background on student comprehension of an expository text ［J］. Higher Education Research & Development，2014，33（4）：712 – 727.

[96] MARTON F，SÄLJÖR. On qualitative differences in learning：Ⅱ— Outcome as a function of the learner's conception of the task ［J］. British Journal of Educational Psychology，1976，46（2）：115 – 127.

[97] MARTON F，SÄLJÖ R. On qualitative differences in learning：Ⅰ— Outcome and process ［J］. British Journal of Educational Psychology，1976，46（1）：4 – 11.

[98] MARTYN J，TERWIJN R，KEK M Y C A，et al. Exploring the relationships between teaching，approaches to learning and critical thinking in a problem-based learning foundation nursing course[J]. Nurse Education Today，2014，34（5）：829 – 835.

[99] MAYHEW M J，SEIFERT T A，PASCARELLA E T，et al. Going deep into mechanisms for moral reasoning growth：How deep learning approaches affect moral reasoning development for first-year students ［J］.

Research in Higher Education，2012，53(1)：26 - 46.

[100] MCDONALD J，BIRD R J，ZOUAQ A，et al. Short answers to deep questions：supporting teachers in large-class settings [J]. Journal of Computer Assisted Learning，2017，33(4)：306 - 319.

[101] MELLANBY J，CORTINA-BORJA M，STEIN J. Deep learning questions can help selection of high ability candidates for universities [J]. Higher Education，2009，57(5)：597 - 608.

[102] MELOYITZ VASAN C A，DEFOUW D O，HOLLAND B K，et al. Analysis of testing with multiple choice versus open-ended questions：Outcome-based observations in an anatomy course [J]. Anatomical Sciences Education，2018，11(3)：254 - 261.

[103] MEYER J H F，PARSONS P. Approaches to studying and course perceptions using the Lancaster Inventory—A comparative study [J]. Studies in Higher Education，1989，14(2)：137 - 153.

[104] MEYER O，COYLE D，HALBACH A，et al. A pluriliteracies approach to content and language integrated learning—Mapping learner progressions in knowledge construction and meaning-making [J]. Language，Culture and Curriculum，2015，28(1)：41 - 57.

[105] MEYERS N M，NULTY D D. How to use (five) curriculum design principles to align authentic learning environments，assessment，students' approaches to thinking and learning outcomes [J]. Assessment & Evaluation in Higher Education，2009，34(5)：565 - 577.

[106] MIRI B，DAVID B C，URI Z. Purposely teaching for the promotion of higher-order thinking skills：A case of critical thinking [J]. Research in Science Education，2007，37(4)：353 - 369.

[107] MONICA R. MARTINEZ.6 powerful strategies for deeper learning in your classroom.[EB/OL](2012 - 03 - 06)[2019 - 07 - 04]. https://www. teachthought. com/learning/6-powerful-strategies-deeper-learning-classroom/.

[108] NEWBLE D I，ENTWISTLE N J. Learning styles and approaches：Implications for medical education [J]. Medical Education，1986，20(3)：162 - 175.

[109] NEWBLE D I，JAEGER K. The effect of assessments and examinations on the learning of medical students [J]. Medical Education，1983，17(3)：165 - 171.

[110] NORTON L S，CROWLEY C M. Can students be helped to learn how to learn? An evaluation of an approaches to learning programme for first

year degree students [J]. Higher Education, 1995, 29(3): 307 - 328.

[111] PARKER W C, LO J, YEO A J, et al. Beyond breadth-speed-test: Toward deeper knowing and engagement in an Advanced Placement course [J]. American Educational Research Journal, 2013, 50(6): 1424 - 1459.

[112] PARROTT H M, CHERRY E. Using structured reading groups to facilitate deep learning [J]. Teaching Sociology, 2011, 39(4): 354 - 370.

[113] PEGRUM M, BARTLE E, LONGNECKER N. Can creative podcasting promote deep learning? The use of podcasting for learning content in an undergraduate science unit [J]. British Journal of Educational Technology, 2015, 46(1): 142 - 152.

[114] PHAN H P. Deep processing strategies and critical thinking: Developmental trajectories using latent growth analyses [J]. The Journal of Educational Research, 2011, 104(4): 283 - 294.

[115] PHAN H P. Expectancy-value and cognitive process outcomes in mathematics learning: A structural equation analysis [J]. Higher Education Research & Development, 2014, 33(2): 325 - 340.

[116] PHAN H P. Interrelations between self-efficacy and learning approaches: A developmental approach [J]. Educational Psychology, 2011, 31(2): 225 - 246.

[117] PHAN H P. Theoretical constructs that explain and enhance learning: A longitudinal examination [J]. Higher Education Research & Development, 2013, 32(6): 1007 - 1021.

[118] PHILLIPS M E, GRAEFF T R. Using an in-class simulation in the first accounting class: Moving from surface to deep learning [J]. Journal of Education for Business, 2014, 89(5): 241 - 247.

[119] P PIMPARYON, S M CALEER, S PEMBA, S ROFF. Educational environment, student approaches to learning and academic achievement in a Thai nursing school [J]. Medical Teacher, 2000, 22(4): 359 - 364.

[120] PLATOW M J, MAYOR K I, Grace D M. On the role of discipline-related self-concept in deep and surface approaches to learning among university students [J]. Instructional Science, 2013, 41(2): 271 - 285.

[121] RAMSDEN P, MARTIN E, BOWDEN J. School environment and sixth form pupils' approaches to learning [J]. British Journal of Educational Psychology, 1989, 59(2): 129 - 142.

[122] RAMSDEN P. A performance indicator of teaching quality in higher education: The Course Experience Questionnaire [J]. Studies in Higher

Education，1991，16(2)：129 - 150.

[123] RAMSDEN P. Student learning and perceptions of the academic environment [J]. Higher Education，1979，8(4)：411 - 427.

[124] RICHARDSON J T E.Approaches to studying，conceptions of learning and learning styles in higher education [J]. Learning and Individual Differences，2011，21(3)：288 - 293.

[125] RICHARDSON J T E. Mature students in higher education：A literature survey on approaches to studying [J]. Studies in Higher Education，1994，19(3)：309 - 325.

[126] RICHARDSON J T E. Reliability and replicability of the approaches to studying questionnaire [J]. Studies in Higher Education，1990，15(2)：155 - 168.

[127] RIDING R，CHEEMA I. Cognitive styles—An overview and integration [J]. Educational Psychology，1991，11(3 - 4)：193 - 215.

[128] ROFF S，MCALEER S，HARDEN R M，et al. Development and validation of the Dundee ready education environment measure (DREEM) [J]. Medical Teacher，1997，19(4)：295 - 299.

[129] ROSA E D D，BERNARDO A B I. Are two achievement goals better than one? Filipino students' achievement goals，deep learning strategies and affect [J]. Learning and Individual Differences，2013，27：97 - 101.

[130] RUSHTON A. Formative assessment：A key to deep learning? [J]. Medical Teacher，2005，27(6)：509 - 513.

[131] SæLE R G，DAHL T I，SørLIE T，et al. Relationships between learning approach，procrastination and academic achievement amongst first-year university students [J]. Higher Education，2017，74(5)：757 - 774.

[132] SALAMONSON Y，WEAVER R，CHANG S，et al. Learning approaches as predictors of academic performance in first year health and science students[J]. Nurse Education Today，2013，33(7)：729 - 733.

[133] SÄLJÖ R. Learning about learning [J]. Higher Education，1979，8(4)：443 - 451.

[134] SARAVANMUTHU K，YAP C. Pedagogy to empower Chinese learners to adapt to Western learning circumstances：a longitudinal case-study [J]. Cambridge Journal of Education，2014，44(3)：361 - 384.

[135] SCOULLER K. M，PROSSERM. Students' experiences in studying for multiple choice question examinations [J]. Studies in Higher Education，1994，19(3)：267 - 279.

[136] SCOULLER K. The influence of assessment method on students' learning

approaches: Multiple choice question examination versus assignment essay [J]. Higher Education, 1998, 35(4): 453 - 472.

[137] SINGER F M, VOICA C. A problem-solving conceptual framework and its implications in designing problem-posing tasks [J]. Educational Studies in Mathematics, 2013, 83(1): 9 - 26.

[138] SMALL H. Co-citation in scientific literature: A new measure of the relationship between publications [J]. Journal of the American Society of Information Science, 1973, 24(4): 265 - 269.

[139] SMITH D, CAMPBELL J, BROOKER R. The impact of students' approaches to essay writing on the quality of their essays [J]. Assessment & Evaluation in Higher Education, 1999, 24(3): 327 - 33.

[140] SMYTH L, MAYOR K I, PLATOW M J, et al. Discipline social identification, study norms and learning approach in university students [J]. Educational Psychology, 2015, 35(1): 53 - 72.

[141] STRUYVEN K, DOCHY F, JANSSENS S, et al. On the dynamics of students' approaches to learning: The effects of the teaching/learning environment [J]. Learning and Instruction, 2006, 16(4): 279 - 294.

[142] SU H W, CHOU T S. Relating Learning Approaches and Learning Styles to Learning Outcome: A Glimpse into Current Taiwanese University Accounting Education[J]. China Accounting Journal, 2011, 7(2): 157 - 185.

[143] TAIT H, ENTWISTLE N. Identifying students at risk through ineffective study strategies [J]. Higher Education, 1996, 31(1): 97 - 116.

[144] TAL T, TSAUSHU M. Student-centered introductory biology course: Evidence for deep learning [J]. Journal of Biological Education, 2018, 52 (4): 376 - 390.

[145] TOCHON F. Help Them Learn a Language Deeply. The Deep Approach to World Languages and Cultures[M]. Blue Mounds, Wisconsin: Deep University Press, 2014.

[146] TRAGANT E, THOMPSONM S, VICTORI M. Understanding foreign language learning strategies: A validation study [J]. System, 2013, 41 (1): 95 - 108.

[147] TRIGWELL K, PROSSER M, TAYLOR P. Qualitative differences in approaches to teaching first year university science [J]. Higher Education, 1994, 27(1): 75 - 84.

[148] TRIGWELL K, PROSSER M, WATERHOUSE F. Relations between teachers' approaches to teaching and students' approaches to learning [J].

Higher Education，1999，37(1)：57 – 70.

[149] TRIGWELL K，PROSSER M. Improving the quality of student learning：the influence of learning context and student approaches to learning on learning outcomes [J]. Higher Education，1991，22(3)：251 – 266.

[150] TRIGWELL K，PROSSER M. Relating approaches to study and quality of learning outcomes at the course level [J]. British Journal of Educational Psychology，1991，61(3)：265 – 275.

[151] VAN GAAL F，DE RIDDER A. The impact of assessment tasks on subsequent examination performance [J]. Active Learning in Higher Education，2013，14(3)：213 – 225.

[152] VYGOTSKY L S. Thought and Language[M]. Cambridge，MA：MIT Press，1962.

[153] VYGOTSKY L S. Mind in Society：The Development of Higher Psychological Processes [M]. Cambridge，MA：Harvard University Press，1978.

[154] WANG J S，PASCARELLA E T，Nelson Laird T F，et al. How clear and organized classroom instruction and deep approaches to learning affect growth in critical thinking and need for cognition [J]. Studies in Higher Education，2015，40(10)：1786 – 1807.

[155] WANG M，WU B，KIRSCHNERP A，et al. Using cognitive mapping to foster deeper learning with complex problems in a computer-based environment[J]. Computers in Human Behavior，2018，87：450 – 458.

[156] WATKINS D，HATTIE J. An investigation of the internal structure of the Biggs Study Process Questionnaire [J]. Educational and Psychological Measurement，1980，40(4)：1125 – 1130.

[157] WOLF S，RAZA M，KIM S，et al. Measuring and predicting process quality in Ghanaian pre-primary classrooms using the Teacher Instructional Practices and Processes System (TIPPS) [J]. Early Childhood Research Quarterly，2018，45：18 – 30.

[158] XIE Q，ZHANG L. Demographic factors，personality，and ability as predictors of learning approaches [J]. The Asia-Pacific Education Researcher，2015，24(4)：569 – 577.

[159] YOUNG J E，WILLIAMSON M I，EGAN T G. Students' reflections on the relationships between safe learning environments，learning challenge and positive experiences of learning in a simulated GP clinic [J]. Advances in Health Sciences Education，2016，21(1)：63 – 77.

[160] YU F Y，WU C P. Student Question-Generation：The Learning Processes

Involved and Their Relationships with Students [J]. Journal of Educational Science Research，2012，57(4)：135 - 162.

[161] ZEEGERS P. Approaches to learning in science：A longitudinal study [J]. British Journal of Educational Psychology，2001，71(1)：115 - 132.

[162] ZHANG L F，STERNBERG R J. Are learning approaches and thinking styles related? A study in two Chinese populations [J]. The Journal of Psychology，2000，134(5)：469 - 489.

索　引